AF501466

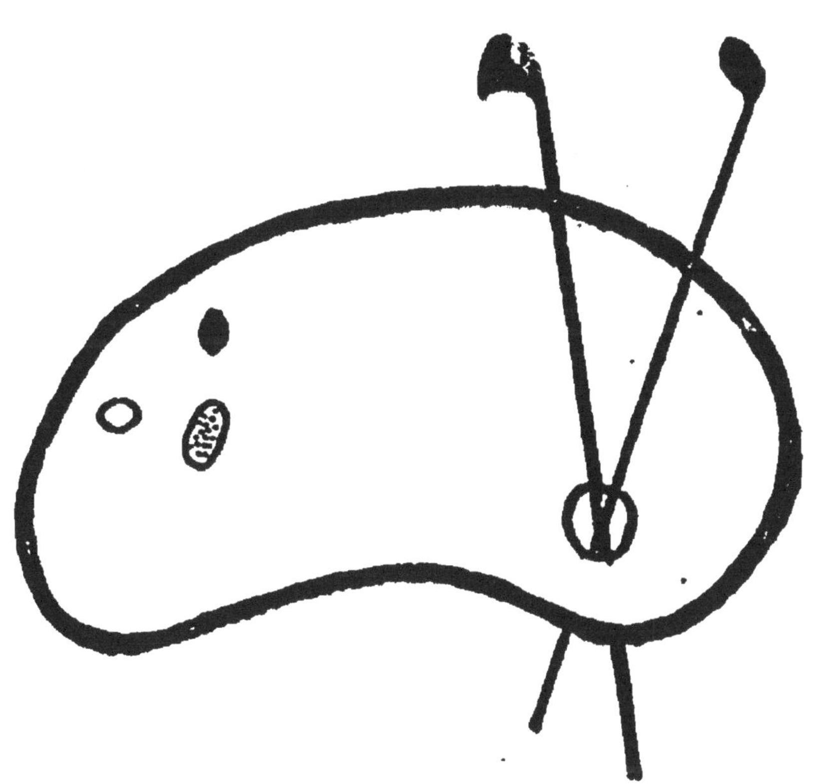

Le Canton

DE

CHANTELLE

PAR C. GRÉGOIRE

Illustrations hors texte par J.-C. GRÉGOIRE

MOULINS

LIBRAIRIE HISTORIQUE DU BOURBONNAIS

L. GRÉGOIRE, successeur de H. DUROND

1910

FIN D'UNE SERIE DE DOCUMENTS
EN COULEUR

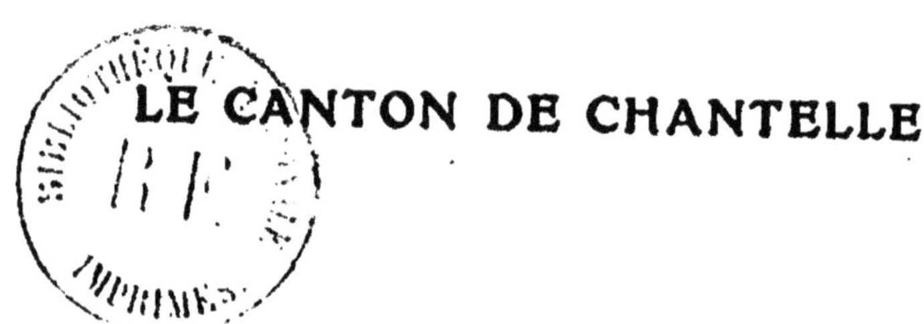

LE CANTON DE CHANTELLE

Le Canton

DE

CHANTELLE

PAR C. GRÉGOIRE

Illustrations hors texte par J.-C. GRÉGOIRE

MOULINS
LIBRAIRIE HISTORIQUE DU BOURBONNAIS
L. GRÉGOIRE, successeur de H. DUROND

1909

CHAPITRE PREMIER

CHANTELLE

I. — *La Ville*

A l'époque de son indépendance (1), la Gaule comprenait trois régions (Belgique, Celtique et Aquitaine) qui se subdivisaient en beaucoup de peuplades ou nations appelées cités, composant un Etat avec un gouvernement propre et une organisation indépendante. Le territoire qui devait être un jour le Bourbonnais ne formait pas un tout, et était réparti dans le domaine de trois peuples célèbres : les Eduens, les Arvernes et les Bituriges, dont les limites nous sont indiquées, avec une suffisante approximation, par celles qu'avaient encore en 1790 les diocèses anciens de Clermont, Bourges et Autun.

Ces divisions territoriales ne furent pas changées par César; Auguste établit de nouvelles divisions administratives, fonda des colonies latines et essaya de convertir les Gaulois au polythéisme romain. Sous ses successeurs, la Gaule fut démembrée en dix-sept provinces, qui se divisèrent en cités ou circonscriptions territoriales, avec un chef-lieu.

Les subdivisions inférieures des peuples celtiques en *pagi*

---

(1) Renseignements puisés dans un travail donné par M. Roy, professeur à l'Ecole des Hautes-Etudes, aux *Annales bourbonnaises*, 1887, p. 61, et dans Chazaud, *Chronologie des sires de Bourbon.*

ou cantons, dont l'existence est attestée par César, se perpétuèrent et prirent même plus de stabilité par la fondation de chefs-lieux nommés *vici*.

Des *vici* (1) ou bourgs du Bourbonnais remontent à cette époque si lointaine, et des textes indiquent, pour la région dont nous parlons, Chantelle, Néris, Bourbon, compris dans l'antique cité des Bituriges, et avec elle dans la première Aquitaine.

Quelle était l'importance de ces *pagi* et *vici?* Rien ne l'indique, et comme le fait observer Chazaud (2), qui déclare n'en rien savoir, il suffit de pouvoir constater l'existence de ces agglomérations à cette époque antique.

Quand l'abbé Boudant (3) eut, vers 1859, l'idée d'écrire une histoire de Chantelle, moins heureux que nous, il n'eut pas à sa disposition les travaux et les documents qui nous ont aidé, mais il eut l'imprudence d'emprunter trop de renseignements à des ouvrages dont le peu de valeur était déjà reconnu, notamment à ceux de Barailon (4) et de Peigue, et de répéter avec eux, par exemple, que Chantelle fut fondé par les Phéniciens; qu'à l'époque gauloise existait en ce lieu une cité de 8.000 âmes, métropole d'une foule de cités et de bourgades rayonnant autour d'elle; que Chantelle avait un collège de druides; que César y avait campé avec les XI° et XII° légions; que les opulents Romains aimaient Chantelle et que leurs relais de poste leur apportaient des huîtres, etc.; que son nom était *Canath-el*, ce qui signifiait le bourg de Saturne, ou que *Cantilia* venait de

(1) Villages ou bourgs non clos de murs. (D'Arbois de Jubainville, *Recherches sur l'origine de la propriété foncière*, p. 79.)

(2) *Chronologie*, p. 117-118.

(3) *Histoire de Chantelle*, publiée au profit de l'hospice cantonal de Chantelle. Moulins, C. Desrosiers, 1862.

(4) J.-F. Barailon, ancien député, *Recherches sur plusieurs monuments celtiques et romains*. Paris, Dentu, imprimeur-libraire, 1806.

Cant et *il*, la ville aux rochers, ou de *Cantellum*, petit coin, ou de *Chantellum*, chantier d'habitations.

M. d'Arbois de Jubainville (1) a tranché la question avec l'autorité qui s'attache à ses travaux, et a fait connaître l'étymologie du nom de Chantelle, déjà soupçonnée : « *Cantilia*, dans la *Table de Peutinger*, aujourd'hui Chantelle (Allier), est la forme féminine du gentilice *Cantilius*. »

Si le *pagus* ou *vicus* de Chantelle avait eu une réelle importance, on aurait retrouvé sur son emplacement quelques vestiges de ses habitants et de leurs demeures. On n'y a découvert que des objets provenant d'une ou de quelques habitations : lampes en terre, médailles, et une statuette en bronze signalée par Boudant (2), *Jupiter tonnant*, d'une exécution remarquable. On a parlé aussi d'un bouclier ou plateau de cuivre doublé d'argent, envoyé en messidor an XII à l'Académie des Sciences, à Paris, et qui aurait prouvé l'habileté des Bituriges à travailler les métaux.

Dans leur rapport sur ce sujet (3), lu à l'Académie, MM. Leblond et Mongez ont fait connaître que la bordure de ce plateau était chargée d'animaux, de masques et d'attributs des fêtes de Bacchus, traités en relief ; que quatre masques représentant des dieux et des bacchantes partageaient les bordures du plateau en quatre divisions, qui comprenaient chacune trois animaux : boucs, sangliers, griffons, lions, loups, cerfs, lièvres, et « le quadrupède doux et utile qui servait de monture à Silène ». Dans le reste du décor figuraient des thyrses, des flûtes droites et courbes, des paniers de vendange, des corbeilles et de petits autels. Le milieu du plateau avait une ornementation qui

(1) Ouvrage déjà cité, p. 375.

(2) P. 2. Cette statuette a été très admirée à l'exposition de Moulins, en 1879.

(3) Copie trouvée dans les papiers de l'abbé Boudant.

était effacée. Cet objet fut détérioré par les paysans qui l'avaient trouvé, car, pour s'assurer s'il était en argent massif, ils l'avaient mis dans le feu ou laissé séjourner dans le vinaigre.

Le rapport constate, en outre, que le plateau pouvait être antique.

La découverte, à Chantelle, de cet objet précieux (1), ne signifie rien, à notre avis, pour le passé de la ville. Qui sait s'il ne faisait pas partie du riche mobilier du connétable, et s'il n'avait pas été rapporté par lui d'une de ses expéditions en Italie ?

On ignore ce que fut Chantelle aux temps antiques, et on n'est pas mieux fixé sur l'emplacement de la ville.

En signalant l'existence du *vicus* de *Cantelia* au ve siècle, visité par Sidoine Apollinaire, Chazaud (2) hésite à dire le lieu où il se trouvait. Suivant lui, c'est Chantelle-la-Vieille probablement, ou Chantelle-le-Château. En définitive, la place de *Cantelia* est indiquée à quelques kilomètres près. En effet, la *Table théodosienne* ou *Table de Peutinger* (3) contient le nom de *Cantilia* aux environs de Vichy et de Néris, ce qui est loin d'être précis.

Tudot (4) a fait passer à Chantelle-le-Château le tracé de la voie romaine de Clermont à Brest, en disant que l'on a retrouvé des fragments de cette grande route à Chantelle, à Néris et à La Chapelaude. « Ce tracé ne peut, déclare

(1) Un dessin en a été donné dans l'album de l'*Ancien Bourbonnais*.

(2) *Chronologie*, p. 119.

(3) Carte terrestre du IIIe siècle, dessinée sur parchemin. (Bibliothèque impériale de Vienne.) Une édition avec texte a été publiée par E. Desjardins, Paris, 1869-1876. — Voir un fragment de cette carte reproduit par MM. Cornillon et Mallat, dans leur remarquable publication, *Histoire des eaux de Vichy*, 1er fascicule, 1906.

(4) *Bulletin de la Société d'émulation de l'Allier*, t. VII, p. 94.

l'archéologue, donner lieu à aucune contestation. » C'est là une opinion un peu trop affirmative.

Il est donc constaté qu'au IVe siècle une agglomération plus ou moins forte existait à Chantelle ou à proximité, ce qui est déjà important. Au IXe siècle, on trouve le siège de la viguerie, *vicaria catillense* (1), bornée au Nord et à l'Est par celle de Deneuvre, au Midi par celle de Gannat et à l'Est par celle de Néris, limites que conservera à peu près la châtellenie qui remplacera la viguerie, moins les démembrements opérés en faveur de l'archevêque de Bourges (seigneurie de Naves et ses dépendances), et, plus tard, de plusieurs membres de la famille de Bourbon (Ussel, Jenzat).

Dans la première moitié du Xe siècle (936), l'acte de fondation (2) du prieuré de Chantelle ne parle pas de la viguerie ; il dit seulement que Chantelle est situé en Berry, non loin des frontières d'Auvergne.

Pour cette *Histoire,* nous avons réuni quelques documents qui n'attestent pas l'importance du lieu, mais associent son nom à divers événements. Ces renseignements, nous les donnons en parlant de la ville, bien qu'il soit supposable que quelques-uns concernent aussi le château dans lequel les sires ou les ducs de Bourbon devaient se trouver.

D'après Coiffier-Demoret et l'*Ancien Bourbonnais,* la ville fut prise par le roi Pépin et son fils, en 753.

Au XIe siècle, Archambaud III, dit le Fort, signa à Chantelle une charte relative aux différends qu'il avait avec les religieux d'Evaux, à l'occasion des droits par lui prétendus sur leurs maisons de Chantelle, Néris, Blanzat et Mazirat (3).

Aux XIIe et XIIIe siècles, le viguier ou bayle de Chantelle,

(1) Chazaud, *Chronologie*, p. 127, 128, 129.
(2) Voir le sous-chapitre du prieuré.
(3) Chazaud, *Chronologie*, p. 166.

officier des sires de Bourbon, figure dans plusieurs actes de ces seigneurs, à côté de ses collègues des autres vigueries (1).

En novembre 1216, Archambaud VI confirme, étant à Chantelle, des donations faites ou à faire par sa mère à l'église et aux religieuses de Pontratier.

En 1240, le sire de Bourbon et l'archevêque de Bourges relevèrent l'hôpital de Chantelle, menacé d'une ruine prochaine (2). Le sire de Bourbon nomma le recteur et s'engagea à tenir quitte l'Hôtel-Dieu de toute dette et à lui assigner sept livres de rente ; l'archevêque exigea que ce recteur fût soumis à son agrément.

Sans être une preuve de l'importance de la localité, l'existence d'un hôpital à Chantelle montre qu'il y avait là un passage assez fréquenté, les hôpitaux étant généralement construits le long des grandes voies.

En octobre 1265 (3), une charte fut signée à Chantelle par Agnès, dame de Bourbon, femme de Jean de Bourgogne (tailles pour l'armement de Jean comme chevalier).

En août 1286 (4), Gui de Dampierre et Mathilde, sa femme, étaient à Chantelle et dataient de cette ville l'acte de fondation d'une ville franche à Saint-Bonnet, près de Moulins.

En 1383, la duchesse Anne visita Chantelle, le 4 juillet.

A la fin du XIVe siècle, le 8 novembre 1398 (5), le souvenir des sinistres qui avaient passé sur Chantelle nous parvient :

Les pauvres habitans ont esté batus ceste presente année de

(1) Chazaud, *Chronologie*, p. 190.
(2) *Ibid.*, p. 214. — *Titres de la maison de Bourbon*, n° 218.
(3) *Ibid.*, p. 234.
(4) *Archives historiques du Bourbonnais*, 1890, p. 294-298.
(5) *Titres de la maison de Bourbon*, n° 4182.

tempeste tellement que les hommes des ditz lieux ont perdu leurs blez, vendanges et autres biens ou la plus grande partie d'iceulx.

Le duc Louis accorda un dégrèvement de tailles.

En mars 1408 (1407 avant Pâques, vieux style), la petite cité vit se produire un fait des plus importants pour elle (1).

Le duc Louis II accorda une charte de « franchise à ses sujets les manans et habitans résidans et demeurans dans les bourg, ville et paroisse de Chantelle-le-Chastel ». Le duc reconnut qu'eux et leurs prédécesseurs avaient toujours vécu en liberté de tailles serves et franches, « guetz, charrois, corvées, laides, lods et ventes, garde des portes, réparations dudit chastel », et de toutes autres servitudes quelconques, et les y confirma ainsi que dans la possession d'un marché franc et libre, le jeudi de chaque semaine, et dans le droit de ne payer, pour chaque procès civil perdu devant le châtelain, qu'une « clame de dix deniers », qui serait portée, en matière criminelle, à un chiffre variable, suivant l'exigence du cas.

En revanche, les bourgeois de Chantelle étaient tenus de payer annuellement, à la Saint-Martin d'hiver, dix-huit deniers par tête, plus treize livres tournois et quatre livres de cire pour droit de blairie et pour la jouissance des halles qui leur étaient abandonnées à condition de les entretenir en bon état et à leurs frais.

Cette charte montre les avantages donnés aux Chantelois : dispense de corvées, de garde et de réparation du château, possession d'un marché et jouissance des halles. Ils ont une liberté relative et des ressources pour leur ville.

(1) Chazaud, *Les villes franches du Bourbonnais* (*Archives historiques du Bourbonnais*, 1890, p. 357).

D'après Chazaud (1), les chartes de franchise eurent pour effet d'attirer dans les villes un grand nombre de serfs qui cherchaient à échapper aux tailles et aux exactions, et à jouir indûment des privilèges de la bourgeoisie.

Chantelle avait-il reçu quelques-uns de ces malheureux? On pourrait le croire, en voyant que, lors de la refonte des terriers, au XVIe siècle, les receveurs, prévôts, notaires et autres officiers furent « ordonnez sur le fait des tailles à icelles vérifier, sur et de noz hommes et femmes taillables, tant de taille franche que de taille serve, et des descendus d'iceux, en nos chatellenies d'Heriçon, Montluçon, Murat et *Chantelle*, qui n'ont pas demeuré quarante ans francs et sans nous avoir païé tailles ».

En 1423 (2), le 1er juillet, la duchesse de Bourbonnais, Marie de Berry, femme de Jean Ier, prisonnier en Angleterre, confirma à Chantelle les traités et abstinences de guerre qui avaient été passés, le 5 juin 1414, entre les officiers de son mari et ceux du duc de Bourgogne.

En 1430, les Etats du Bourbonnais se réunirent à Chantelle et octroyèrent au roi un fouage, impôt par feu et par habitant, pour l'aider « à rechasser le ennemis hors du reaulme ». Dans quelques années, les Anglais allaient être expulsés de France.

En 1548, par un édit perpétuel et irrévocable, Henri II déclara manumis et affranchis tous les demeurants et tous ceux qui viendraient habiter et résider en chacune des quatre châtellenies d'Hérisson, Montluçon, Murat et Chantelle, les remettant en leur « liberté naturelle et primitive, tels que sont les autres habitans du royaume de France et du pays de Bourbonnais, à charge par chacun d'eux de

(1) *Archives historiques du Bourbonnais*, 1890, p. 162.
(2) La Mure, p. 97 n., 138 n.

payer, chaque année, à la Saint-Martin d'hiver, la somme de deux sous par feu et lieu pour droit de bourgeoisie ».

A la fin du XVe siècle, les faits concernant la ville se succèdent, assez nombreux, mais, en général, ils l'intéressent indirectement : ils sont relatifs soit aux travaux que le duc Pierre II et sa femme exécutèrent au château, soit aux séjours que ces princes y faisaient. Le sous-chapitre concernant le château les contiendra.

Beaucoup d'autres événements ignorés ont dû toucher Chantelle avant le XVe siècle. Ainsi, les documents sur la guerre de Cent ans sont muets pour cette ville, et cependant il est certain que les Anglais dévastèrent la région.

Il en est de même pour la Ligue du Bien public.

Jean II, duc de Bourbon, fut réellement l'âme de la Ligue, cette coalition de grands seigneurs contre son beau-frère Louis XI (1). Ce fut vers le Bourbonnais que le roi se dirigea avec son armée, après s'être assuré de la plupart des places du Berry, sauf Bourges, qu'il laissa de côté avec la garnison que le duc de Bourbon y avait mise.

Louis XI, maître de Saint-Amand, s'empara d'Hérisson, de Montluçon où il reçut la soumission de Murat, de Gannat, d'Aigueperse, de Montpensier « et de tout le quartier par deça ». Il arriva à Saint-Pourçain en mai 1465, et ses troupes prirent la ville de Verneuil, dont les fortifications furent rasées. Bessay, Varennes, Escurolles, Montmaraud, Vichy, Ris, Lapalisse furent occupés par l'armée royale, et bientôt les conjurés furent obligés de faire leur soumission.

Chantelle n'apparaît pas dans la liste de ces places fortes bourbonnaises que le duc de Bourbon avait armées ou dont

(1) Chazaud, *La Ligue du Bien public en Bourbonnais* (*Bulletin de la Société d'émulation de l'Allier*, t. XII, p. 23 à 182).

le roi s'était assuré l'occupation. Cela nous fait douter de l'importance de cette ville et de son château.

Des faits plus intéressants vont succéder aux souvenirs qui précèdent :

Dans la seconde moitié du XVIe siècle, les guerres de religion ruinèrent le pays partout où se poursuivaient les deux partis. En janvier 1568, les Catholiques ayant été battus à Cognat par les Protestants, s'enfuirent en Auvergne; les vainqueurs, trouvant libre le territoire bourbonnais, y pénétrèrent, dévastèrent tout sur leur route, de Gannat à Ainay-le-Château ; villes, bourgs, châteaux et fermes furent pillés ou incendiés, et les habitants furent rançonnés ou tués.

D'après Boudant (1), les Protestants ne purent prendre Chantelle, défendu avec succès par les bandes locales de Bourgneuf et de la Font-Neuve, commandées par Jacques Bord, tanneur; Philippe Bord, sieur de la Presle (Deneuille), et noble Simon Lartaud, sieur du Treillis.

L'abbé dit également que Simon Lartaud fut nommé capitaine général pour le roy de la compagnie des garçons de la ville et cité de Chantelle, reçut le titre d'écuyer, devint maire de Chantelle et conserva pendant le reste de sa vie le grade de capitaine général des vieilles bandes de Bourgneuf.

L'auteur que nous venons de citer a puisé ces renseignements dans les registres paroissiaux de Chantelle, années 1637 et 1638. Nous avons aussi consulté ces documents et nous avons lu ce qui suit :

Noble homme messire Jacques Bord, seigneur de Laviston, capitaine des compagnies des vieilles bandes du païs de costes, mère de la ville de Chantelle, capitaine général de la Mélodie..

(1) P. 159.

Dans un autre acte, il y a :

Philippe Bord, sieur de la Presle, capitaine des vieilles bandes de la Fontz, Neuffève, mon Soudar.

Noble Simon Lartaud, seigneur du Treillis, capitaine général pour le roy de la compagnie des garçons de la ville de Chantelle.

Il nous paraît impossible de conclure, malgré ces titres donnés en 1636 et 1637, que, en 1568, ce furent les capitaines plus haut désignés qui, entraînant les gens courageux du pays, repoussèrent les religionnaires.

Les qualifications données aux trois Chantelois peuvent rappeler une initiative prise par eux ou leurs pères pour essayer de défendre la ville, mais ne sauraient établir qu'ils repoussèrent victorieusement l'ennemi. Il faut remarquer aussi que les Bord et Lartaud étaient bien jeunes en 1568.

Nous ne savons quelle signification donner au titre de « capitaine général de la Mélodie », ne supposant pas que la ville possédât alors une société musicale. Quant aux mots « mon Soudar », on les comprendrait ainsi : le curé était fier de montrer sa parenté avec Philippe Bord ; dans ce sens, il est allé un peu loin en qualifiant de nobles hommes les Bord et Lartaud.

En 1589 (1), Chantelle fut pris par les Protestants : les troubles finis, ils y eurent un lieu de culte (2).

Dix ans après la prise de Chantelle par les Protestants, la région était occupée en grande partie par les Ligueurs, maîtres de la Basse-Auvergne, et qui avaient, aux portes de Saint-Pourçain, les châteaux de Martilly, de Montfand et de Chareil.

(1) F. Claudon, *Vieux carnet des bourgeois et curés de Montmaraud*, 1907, p. 24.

(2) Archives communales de Moulins, C. 106.

Chantelle était, en 1593, le quartier général des troupes royales, commandées par de Chazeron, qui était logé dans la maison située près de l'horloge, « où pend pour ensaigne le cheval bland, vulgairement appelée cheuz la veuve Jugnet Bouat » (1). C'est là qu'était amené le produit des réquisitions que, pendant de longs mois, le chef royaliste imposa sans pitié aux malheureuses populations pour l'entretien de ses troupes et pour son personnel profit. Si d'autres documents existaient, ils nous diraient certainement que le pays eut besoin de longues années pour se remettre des cruelles épreuves qu'il avait supportées. Il eut la chance de ne pas se trouver plus tard sur le passage des Frondeurs, qui restèrent dans l'Ouest de la province.

Pour savoir exactement ce que fut autrefois Chantelle, nous aurons recours, d'abord, à l'intéressante description donnée par Nicolay en 1569 :

La ville et paroisse de Chantelle-la-Neuve, ou Chantelle-le-Chastel, une des dix-sept chastellenies, est située et assise au pays et duché de Bourbonnois, en bon et fertile pays, abondant en toutes sortes de grains, vins, fruits, rivières, prairies, bois de haute futaie et bois taillis, estant esloigné de Moulins pour la distance de dix lieues, et de Vichy, Allier et Sioule entre deux, six lieues. Son circuit est à peu près de forme carrée, mais plus longue que large ; et non *de trop longtemps* a esté environné de murailles et quelques tours rondes, avec trois portes, à savoir : la porte de Bourgneuf, la porte de la Font-Neuve et la porte de Boit, et une petite porte, du costé de la rivière de Bouble qui lui passe au pied, appelée la porte de Boulevard ; mais à l'entour d'icelle n'y a nuls fossés, excepté du costé de la rivière et du costé du chasteau. A de circuit la dite ville environ mille cinq cens toises.

---

(1) Registre de Charroux. Chazeron n'était pas installé au château de Chantelle, comme le dit l'abbé Boudant, p. 160. Voir le chapitre de Charroux.

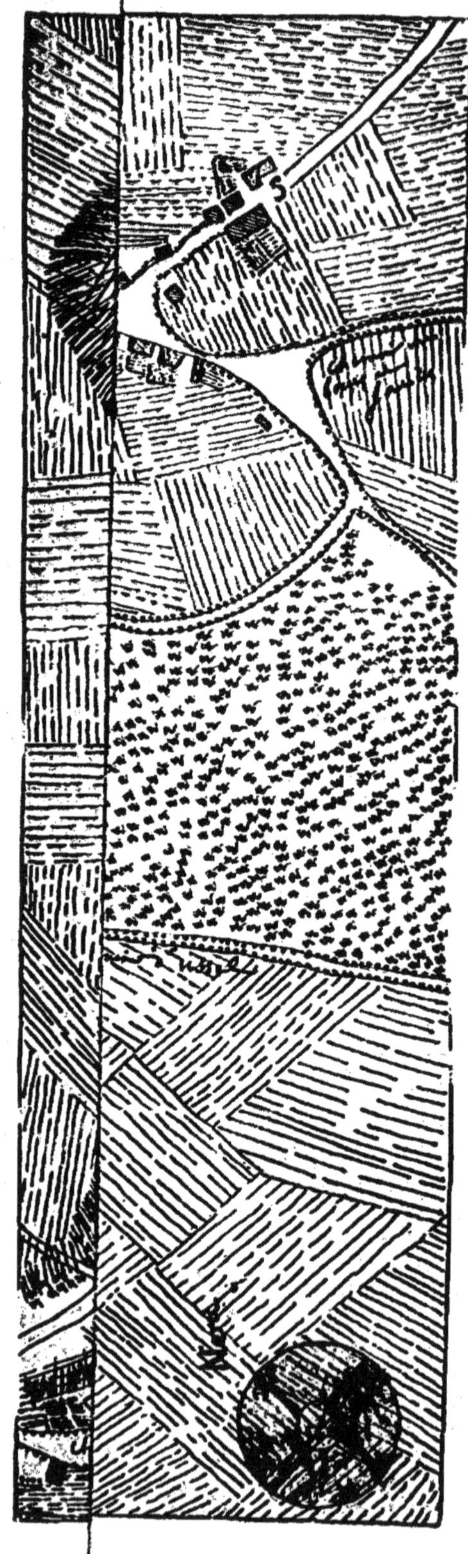

Plan de Chantelle (XVIIe siècle)

Dans la dite ville y a une église de Saint-Nicolas, qui est vicairie perpétuelle dépendant du prieuré du chasteau, et un hospital, comme aussi des halles à tenir les marchés et les plaids de la justice, qui est le siège capital de toute la chastellenie... Puis hors de la ville, tendant à Charroux, et sur le chemin tendant à Saint-Pourçain, sont deux beaux faubourgs, accompagnés de beaux jardins et quantité de beaux vignobles.

Nicolay a ajouté dans une autre page :

En la ville, chastel, faubourg et paroisse de Chantelle, siège capital de la chastellenie, laquelle contient le nombre de 146 feux.

Pour Férault-Dagnet, en 1610 Chantelle n'est qu'une petite ville de 100 ou 120 feux.

En 1686, l'intendant d'Argouges donne à Chantelle 200 feux et note le lieu comme passage de troupes, ce qui constituait une lourde charge pour les habitants et non un avantage.

Douze ans plus tard, en 1698, un autre intendant, Le Vayer, parla de la ville :

Chantelle était autrefois considérable, principalement par son château qui fut rasé après la défection du connétable de Bourbon ; il y a environ 550 personnes et 160 feux ; passage de troupes.

Nous insistons sur ce point : Chantelle fut important à cause de son château ; quand la ville cessa d'être quelquefois la résidence des ducs et de leur cour, elle n'eut plus, pour lui donner de la vie et des profits, que son capitaine-châtelain, les officiers de la châtellenie, les notaires, les receveurs, divers agents et certains membres de familles nobles ou bourgeoises fortunées de ses environs, venant y séjourner de temps en temps pendant la mauvaise saison, car rien ne prouve, comme le dit Boudant, qu'ils y demeuraient constamment.

Rien n'établit non plus que Chantelle eut quelques industries renommées; les grandes tanneries citées par l'abbé consistaient, comme dans les autres villes du Bourbonnais, en petites usines alimentées par le commerce du lieu et celui des paroisses voisines; il en était de même des moulins, dont le commerce était local comme de nos jours.

La situation de la ville fut définitivement amoindrie à la Révolution, quand elle perdit le siège de la châtellenie supprimée et devint le chef-lieu d'un canton composé de dix communes.

Vers 1815, le besoin de sortir de la vieille enceinte commença à se faire sentir, et l'extension entama d'abord quelques points. On démolit ensuite peu à peu tous les murs et toutes les tours qui, on le verra plus loin, enserraient assez étroitement la ville.

En 1842, tomba la tour du beffroi communal qui, paraît-il, gênait sérieusement la circulation, son ouverture étant trop étroite pour le passage des voitures venant des routes fréquentées. Les démolisseurs des anciens édifices ont toujours eu les meilleures raisons, et on pourrait citer bon nombre d'édifices anciens sacrifiés sans nécessité absolue.

Antérieurement, en novembre 1820, le père Dufour, le le vieil archéologue moulinois, — cherchant pour une histoire du Bourbonnais des renseignements qui ne furent pas inutiles à Achille Allier et à Batissier, — passant à Chantelle, alla, avec son ami Cassagne (1), visiter les débris du château et prendre les mesures de fondation d'une tour « qui aurait

(1) Cahier de notes publié en partie par nous dans le *Bulletin de la Société d'émulation et des beaux-arts du Bourbonnais*, 1896, p. 337.

eu sept fois mon parapluie ou trois toises quatre pieds dix pouces » ; il écrivit aussi sur son carnet de voyage :

> Chantelle a son enceinte encore murée en quelques endroits ; plusieurs rues sont pavées, mais avec de gros cailloux de quartz tirés des vignes ou du lit de la Bouble, pavés désagréables et anguleux. Sa tour d'horloge avec ses canonnières existe encore.

Boudant vit quelques vestiges de la vieille cité (1).

Aujourd'hui, il ne reste pas grand'chose de la ville ancienne ; à Chantelle comme ailleurs, pour obéir aux règlements de voirie et surtout pour s'installer plus commodément, on a démoli et reconstruit ; on démolira et on reconstruira.

Il y a trente ans, nous avons recherché en vain, à un passage à Chantelle, les souvenirs indiqués par l'abbé.

Les Archives de l'Allier possèdent un bon document qui a pour titre : *Plan de la ville et faubourgs de Chantelle-le-Château*. Il date du XVIIIe siècle et il est intéressant de le reproduire à cause des nombreux détails qu'il donne sur la configuration générale de la localité à cette époque.

L'auteur a dessiné très clairement l'enceinte et les tours au nombre de six qui la défendaient (2), avec deux autres

---

(1) D'après Boudant, le beffroi était une tour carrée de vingt-cinq mètres de haut, couverte d'une haute toiture que terminait un dôme supporté par quatre colonnettes, au-dessus duquel tournait une girouette fleurdelisée. Sur ce dôme était l'horloge. Un large passage voûté existait sous la tour, fermé au besoin par une herse ; la tour était munie de meurtrières (*Histoire de Chantelle*, p. 149). Cette construction devait ressembler au beffroi de Charroux.

(2) La grande distance existant entre les tours indique le peu d'ancienneté de l'enceinte ; avant l'invention des armes à feu, les tours auraient été bien plus rapprochées, afin de permettre aux archers de défendre les abords. Le plan n'indique aucun fossé.

tours, A et B, dans lesquelles s'ouvraient les portes de Fontneuve et de l'Horloge (1).

D'après l'échelle tracée au bas du document, les murs de la ville auraient eu une petite étendue, 450 toises de développement, ou environ 1.300 mètres. Il y avait entre chaque tour une distance de 40 toises, au Nord-Ouest et au Sud, 60 ailleurs ; la partie Nord de la ville était couverte par le château, quand il existait. En dehors de l'enceinte s'étendaient des champs et des jardins ; à l'Est les vignes étaient nombreuses ; entre les murailles, les jardins occupaient une superficie à peu près égale à celle des maisons. Généralement, le tracé des rues et des chemins est resté le même ; mais la route de Saint-Pourçain, qui arrivait par S, R, C, et à cette dernière lettre allait en A passer à la porte de l'Horloge, va aujourd'hui directement de C à P.

La clôture de la ville s'avançait, au Nord-Est, jusqu'aux bords des profonds fossés du château, et, à ce point de jonction avec eux, s'élevait une tour ronde dont les mêmes fossés défendaient les abords. Le plan indique en I les halles, dont la cession fut faite aux habitants par la charte de franchise de 1408 ; en N se trouvait l'ancienne église paroissiale de Saint-Nicolas (2) et le cimetière. On suit les

(1) La *Description* de Nicolay parle de deux autres portes, du Bois et du Boulevard, qui ne figurent pas sur le plan ; la seconde devait se trouver près du château.

(2) Les habitants n'eurent primitivement, pour l'exercice du culte, que l'église Saint-Vincent, enfermée dans l'enceinte du château, et dont l'accès était par conséquent réglé par les heures d'ouverture et de fermeture de la forteresse ; c'était gênant pour eux. Ils obtinrent de construire dans la ville une chapelle dédiée à saint Nicolas, qui resta dépendance de l'église Saint-Vincent, ainsi que l'exigea l'accord intervenu entre les religieux et les Chantelois. Saint-Nicolas était un petit édifice ; il fut agrandi au XVIIe siècle et toujours assez mal entretenu. En 1775, étant en ruines, il fut interdit par l'archevêque de Bourges et réparé aux frais des jésuites, gros décimateurs, et des habitants. A cette

chemins allant à Gannat, à Ussel, à Bellenaves, à Ebreuil, à Fourilles, à Saint-Pourçain et aux villages du voisinage.

Sur le plan sont indiqués: le prieuré H, K, L, M, l'église Saint-Vincent E, le jardin F, et la terrasse existant encore entre le sommet du ravin et le couvent.

Vers B, un vaste espace se trouvait en dehors des murs (1). C'est la place actuelle, l'Oscambre d'après Boudant, ce qui signifierait le champ des exercices, le campement. La vente du bétail a lieu, les jours de foire, sur ce terrain, qui s'appelle tout simplement le champ de foire.

époque, un procès-verbal de visite constate une situation pitoyable : tous les livres d'église étaient en lambeaux, le linge était insuffisant, le dais et la bannière dégradés et le devant d'autel lacéré de toutes parts. En 1831, l'église fut agrandie et restaurée; en 1876, elle fut démolie et sur son emplacement et celui du cimetière supprimé en 1851 fut construite la jolie église actuelle. Des trois cloches en usage, l'une, de 1654, est intéressante à cause du nom bourbonnais des parrain et marraine: Pierre de Jouan (lire de Louan), seigneur de la Jolivette, et Catherine de Saulgnier, dame du Plaix. Boudant a signalé d'antiques fonts baptismaux remontant au XIIe siècle et dont les sculptures représentaient l'Annonciation, le Baptême de Jésus et le Jugement dernier. Sortis de la vieille église, lors de sa démolition, et abandonnés dans une cour, les fonts baptismaux auraient été mis à l'abri de toute dégradation par une personne de la localité qui en aurait fait, dans sa propriété, la base d'un monument élevé à la mémoire des défunts.

(1) C'est sur un des côtés de cet emplacement que se trouvait la Maison-Dieu de Chantelle, au sujet de laquelle, en 1240, s'accordèrent l'archevêque de Bourges et Archambaud, sire de Bourbon. En l'an II (Archives de l'Allier, Q 128), les biens de l'hôpital se composaient d'un bâtiment de cinq chambres estimé 3.200 livres et de quatre-vingts boisselées de terre à seigle estimées 1.800 livres. Il fut sursis à la vente de la Maison-Dieu, conservée comme école.

Chantelle a aujourd'hui un grand hôpital très bien installé, construit avec l'aide des dons des habitants du pays et des souscriptions recueillies presque dans toute la France. Il est de toute justice de rappeler à ce sujet l'infatigable initiative des trois Chantelois auxquels est due la création de l'hospice: M. Bonneton, maire; le curé Boudant et le docteur Mignot. Nous avons vu que l'abbé affecta à cette œuvre généreuse les souscriptions à son *Histoire*.

A remarquer la partie du dessin concernant la motte du château et ses abords. Le terrain n'avait encore aucune des constructions qui ont été élevées autour de cette motte, et on saisit bien l'assiette qu'avait la forteresse, les fossés et escarpements qui la défendaient. On comprend aussi dans quelles conditions se trouvait le prieuré par rapport au château, au-dessous de lui; les jardins F devaient avoir déjà usurpé une partie de l'ancienne basse-cour.

Près de l'église Saint-Vincent apparaît la tour qui est à son chevet, la courtine qui la séparait des remparts, vers G, H, la maison des religieux, K, L, M, et deux traits pointillés pourraient être le tracé, le long de cette maison, des deux côtés du cloître. Si cette supposition est juste, il n'aurait existé alors que deux cloîtres : l'un reliant le prieuré à l'église, l'autre vers les bâtiments. Un carré avec point au milieu est peut-être la tour carrée existant encore, et la grosse tour actuelle est bien marquée à sa place. La cour, devant l'église, n'était pas close, et rien ne la séparait de ce que le document appelle la terrasse; de ce côté, une muraille régnait déjà au-dessus du ravin de la Bouble et allait rejoindre en L les murs du prieuré.

Au Nord-Est du château, entre les murs et la rivière, s'étendait une vaste place qui servait, dit-on, aux exercices militaires; l'endroit s'appelle encore le Carrousel, que les Chantelois disent Carrausel.

L'abbé ne doute point que jadis, en cet endroit, de vaillants spadassins (pourquoi spadassins?), la lance au poing et la visière baissée, n'aient caracolé sur de brillants palefrois, aux cris mille fois répétés de: « Mon Dieu, mon Roi, ma Dame ! »

Une légende a été écrite sur la marge gauche du plan, par le dessinateur, pour donner quelques renseignements complémentaires : La ville avait 192 feux, environ 700 âmes. Dans le couvent, vivaient trois religieux jouissant ensemble de 6.000 livres de rente environ. Chantelle avait un marché par semaine et six foires par an. Sur la motte existaient les fragments de maçonnerie de l'ancien château, « sur lesquels on n'a rien pu découvrir, sinon qu'il a été extrêmement fort ».

Anciennes familles de Chantelle

Au XIe siècle, un chevalier, Guillaume de Chantelle, abandonna à l'église de Saint-Vincent ses droits sur une vigne (1). L'abbé Boudant a fait de ce Guillaume le seigneur de la ville et de ses dépendances, qu'il aurait, dit-il, vendues, en 1213, à Archambaud IX, avant de partir pour une croisade.

Ce renseignement, qu'il a trouvé dans une publication auvergnate, est exact en ce qui concerne l'existence du chevalier vivant au XIe siècle, mais nous faisons remarquer que, au XIIIe siècle, on connaît, à Chantelle (2), le viguier, officier représentant le possesseur du lieu, le sire de Bourbon, et que, en 1213, c'était Gui de Dampierre et non un Archambaud IX, qui, du reste, n'a pas existé.

Le chevalier Guillaume portait le nom de sa ville natale, ce qui était fréquent, comme cela eut lieu plus tard pour des serviteurs distingués des ducs (3), par exemple pour Pierre, confesseur de Louis II ; Gilbert, maître d'hôtel de la duchesse Anne (4), comme le firent à Sénat, le notaire Jehan de Sénat (XVe siècle) et Pierre de Sénat, prieur de Fleuriel ; un autre exemple nous paraît trancher la question. A Hérisson, tous les membres d'une famille, qui ne posséda jamais le château et la ville, prit le nom d'Hérisson. Une

(1) Boudant, p. 225. (Archives de l'Allier, D, 31.)
(2) *Chronologie*, de Chazaud.
(3) *Chronique du bon duc Louis.*
(4) La Mure, t. II, p. 470.

famille nous paraît avoir eu, à Chantelle, en 1375, une situation plus importante, c'était celle de Catherine de Montfan, fille de Roger et de Marguerite de la Motte, qui avaient hôtel et dépendances en la ville de Chantelle. En 1399, mariée avec Johannet de Beaucaire, damoiseau, fils de Blein ou Blénet de Beaucaire, elle vendait, semble-t-il, ses droits au duc de Bourbon (1).

Dans tous les anciens papiers apparaissent bien des noms, dont la majeure partie ne se rattache plus, directement, depuis des siècles, aux familles de l'endroit. Il en est de même pour la plupart des habitants que concernent les actes des registres paroissiaux, de 1588 à la fin du XVIIIe siècle.

A Chantelle, ainsi que dans la plupart des villes, un siècle qui a passé renouvelle presque toute la population, et de rares familles échappent à ce changement. Quelques noms empruntés, au courant de la plume, aux vieux documents, intéresseront peut-être ceux qui nous feront l'honneur de nous lire.

Nous mentionnerons les noms des châtelains et capitaines-châtelains à l'article relatif au château. Pour les autres offices et emplois et pour les habitants, nous voyons :

Au XVe siècle, Chapelle, un receveur de la châtellenie; le notaire Jehan de Sénat, Charles Barbier, fermier de la châtellenie en 1520; Blaise Chariel, procureur en 1590; Anthoyne Granchier, maître des eaux et forêts à Chantelle; Louis Cocquin, fermier de la châtellenie de Chantelle; Pierre Lévesque, Bord, Artaud, notaires royaux; Antoine Brisson, greffier en chef; Lartaud, sergent royal; Simon

(1) Les Montfan avaient, dans la région, Jenzat, Montfan, Chastenoy (Chastenay ?), des terres à Louchy, autour de Chantelle. Quant aux Beaucaire, c'étaient les seigneurs d'un domaine immense : Beaucaire, Puyguillon, les Bordes, Montchoisy, Vernassoux, Villorbier, la Teillée, etc.

Bonnelat, docteur en médecine ; Alabrune ; les procureurs Charreton, Plessis, Laurent, Bouchet, Joly ; au XVIIe siècle, Philippe Lartaud, notaire royal ; Claude Perreau, notaire royal et fermier de la châtellenie ; La Chaussée, fermier ; Verne, fermier ; Bouchet, procureur ; Gilbert Bougarel, greffier ; Flory, chirurgien ; Jacques Verne, « eslu » en la châtellenie ; Blaise Chartier et Miquereau, procureurs ; au XVIIIe siècle, Chevalier, sieur de Molles, procureur ; du XVIe au XVIIIe siècle, les bourgeois Bougarel, Bourgougnon, Gravière, Lartaud, Joly, Boucaumont, Faure, Guillomet, Duret, Modérat, Artaud, Guillemot, Morio ; les curés Joly, 1519 ; Blaise Vigier, 1518 ; Frère de la Tour, 1587 ; Jean Buhon, 1588 ; Etienne Violet, 1588 ; Pierre Joly, 1621 ; Etienne Fontenel, 1645 ; Philippe Guérin, 1689.

Une note curieuse est à relever : En 1600, le sacristain de l'église mit une petite confidence personnelle dans le registre :

> Livre des bons enfants, s'ils ne sont bons, Dieu les amende. Moi, Frère Gabriel Giraud, boutelier, du nombre suis, et serai toujours prêt de les assister de ma pauvre petite bouteille. Pour cette année présente, le vin en est bon, et le témoignerais.

En 1739, le principal du collège était Louis-François-Xavier Ghequier de Montquin, de Liège.

En 1740, Gilbert Bougarel fut maire et syndic de Chantelle. Son nom et celui du Bort, maire en 1637, sont les seuls que nous ayons avant la Révolution et la nouvelle organisation communale.

Chantelle, nous l'avons vu, était un lieu d'étape pour les troupes qui passaient en changeant de garnison ou en allant rejoindre les armées ; ces passages pesaient lourdement sur les populations, non seulement à cause des vivres et « ustenciles » qu'elles exigeaient, mais souvent parce que les officiers et soldats malmenaient ceux qui les logeaient (1).

Au XVIIe siècle, des fractions de régiment furent casernées pendant la mauvaise saison en Bourbonnais. Chantelle eut successivement la compagnie de Manissy, des officiers et soldats des régiments de Normandie, Mercœur, Praslin, de Granges et de la Tour.

Dans son livre, Boudant avait présenté une liste des noms qui pourraient être donnés aux rues et aux places de Chantelle ; mais les municipalités sont restées sourdes à cet appel, et César, Pépin le Bref, Charlemagne, Anne de Beaujeu, François Ier, le Connétable et les Morio attendent toujours que les désignations proposées par l'abbé apparaissent, aux coins des voies de communication, sur des rectangles de faïence ou de métal.

Sauf pour Anne et le Connétable, ces hommages publics ne sont guère justifiés ; ils le sont tout à fait pour les Morio, et la ville qui n'a pas les ressources nécessaires pour participer à l'excès de « statuomanie » qui sévit dans notre pays, s'honorerait en rappelant, par une inscription, les deux généraux qui sont nés dans ses murs.

Pourquoi ne mettrait-elle pas dans un panneau de la grande salle de l'hôtel de ville les deux portraits des Morio, qui ont été lithographiés, et une copie de leurs glorieux états de services ?

Les noms des places et des rues en usage sont : place de

(1) Ils traitaient les villes en pays conquis, et allaient jusqu'à mettre les habitants hors de leur logis, pour être plus à l'aise ; puis, au départ, les étapiers — des exploiteurs — réquisitionnaient voitures et conducteurs pour le transport des bagages et du matériel, sans se préoccuper du préjudice causé aux travaux agricoles, et les emmenaient au loin, sans aucune rétribution. L'ustensile comprenait le logement, le bois, la chandelle, les ustensiles de cuisine et bien d'autres choses que les troupes exigeaient en dehors des règlements.

l'Oscambre ou des Foires, place de l'Eglise, rues de l'Horloge, Grande-Rue, du Couvent, de la Caserne, des Mouches, du Chiraud, des Picaudelles, de Mirambolles, de Marmignolles, de Derrière-les-Murs.

Nous ne savons si la ville eut des armoiries particulières, et si elle fit sculpter sur les bâtiments lui appartenant, au beffroi, aux halles, à l'église Saint-Nicolas, d'autres armes que celles des ducs de Bourbon ou celles du Roi.

En 1696, en exécution de l'édit de novembre, les bureaux ne recevant pas de la ville de Chantelle — sourde à l'invite qu'elle avait reçue — la description des armes qu'elle devait prendre pour apporter son obole au Trésor, lui en donnèrent d'office ; ils avaient inventé ingénieusement : *le hérisson d'or,* pour Hérisson ; *le char,* pour Charroux ; *l'œil d'argent,* pour Verneuil ; *le pourceau d'argent,* pour Saint-Pourçain. Ils pourvurent Chantelle *d'un rossignol d'argent, chantant sur une bande d'azur sur fond d'or ;* coût, 50 livres. La ville ne nous paraît pas avoir utilisé ces armoiries.

Les Morio

Nous avons demandé plus haut un hommage public pour ces enfants de Chantelle, dont Boudant a fait connaître la brillante carrière militaire. Nous ne répéterons pas les nombreux détails que cet écrivain a donnés ; nous nous bornerons à publier les renseignements indiscutables que fournissent les Archives du Ministère de la Guerre.

Joseph-Antoine Morio était né à Chantelle, le 16 janvier 1771 (1), du légitime mariage de Antoine Morio,

(1) Nous devons la plupart de ces renseignements à l'obligeance de M. le capitaine Hanoteau, qui a bien voulu les extraire pour nous des Archives du Ministère de la Guerre. Nous lui en témoignons notre reconnaissance.

demeurant au Bourg neuf de cette paroisse, et de Françoise Lebel. Il eut pour parrain Joseph Sarrier-Desgouttes, de la paroisse de Trillet, et pour marraine Pétronille Lartaud, femme de Gilbert Morio, couvreur.

D'après une lettre de Joseph-Antoine, qui se trouve dans son dossier au Ministère de la Guerre, il produisit au ministre, quand il voulut passer dans le génie, des certificats de civisme, des diplômes de Sociétés populaires, et il ajouta, dans sa lettre, ce qui nous renseigne sur la ville où il fut élevé :

Ce fut moi qui, en 1790, rassembla tous les légistes et séminaristes de Bourges en Berry, et qui leur fit prêter le serment civique. (Ce fait est constaté sur les registres de la municipalité de Bourges, où je suis inscrit comme président de l'assemblée des jeunes gens.) Dans ce temps où les prêtres dominaient à Bourges, ils voulurent me faire arrêter...

Un certificat de civisme délivré à Morio par le Conseil général de Chantelle, le 21 germinal an II, atteste qu'il est le fils de Antoine Morio, maire de la ville ; que lui et ses parents étaient dans les vrais principes révolutionnaires ; qu'il avait servi dans la garde nationale avec zèle et activité jusqu'au moment où il était entré au service de la Nation ou de la République. Ce certificat se termine par le signalement du militaire :

Taille : 5 pieds 6 pouces, cheveux châtains, sourcils de même, yeux bleus, nez commun, bouche moyenne, menton rond, front découvert, visage rond un peu marqué de petite vérole.

Dans le dossier de J.-A. Morio figurent deux autres pièces intéressantes : une lettre de Murat constatant qu'il a rendu les plus grands services à l'armée du Midi et surtout dans l'armement de Tarente ; le certificat par lequel le Conseil général de Chantelle constate, le 1er fructidor an II, que Joseph-Antoine Morio est fils d'Antoine-Marie, cultivateur, maire depuis quatre ans ; que ce dernier n'a jamais été noble et que ceux de sa famille n'ont joui d'aucune prérogative de noblesse.

Etats de service. — Elève de la Marine du 24 août 1789 au 1er janvier 1791 ; en mer, sous le chevalier de Ligondès ; seize mois de navigation dans la Méditerranée et surtout dans l'archipel, à bord de la *Minerve*, frégate de l'Etat.

Elève sous-lieutenant d'artillerie le 1er septembre 1792 (Ecole d'artillerie de Châlons).

Deuxième lieutenant d'artillerie le 1er juin 1793 (armée du Nord, Custine ; prend part à l'affaire de retraite du Camp de César et au blocus de Cambrai).

Premier lieutenant à la 18e compagnie d'artillerie légère le 30 août 1793 (armée des Alpes).

Capitaine du génie le 1er vendémiaire an III (affecté à la place de Grenoble), puis nommé à l'expédition des Indes orientales sous le général Aubert-Dubayet et affecté à la place de la Rochelle, an IV ; attaché au général du génie de l'armée du Rhin (Pichegru), an IV ; officier d'ambassade à Constantinople avec le général Aubert-Dubayet, an V ; attaché à la place de Palma-Nova (armée d'Italie), an V ; commandant du génie dans les îles du Levant (général Chabot), an VI.

Chef de bataillon du génie le 1er brumaire an VII (siège de Corfou, retraite de Butrotum en opérant sous son commandement) ; à son [illegible]ur de Corfou, enfermé dans la place d'Ancône pendant trente-deux jours de siège, sous le général Monnier ; en l'an VIII, en mission extraordinaire auprès de l'armée d'observation prussienne en Westphalie, par ordre du premier consul, en date du 27 brumaire an VIII ; commandant du génie à la lieutenance Murat, bataille de Marengo ; en l'an IX, armée d'Italie (Brune), passage du Mincio à Pozzolo, siège de Peschiera, puis armée d'observation du Midi (Murat), projets et travaux de Tarente (royaume de Naples).

Chef de brigade ou colonel du génie le IX nivôse an X (armée d'Italie, projets et travaux de Legnago).

Directeur du génie le 20 frimaire an XI (commandant du génie à l'expédition de Hanovre sous Mortier, Bernadotte); en l'an XIV à la Grande-Armée; campagne de vendémiaire, commandant du génie du 1er corps sous Bernadotte; campagne de brumaire et frimaire, bataille d'Austerlitz, reçu une lettre de satisfaction du major général de la part de l'empereur et cité au treizième Bulletin de la Grande-Armée pour le passage de l'Inn à Wasserbourg.

Directeur provisoire le 11 décembre 1802.

Directeur titulaire le 2 juillet 1805.

Commandant du génie du 1er corps sous les ordres du prince de Ponte-Corvo : campagne contre la Prusse, campagne contre la Pologne jusqu'au 15 janvier 1807; combat de Schleez: blessé à la jambe d'un coup de pistolet et un cheval tué ; prise de Halle: entre dans la ville à la tête de la première colonne, cité dans le rapport; combat de Nossenthers : un cheval tué d'un coup d'obus; prise de Lubeck: entre avec la première colonne en ville, un cheval blessé au nez d'un coup de baïonnette.

Aide de camp de S. A. I. le prince Jérôme Napoléon, le 4 janvier 1807 (campagne de Silésie).

Général de brigade le 18 novembre 1807.

Ministre provisoire de la guerre de Westphalie le 14 décembre 1807.

Ministre définitif le 2 février 1808.

Fait comte de Marienborn.

Assassiné à Cassel, le 24 décembre 1811, par un ouvrier des écuries royales.

Avait épousé Claire-Adélaïde Le Camus, dame d'honneur de la reine de Westphalie.

Détail des campagnes. — Deuxième lieutenant à l'armée du Nord, du 1er juin 1793 au 30 août 1793.

Premier lieutenant, armée des Alpes, du 30 août 1793 au 1er vendémiaire an III.

LE GÉNÉRAL DE DIVISION

Comte MORIO de MARIENBORN

LE GÉNÉRAL

Baron MORIO de L'ISLE

Capitaine : armée des Alpes, du 1er vendémiaire an III au 5 germinal (Grenoble) ; nommé à l'expédition des Indes orientales, employé à la place de La Rochelle jusqu'au 14 frimaire an IV ; armée du Rhin, du 14 frimaire au 2 germinal an IV ; envoyé à Constantinople du 2 germinal an IV au 25 germinal an V ; de retour en France le 25 germinal an V ; armée d'Italie, du 26 germinal an V jusqu'à la paix définitive avec l'empereur (Palma-Nova) ; envoyé dans les îles du Levant, le 29 vendémiaire an VI et resté jusqu'au 14 vendémiaire an VII, jour de la capitulation de Corfou.

Chef de bataillon : première armée de réserve sous le premier consul, du 11 pluviôse an VIII jusqu'à la fin de la campagne ; armée d'Italie, qui a succédé à celle de réserve, fait la campagne entière jusqu'à la paix avec l'empereur, comme commandant du génie de l'aile droite ; passe à l'armée d'observation du Midi après la paix et envoyé à l'avant-garde comme commandant du génie au corps d'armée stationné dans le royaume de Naples (Soult) jusqu'à la paix avec l'Angleterre.

Missions extraordinaires : envoyé en mission en Westphalie, par le premier consul, le 27 brumaire an VIII ; envoyé en mission en Suisse, par le ministre de la Guerre, pour détermination des lignes militaires, en vertu de l'arrêté des consuls du 5 nivôse an VIII.

Chef de brigade : employé en l'an X et l'an XI à l'armée d'Italie et chargé des projets des travaux de Legnago sur l'Adige ; commandant du génie à l'armée de Hanovre en l'an XI, depuis le mois de floréal.

Directeur provisoire, le 20 frimaire an XI.

Décorations. — Officier de la Légion d'honneur, commandant de l'ordre royal de la Couronne de Westphalie, grand-croix de l'ordre de l'Eléphant, commandeur de l'ordre du Mérite militaire de Bavière.

Annet Morio, frère de Joseph-Antoine, naquit à Chantelle, le 3 janvier 1779, du légitime mariage d'Antoine et de Françoise Lebel ; le 6 du même mois, il eut pour parrain messire Annet de Chavanat, seigneur de Mongours, conservateur des chasses de S. A. R. Mgr le duc d'Orléans au pays de Combraille, chevalier de l'ordre royal du Saint-Sépulcre de Jérusalem, et pour marraine Marie Jarrière des Roches, tous deux absents et représentés par Claude Morio, cousin-germain de l'enfant, et Françoise Morio, sa cousine-germaine.

Etats de service. — Annet Morio entra au service comme élève de l'Ecole de Mars à sa formation, le 13 prairial an II (2 juin 1794) ; il y resta jusqu'au licenciement de cette école, 15 brumaire an III (5 novembre 1794), et rentra dans ses foyers ; le 11 nivôse an VI (31 décembre 1797), il fut employé en qualité d'adjoint provisoire du génie dans les îles de la mer Egée jusqu'au 13 ventôse an VII (3 mars 1799), jour de la capitulation de Corfou ; employé près le chef de bataillon du génie Morio (son frère), à l'armée de réserve, le 15 brumaire an VIII (6 novembre 1799) ; nommé sous-lieutenant au 5e régiment de dragons par arrêté des consuls du 7 germinal an VIII (26 mars 1800) ; lieutenant le 12 vendémiaire an XII (5 octobre 1803) ; aide de camp du prince Louis Bonaparte, le 20 prairial an XII (9 juin 1804) ; passa en cette qualité au service de la Hollande, le 5 juin 1806 ; capitaine aide de camp du roi de Hollande, en juin 1806 ; lieutenant-colonel le 1er février 1807 ; colonel du 8e de ligne, le 2 décembre 1807 ; général-major, le 7 juillet 1809 ; rentré au service de la France, comme colonel du 16e régiment d'infanterie légère, le 8 décembre 1810 ; général de brigade le 30 mai 1813 ; employé au corps d'observation de Bavière, 13 juillet 1813 ; au 4e corps de la Grande-Armée, 7 novembre 1813 ; en non-activité le 1er septembre 1814 ; employé à l'armée de la Moselle, le 23 mars 1815 ; en non-activité en septembre 1815 ; inspecteur d'infanterie pour 1816, dans les 7e et 8e divisions militaires, le 18 août 1816 ; inspecteur d'infanterie pour 1817, dans les 12e et 22e divisions militaires, le 27 avril 1817 ; inspecteur d'infanterie pour 1819 ; dans les 6e et 19e divisions militaires, le 16 juin 1819 ; disponible le 1er janvier 1820 ; mort à Vanvres (Seine), le 24 février 1828.

Campagnes. — Partie de l'an II et de l'an III au camp des Sablons, où était l'Ecole de Mars; partie de l'an VI et de l'an VII dans la mer Egée; an VIII, armée de réserve en Italie; an IX, deuxième armée de réserve en Suisse et dans les Grisons; ans IX et X, campagne contre le Portugal; ans XI, XII, XIII, sur les côtes de l'Océan; 1805, armée du Nord; 1806 à 1809, en Allemagne et en Pologne; 1810, en Hollande; 1811 à 1813, en Espagne; 1813, en Allemagne; 1814, à Mayence.

Blessé près de Crémone, le 7 juin 1800, d'un coup de feu à la tête.

Décorations. — Membre de la Légion d'honneur, le 20 messidor an XII; chevalier de l'ordre de l'Union, le 1er janvier 1807; chevalier de l'ordre de la Réunion, le 7 mars 1813; chevalier de Saint-Louis, le 17 janvier 1815; officier de la Légion d'honneur, le 17 janvier 1815; baron de l'Empire, le 19 novembre 1812.

Dans son dossier, plusieurs lettres de ses chefs constatent son zèle, son intelligence, son activité et sa bravoure. Le 7 juin 1800, malgré ses blessures, il continua à charger jusqu'à la fin du combat; des lettres de recommandation sont signées du prince Louis Bonaparte, de Camus de Richemont et de son frère Joseph-Antoine. Annet Morio était en disponibilité quand il épousa, en 1821, Mlle Marie-Lucie Pillas, âgée de vingt-six ans, fille de feu Nicolas-Joseph Pillas, président du tribunal de Sedan, et de Marie-Françoise-Anne Douay; elle lui apporta 200.000 livres de dot environ.

Un troisième frère Morio, Prosper, servit aussi la France dans ses armées. Les événements ne lui permirent pas d'atteindre la situation que ses aînés avaient eue; il n'arriva qu'au grade de capitaine et à la croix de chevalier de la Légion d'honneur. Il mourut le 4 janvier 1835, à Nantes.

En parcourant les rues de Chantelle, on retrouve divers fragments d'anciennes maisons et d'antiques girouettes.

Dans la Grande-Rue, dans une cour d'un ancien logis, une tour carrée du XVIe siècle contient un joli escalier à vis et a d'élégantes fenêtres de cette époque; dans une auberge voisine subsiste une autre tour carrée dans laquelle monte un escalier à vis. Au premier étage de cette auberge, à gauche, on entre dans un petit oratoire du XVe siècle, voûté en ogives, dans le mur duquel est encastré un petit panneau de pierre qui a dû, si nous ne nous trompons pas, avoir deux écussons fleurdelisés; ces armes ont été martelées et sont à peine visibles. Un vieux puits est couvert d'une antique margelle aux belles moulures; dans un grand nombre de maisons, on découvre encore des portes et croisées à moulures, des XIVe et XVe siècles; une tour, dans la rue de l'Horloge, a une entrée extérieure qui fut artistement décorée à la fin du XVe siècle et avait un écusson sculpté qui a été très soigneusement effacé. Au bas de la Grande-Rue, en arrivant de la gare, une image murale très moderne transmettra peut-être aux temps futurs le souvenir du patron des charpentiers: le père Soubise est peint en couleurs extraordinairement vives, portant un bouquet et une équerre; c'est une enseigne moins gracieuse que celle dont la jolie coquille du XVIIe siècle orne un peu plus loin la devanture d'un boulanger. Derrière l'église, et en prenant une rue qui descend au champ de foire, on remarque encore de vieilles habitations n'ayant rien de curieux: c'est la ligne que suivaient les remparts.

La vue de Chantelle, en venant du chemin de fer, n'est pas pittoresque; la rue monte, avec une double rangée de boutiques, d'auberges et de maisons bourgeoises. En arrivant de Charroux, c'est la même situation. Du côté de Saint-Pourçain, on est mieux partagé: on découvre le prieuré, l'église, les vieilles tours, un coin du ravin et le trou béant des anciens et immenses fossés du château cultivés en jardin. Venant de la direction de Montmaraud, le paysage est abso-

Vue de Chantelle prise de Deneuille

Vieille maison près la Mairie

Vieille maison ayant appartenu aux Rouher

lument remarquable, tout Chantelle se montre; sur le côté, à gauche, en bas des terres cultivées, se creuse, large et profond, le ravin dans lequel coulent les eaux brillantes de la Bouble, sous des rangées d'arbres et des rochers. De distance en distance tournent des moulins; en haut des côtes se devine le village de Deneuille; à droite sont des vignobles, des champs, des villas bien construites, et, au loin, apparaît un fond charmant de campagnes fermé par une ligne de collines et de montagnes. Enfin, on découvre une grande partie des maisons du chef-lieu de canton, décrivant une courbe gracieuse avec leurs jardins; au-dessus se dressent fièrement le beffroi communal et la flèche de l'église. La culture a diminué le pittoresque des revers du ravin, en déboisant et en labourant certaines parcelles de terre abandonnées autrefois aux genêts à fleurs d'or et aux bruyères roses. De l'esplanade du couvent on a aussi une vue également belle de Chantelle et des ravins. Derrière le château, le paysage est également curieux.

La Bouble, « petit fleuve charmant », dit Nicolay, qui lui trouve « grande circulation à mode de serpent », a, depuis les temps les plus anciens, toujours fait tourner des moulins à blé et à tanneries.

Actuellement, de Monestier jusqu'au-dessous de Chantelle, cinq usines fournissent la farine aux populations de la ville et des localités voisines. Ce sont celles de Couvier, du Moulin-Dieu, qui a appartenu à la Maison-Dieu de Chantelle, reconstruit et orné abondamment d'inscriptions latines par feu M. Large, inspecteur d'académie en retraite; le moulin des Pierres, les moulins dits Bouladon, Alez et du Carrousel, le moulin des Eaux-Salées. De ces usines, dont les bâtiments et les barrages font, le long du cours d'eau, quelques charmants tableaux, plusieurs ont remplacé des moulins remontant à des siècles : le moulin Tinarel, 1230; de Borriano, Jarige, de Bort, 1428.

La Bouble donne à Chantelle un éclairage électrique.

A signaler enfin les belles écoles et une caserne de gendarmerie comme il n'y en a pas beaucoup ailleurs.

Au point de vue agricole, les campagnes sont restées ce qu'elles étaient déjà au XVIe siècle : un bon et fertile terrain abondant en grains, vins et fruits. C'est principalement la vigne qui occupe la première place dans la culture et entoure Chantelle de ses pampres. Nicolay a signalé ce grand vignoble qui fournissait, avec ceux de Saint-Pourçain, d'Ussel, de Gannat et de Montluçon, « la pluspart du Limousin ».

Le phylloxéra a ravagé les vignes, et il a fallu faire une reconstitution onéreuse, qui s'avance. Le vigneron a non seulement souffert de ce fléau, mais, pendant plusieurs années, la grêle et la gelée ne l'ont pas ménagé. De bonnes récoltes ont été faites depuis, les caves se sont remplies et le vin se vend bien. Les transports profitent de la ligne départementale qui relie Chantelle à Montmaraud, Commentry, Montluçon, Vichy, Bézenet, Doyet, Moulins, et à la grande voie ferrée de Commentry à Gannat. Il existe deux cent cinquante hectares de vigne, produisant en moyenne, par hectare, vingt hectolitres, se vendant 30 francs l'un.

Un marché aux veaux a lieu, les jeudis, et les beaux animaux achetés vont en grande partie approvisionner Paris.

Notons enfin que la localité n'a pas une de ces grandes industries qui pourraient la faire prospérer.

La population de Chantelle a bien varié ; elle était de : 146 feux ou environ 730 habitants en 1569, 120 feux ou 600 habitants en 1610, 200 feux ou 1.000 habitants en 1686, 800 habitants en 1698, 700 en 1700, 800 en 1756, 1.250 en 1790, 1.433 en 1818, 1.974 en 1851, 1.876 en 1901 et 1.748 en 1908. Actuellement, la décroissance continue.

Tour du XVe siècle dans la grande rue

Porte de cette Tour

Sur la motte Bourbon

Tours et murs du Prieuré vus des ravins de la Bouble

Tout près de Chantelle, sur son territoire, on trouve quelques lieux fort anciens. Le long de la route de Saint-Pourçain, on remarque en plein champ deux arches d'un vieux pont construit, dit-on, par les Romains. Dans le voisinage de cette ruine, en se rapprochant de la Bouble, une ferme, qui s'appelle Charbouillat, fut, selon la tradition, le lieu où, à leur arrivée, les religieux s'installèrent avant d'édifier leur couvent : « c'est un bruit commun dans le pays » (1). Une exploitation agricole exista à Charbouillat, propriété du prieuré ; en 1653, elle était ainsi détaillée :

Les bastiments consistent en une chapelle, une grande grange, chambre à four, petit cuvage, establerie, maison de métayers et autres maisons avec des greniers au-dessus, pré de la Tour, ainsi appelé à cause d'une tour qui se trouvait autrefois sur une motte qui est encore entourée de fossés (2).

Cela indique qu'il y eut là un fort bien avant le XVIIe siècle. La petite chapelle, desservie par un des moines de Chantelle, était considérée comme l'église paroissiale des villages voisins et même du faubourg de Bourgneuf. C'est cette destination qu'invoqua, en 1519 (3), Pierre de Montjournal, sieur de Chastenay, pour demander que le service du culte dans la chapelle ne fût pas supprimé ; un vicaire fut maintenu. Plus tard, en 1775, la chapelle menaçant ruine, fut interdite.

Boudant a signalé comme existant de son temps, sur la tour, une sculpture représentant « une crosse contournée, avec à droite le livre des évangiles, à gauche un calice coupé d'un lion » ; il parle également du chiffre de la

(1) Archives de l'Allier, D. 62-63.

(2) *Ibid.*, D. 104.

(3) *Histoire de Chantelle*, p. 173.

Compagnie de Jésus inscrit sur la grange, avec la date de 1676.

Chatenay ou Chastenay, de *castanetum*, lieu planté de châtaigniers, dont le nom est cité plus haut à propos de Pierre de Montjournal, fut un fief qui appartint, vers le XIIIe siècle, aux Montfan et aux d'Arçon. Jeanne d'Arçon et sa fille Marguerite de Beaucaire firent aveu pour Chatenay, en 1506; la terre fut ensuite aux Montjournal, aux de la Rivière, et, fin du XVIIe siècle, aux de Dreuille, qui la vendirent, vers 1699, à Nicolas Fallier. En 1703, Chatenay était aux Fallier et aux Laurent.

Il existait un petit manoir entouré de fossés.

II. — *La Châtellenie*

Au IXe siècle, Chantelle était le siège d'une viguerie, division des domaines des sires de Bourbon, bornée (1), nous l'avons dit, au Nord et à l'Est par celle de Deneuvre; au Midi, par celle de Gannat; à l'Ouest, par celle de Néris. Cette viguerie avait à peu de chose près le territoire de la châtellenie, division administrative et judiciaire qui la remplaça. Quant à l'officier seigneurial, le viguier, ses fonctions ne devaient guère différer de celles de l'officier appelé châtelain qui lui succéda.

Au XIe siècle, dans plusieurs actes des sires de Bourbon, le viguier de Chantelle figure encore à côté de ces seigneurs, avec ses collègues de Cérilly, Murat, Hérisson, Montluçon. Au XIIIe, ces trois dernières localités étaient des châtellenies; il en fut de même pour Chantelle (2). Nous ne constatons

(1) Chazaud, *Chronologie*, p. 111 et suiv.

(2) En 1242, Thibaud était châtelain de Chantelle.

toutefois cette transformation qu'au XVe siècle ; le terrier des tailles personnelles de la châtellenie de Chantelle, pour 1484-1486 (1), indique les divisions secondaires de la châtellenie à cette époque. C'étaient les prévôtés (2) de Fluriet (Fleuriel), La Vauvre, Louroux-de-Beaune (de Bouble), Target, Chantelle, Tizat (Chantelle), Vernusse, Chantelle-la-Vieille, Vouxat (Voussac), Deneulhe (Deneuille), Mounestier (Monestier), Taxat, Sintrat, Bellenaves, Ballady (près de Bellenaves), Tizon (près de Bellenaves), Chazelles (Chezelle).

C'est la même division secondaire, appelée quelquefois « baillie », qui existe pour les châtellenies de Bessay, Bourbon, Hérisson, Montluçon.

Un autre terrier de la même époque reproduit les noms de toutes ces prévôtés. Il n'y a que deux changements : une prévôté existe à Chirat-l'Eglise, et le nom d'une autre nous paraît être une rectification, Tizat (Chantelle) au lieu de Tizon (Bellenaves).

En consultant une carte, on remarque que ces prévôtés donnent assez exactement les limites de la châtellenie de Chantelle au XVe siècle ; on ne trouve pas les paroisses composant la châtellenie, parce que les commissaires ne se préoccupaient pas du siège paroissial, n'établissant leurs rôles de redevances qu'en se basant sur le territoire administré par le prévôt.

Au XVIe siècle, Nicolay donne l'organisation qui devait exister depuis longtemps. Il n'y a que cette différence : les

(1) Archives de l'Allier, A. 62.

(2) Chéruel *(Dictionnaire des institutions, mœurs et coutumes de la France)* fait des baillis et prévôts du Moyen Age des officiers de police rurale chargés de veiller au maintien des droits du seigneur, de recueillir ses rentes et de rappeler aux vassaux les services dus par eux ; ils étaient aussi juges pour les causes portées au tribunal du seigneur.

officiers sont ceux du roi au lieu d'être ceux des ducs. Les prévôts ont cessé d'administrer, et il n'y a plus qu'un représentant du seigneur : le capitaine-bailli-châtelain de Chantelle, et à côté de lui son lieutenant général, le procureur et le receveur. Les recettes des deniers royaux sont effectuées « au contoer » du receveur. Le domaine était affermé, pour six ans et six dépouilles, à Simon Laumet, pour 2.050 livres, outre diverses charges en nature et en argent.

La châtellenie comprenait quarante et une paroisses : Chantelle, Charroux, Taxat-sous-Charroux, Vernet (Broût-Vernet), Persenat ou Barberier, Nérignet (Bayet), Chareil-le-Coutioux, Blanzat (Chareil), Cintrat, Cesset, Fleuriel, Target, Voussac, Louroux-de-Bouble, Vernusse, Louroux-de-Beaune, Coutansouze, Chirat-l'Eglise, Echassières, Nades, Chomignat (Chouvigny), Lalizolle, Sussat, Vic, Veauce, Valignat, Tizon (Bellenaves), Saint-Bonnet-de-Bellenaves (Bellenaves), Bellenaves, Chezelles, Senat, Deneuille, Monestier, Banassat (Chirat), La Font-Saint-Magerand (Broût), Escole, Chantelle-la-Vieille (Monestier), Saint-Bonnet-de-Rochefort, partie d'Ebreuil, Sallepalerne, Jenzat. C'était un vaste territoire ayant 2.645 feux ou environ 13.225 âmes.

D'après d'Argouges, au XVIIe siècle des changements se sont produits : Blanzat a été réuni à Chareil ; on a annexé Chirat-Guérin, Bègues, le Châtelard (Ebreuil), Ussel, Leux, Estroussat, Culhat, Fourilles, Saint-Germain-de-Salles, Salles, Saint-Cyprien, ces huit dernières localités dépendant auparavant de la châtellenie d'Ussel, supprimée. Le chiffre de la population, en se rapportant aux renseignements statistiques de l'intendant, aurait subi une grosse diminution, puisque, malgré l'adjonction de onze paroisses ou hameaux, les habitants ne sont qu'environ 12.845, alors que précédemment la châtellenie avait 13.225 âmes.

Nicolay a décrit assez sommairement la châtellenie :

Chantelle-la-Neuve ou Chantelle-le-Chastel, une des dix-sept chastellenies, est située et assise au pays et duché de Bourbonnois, en bon et fertile pays, abondant en toutes sortes de grains, vins, fruits, rivières, prairies, bois de haute futaie et bois taillis...

C'était donc, à l'époque, une des meilleures parties du Bourbonnais. C'est ce que dit aussi Férault-Dagnet, qui s'étend abondamment sur la châtellenie de Chantelle :

Chantelle est une belle chastellenie située pour la plus part en bon territoire, notamment tout ce qui est du costé d'Auvergne, de la chastellenie de Verneuil, qui sont terres a froment et a de bonnes terres a soille du costé de Murat et de Moluson. Ceste chastellenie a pour confin d'orient la chastellenie de Vichy et Billy, de midy celle de Gannat et l'Auvergne, de nuict celle de Moluson et de bize celuy de Murat et Verneul ; elle a les boys de Transion, Bosmal, Colette, Bobin et la Brosse, boys royaux qui sont du costé de Moluson, et entre la dicte chastellenie et celle de Murat il y a une aultre forest du roy nommé Vacheresse. Il y a grande quantité de vignes qui raportent de très bons vins en paroisses de Berberi, Cheray et Usset, et quoy que Usset (1) soit une chastelenye qui contient cinq paroisses, néanmoins parce qu'elle a esté autrefois desmembrée de la chastellenye de Chantelle nous metterons sa juridiction et territoire soubz ladicte chastellenie de Chantelle, en laquelle il y a trois villes closes, scavoir : Chantelle, Charroux et Esbreulle, et encore les parroisses Destroussat (2),

(1) Ussel. En 1614, Ussel n'était plus « légalement » le siège d'une châtellenie, mais les offices de la châtellenie existaient et leurs titulaires les exerçaient.

(2) Il y a plusieurs noms de lieux qui nous sont inconnus : Changrat, la Celle ; d'autres sont mal orthographiés : il faut lire Etroussat, Ussel,

Salles, Ussel, Saint-Germain-des-Sales, Saint-Cipriam, Fourilles, Tassat, Target, Voussat, Coustansouze, Chezelle, Monestier, Bellenaves, Chantelle-la-Vielle, Jansas, Deneuille en partie, Cheray, Saint-Traict, Fleuriet, Cusset, Nevignet, Berberis en partie, Louroux-de-Bouble, Chirat-Leglise, Valignat, Escole, Saint-Bonnet-de-Rochefort, Vernuse en partie, Louroux-de-Beaune en partie, Eschassière, Changrat, la Celle, Susat, Vic, Veause et Nadde. Le siège principal de ladicte chastellenie est en la ville de Chantelle et la ville de Charroux est ung siège particulier de la chastellenye.

La châtellenie n'aurait compris que trente-neuf paroisses, mais il convient de faire remarquer que les renseignements de Ferault-Dagnet manquent souvent d'exactitude. Revenons à ceux de ses confrères.

La forêt dont parlent Nicolay et Ferault-Dagnet (1569-1614) (1) est celle de Vacheresse; les bois sont ceux de Giversat, Tronceon, Blomard, Collette, la Forêt-au-Comte, la Brosse-de-Bobin, les buissons de Charolles, de la Roussille, Boberat, Bonachapt, d'Espineuil, de Clayolle, la garenne de Chantelle, les taillis de Bellenaves, Beauvoir, Chenillat, Douzon, de la Font-Saint-Magerand, de Chastelard.

En 1686, la situation agricole que signale l'intendant d'Argouges est bonne ; on récolte « froment et autres bleds »,

Taxat, Voussac, Coutansouze, Chirat au lieu de Cheray, Cintrat au lieu de Saint-Traict, Fleuriel, Cesset et non Cusset, Barberier au lieu de Berberis.

(1) Beaucoup de ces noms de bois sont connus : Vacheresse, Giverzat, Blomard (le bois de Sarre), Collette, Garenne de Chantelle (bois de Chantelle), taillis de Bellenaves, Beauvoir (Echassières), Chenillat (Lafeline), Douzon (Etroussat), la Font-Saint-Magerand, Chastelard (Ebreuil) ; plusieurs ne peuvent être trouvés ou attribués sûrement, par exemple Tronceon (Fleuriel ?), Forêt-au-Comte, Bonachapt (Chantelle ? peut-être Banassat), la Roussille (Fleuriel ou Bellenaves ?).

les vignes prospèrent à Taxat, Barberier, Vic, Tizon, Saint-Bonnet-de-Bellenaves, Bellenaves, Chezelle, Chantelle, Janzat, Ussel, Fourilles, Saint-Germain-de-Salles. Il y a « bon pays de noix » à Barberier, Nérignet, Chareil, Cintrat, Vic, Saint-Bonnet-de-Rochefort.

En 1686, le pays est encore boisé; d'anciens noms de bois se retrouvent, de nouveaux apparaissent: bois de la Troncée, à Fleuriel; forêt de Vacheresse, à Voussac; Boismal, Beauboing, Montbastry, Magotirand, Vieux-Juillac, Puy-Juillac, Cherezat, Chiraublanc, le Boulard, Roussille, 3.381 arpents. Mais les défrichements ont déjà fortement entamé les massifs forestiers, et les siècles qui suivront éclairciront encore davantage les bois de la région.

Le territoire de la châtellenie était fort étendu. On peut dire qu'il comprenait approximativement le canton actuel de Chantelle, une grande partie de celui d'Ebreuil, quatre communes de Gannat, Cesset et Nérignet, de Saint-Pourçain ; des parties de Vernusse et de Louroux-de-Bouble, sur le canton de Montmaraud; une fraction du canton d'Escurolles. La châtellenie pouvait représenter presque la moitié des communes dépendant aujourd'hui de l'arrondissement de Gannat.

Les quarante-huit ou cinquante paroisses ayant peut-être 12.000 âmes devaient donc faire du chef-lieu de la châtellenie un centre administratif et judiciaire important.

L'abbé Boudant prétend à tort que la châtellenie de Chantelle n'avait que dix-sept paroisses et 3.185 feux en 1789; elle était encore à peu près comme en 1686.

La nouvelle organisation de 1790 modifia à fond la situation. Chantelle descendit au rang très secondaire d'un chef-lieu de canton du district de Gannat, composé de dix communes ayant 5.500 habitants : Chantelle, 1.250; Deneuille, 300; Monestier, 650; Chezelle, 350; Fourilles, 300; Etroussat, 1.000; Barberier, 300; Cintrat, 100; Chareil, 550; Fleuriel, 700.

En l'an VIII et plus tard, Charroux, Ussel, Saint-Germain-de-Salles, Taxat-Senat, communes du canton de Charroux, furent ajoutées à celui de Chantelle, arrondissement de Gannat. Cintrat et Chareil furent réunis; le canton eut alors 6.000 habitants. Il en a aujourd'hui environ 11.000.

A la fin de cet article sur la châtellenie, il nous paraît intéressant de rechercher, pour cette partie de l'Allier, les lieux où des colons gallo-romains ou mérovingiens étaient venus bâtir leurs *villæ* et mettre de grandes terres en culture; de supposer ces domaines devenant les fiefs des puissants guerriers qui protégèrent d'abord les petits propriétaires contre les barbares hongrois, normands et même sarrazins, ravageant incessamment la contrée jusqu'à la fin du Xe siècle; ces protecteurs établis dans leurs forteresses, avec de nombreux soldats, devinrent des maîtres, et l'homme libre n'eut qu'à choisir entre l'hommage volontaire et le service féodal ou la bataille, et, après la défaite, la perte de ses biens, l'expropriation de sa personne même, en un mot, le servage de la glèbe (1). N'est-il pas admissible que les grands fiefs furent ainsi constitués, avec leurs châteaux-forts, et existèrent pendant de très longues années? Plus tard, ils se divisèrent, par suite d'alliances ou d'aliénation, et de ces démembrements naquirent d'autres fiefs, qui, eux-mêmes, se modifièrent comme ils étaient nés ou furent annexés en entier à d'autres et cessèrent d'exister. Ce sont de simples notes que nous donnons sur un point d'histoire locale qu'un savant traitera sans doute un jour.

(1) C'est ce qu'expose Chazaud, *Chronologie*, p. 137-138.

Voici les noms des *villæ* du territoire qu'occupe le canton de Chantelle, pour la période allant du IVe au IXe siècle : *villæ* de *Extrociacus* (Etroussat), de *Barberiacus* (Barberier), de *Perceniacus* (Percenat), d'*Uxellum** (1) (Ussel), de *Senacus* (Senat), de *Taciacus* (Taxat), de *Floriacus* (Fleuriel), de *Volsiacus** (Voussac), de *Targiacus* (Target), de *Cantilia** (Chantelle), de *Carrotum** (Charroux), de *Plesiacus* (le Pleix).

De grands fiefs furent constitués au cours des IXe, Xe et XIe siècles : châteaux-forts du Pleix (Fleuriel), Douzon** (2) (Etroussat), Percenat (Barberier), Ussel, Chantelle, Chirat (Voussac), Cordebeuf (Chareil), la tour de Salles**, la Coux** (Target).

Pour la période postérieure au XIe siècle, de vieux fiefs se divisent en fiefs nouveaux : la Rivière**, Chareil (Chareil), le vieux Blanzat**, Blanzat-le-Fay** (Chareil), la Borde**, Fourilles** (Fourilles), Salles**, Céron**, la Motte (Saint-Germain-de-Salles), la Motte** (Barberier), les Granges**, Buchepot**, les Mons**, la Croix** (Taxat-Senat), Boussac**, Verzun**, Target**, les Magnoux, la Motte-Verger** (Voussac), Montchoisy (Chezelle), la Jolivette, Persat, Corgenay, Bry (Fleuriel), la Croizette**, Leu** (Ussel), Charbonnière**, Beauregard, les Peyrets, le Rozet (Etroussat).

Quelques établissements religieux, dont la construction a donné lieu à la création de villages, sont à signaler : Saint-Germain-de-Salles, Saint-Cyprien, Chezelle, Monestier, Charbouillat (Chantelle).

---

(1) On a trouvé des vestiges anciens dans les lieux marqués d'un astérisque.

(2) Les châteaux indiqués par deux astérisques existent en totalité ou en partie.

Lieutenants généraux de la Châtellenie (1)

1600. — Philippe Verne.
1611. — Bertrand Rouher, sieur de Blanzat (Chareil) (2).
1624. — Philippe Brisson (3).
1645. — François Hérisson, sieur de Boulier.
1660. — Philippe Bouchet (4).
1670. — Jean Bonnelat (5).
1673. — Gilbert Bougarel (6).
1692. — Gilbert-Antoine Morant, ou Morand, sieur de la Chaume (Deneuille) et de la Teillée (Fleuriel).
1720. — Gabriel Morant, ou Morand, sieur de la Chaume.
1765-1790. — Paul Laurent, sieur du Cluzier (Deneuille).

(1) Nous supposons (sous toutes réserves) que, à cette date de 1600, le capitaine-châtelain était un officier commandant le château, et que toutes les attributions administratives et judiciaires étaient au lieutenant général, office créé et acquis moyennant finance.

(2) Rouher ou Rouer, famille qui pouvait être originaire de Chantelle. Des Rouer ou Rouher ont occupé diverses charges dans la châtellenie et à Moulins ; ils ont été possessionnés un peu partout à Fleuriel, Cesset, Bellenaves, Chantelle ; ils possédèrent Blanzat (Chareil) et s'allièrent aux Beaudreuil, aux Montbrun (Louchy), aux de Sarioux ou de Sarrieux. M. Rouher, ministre de Napoléon III, croyait pouvoir se rattacher à ces Rouher, et avait fait faire de nombreuses recherches aux Archives de l'Allier, en 1864.

(3) De la famille des Brisson moulinois.

(4) Famille débutant à Chantelle et enrichie ; a eu des possessions dans plusieurs paroisses de la région.

(5) Des Bonnelat, de Charroux. Jean nous paraît être plutôt le lieutenant au siège particulier de Charroux.

(6) Vieille famille. Voir Fourilles, Fleuriel, Saint-Germain-de-Salles, Chantelle.

III. — Le Prieuré

Dans le milieu du ve siècle, Sidoine Appollinaire visita une église qui existait à Chantelle. Cet édifice, un des plus antiques du pays, se trouvait sur une partie de l'emplacement qu'occupe le monastère que fit construire, en 936, un certain Airald, avec le consentement de sa femme Rothilde. Ces deux personnages choisirent, en effet, le lieu voisin de la vieille église, dédiée à saint Vincent, martyr, située sur le territoire de Bourges, aux confins de l'Auvergne, près de la Bouble. Cet établissement religieux, placé sous le patronage des apôtres Pierre et Paul, devait recevoir des chanoines d'Evaux.

L'archevêque de Bourges ayant donné son consentement à la fondation, le monastère fut créé. Il prospéra, et, au xe siècle même ou au début du xie, le vieux sanctuaire près duquel il s'était établi, dont il se servait, fut remplacé par un édifice considérable, la belle église qui existe encore, mais qui a reçu, dans le cours des ans, des modifications qui n'ont pas toujours été heureuses.

Les documents concernant l'existence de ce monastère, dans ces temps si lointains, manquent, et ceux qui proviennent des siècles suivants sont assez rares. Nous allons en donner un résumé chronologique :

A la fin du xie siècle, Archambaud III, réglant, avec les religieux d'Evaux, certains différends, leur concéda *ex integro* diverses églises parmi lesquelles se trouvait celle de Chantelle.

En 1158, une bulle du pape Adrien IV à Gaufred, prévôt d'Evaux, mentionne l'église du monastère de Chantelle, le sanctuaire Saint-Vincent.

En avril 1225, un Guillaume de Chantelle, chevalier, fils d'autre Guillaume, chevalier, fit une donation au prieuré.

En 1276, Guy de Sully, archevêque de Bourges, reçut dans l'église de Chantelle le pallium des mains de Guy de Tours, évêque de Clermont, au nom du pape Jean XI.

En 1285, Simon de Beaulieu, archevêque de Bourges, visita le prieuré de Chantelle.

L'année suivante, le dimanche avant Noël, Simon de Beaulieu vint consacrer dans l'église de Chantelle Aymard de Croz, élu évêque de Clermont.

En 1345, les chanoines de Chantelle obtinrent du pape Benoît XII, en même temps que leurs confrères d'Evaux, la permission de remplacer par une robe blanche, avec le surplis par dessus, leurs anciens vêtements faits avec des peaux de chèvres et de moutons.

Le nom d'un prieur et celui d'un moine ressortent de documents : au XIe siècle, un moine s'appelle Gérard Faraglas ; en 1266, le prieur du monastère est Hémeric qui, en son nom et au nom de son couvent, reconnaît que la dame de Bourbon leur a donné à garder un anneau d'or avec un saphir, qu'ils promettaient de rendre à sa première demande.

Une liste des prieurs figurera plus loin.

L'église de Saint-Vincent avait été reconstruite ; les bâtiments primitifs du monastère furent aussi transformés et agrandis au XVe siècle et postérieurement.

Tout le monastère devait être, avant le XVe siècle, placé en dehors de l'enceinte du château, mais certaines de ses dépendances atteignaient les premières défenses. Cette situation est constatée par l'autorisation que le duc Charles Ier accorda en 1445, c'est-à-dire au moment des premiers travaux d'agrandissement du prieuré : le duc permettait (1) au prieur de percer des fenêtres sur la basse-cour du château.

Un mémoire sur l'antiquité des droits honorifiques du

(1) *Titres de la maison de Bourbon*, n° 455.

prieuré de Chantelle (1) montre exactement la situation du château et du couvent : les bâtiments de ce dernier se trouvaient « en dedans du château ; son église était comme la Sainte-Chapelle que les ducs avaient en leur château de Bourbon, et ils l'avaient enrichie de belles reliques que ces princes avaient apportées de terre sainte ». Il pouvait y avoir des murs qui entouraient le prieuré et le reliaient même au château, mais quand Pierre II et sa femme reconstruisirent cet édifice, un véritable mur d'enceinte, avec tours, fut élevé, qui souda réellement le prieuré à la forteresse et en fit une de ses dépendances.

Les travaux neufs de défense ne paraissent pas avoir été exécutés sur tout le périmètre du monastère, mais seulement « au midi, à l'orient et au septentrion ; à l'occident, on conserva les vieilles et caduques murailles ». Les seigneurs embellirent aussi le monastère, et la duchesse se fit construire un logis près de lui ; ce beau logis devint plus tard, quand le château fut démoli, l'habitation du capitaine, et fut donné ensuite aux Jésuites par le roi.

La description de Nicolay, dont nous venons d'extraire les lignes précédentes, doit donner un tableau exact du monastère en 1569 :

Au bout de la basse-cour, au septentrion, y a un beau prieuré de l'ordre Saint-Augustin, dépendant de la prévosté d'Evaux-en-Combraille, lequel est de très ancienne fondation et structure, estant fondé d'un prieur, huit religieux chapelains, deux novices et un prebtre ou clerc lai ; et vaut de revenu par communes années, toutes charges payées, excepté les décimes, de dix-huit cens à deux mille livres. Et tout joignant est le beau et grand logis prieural, fort magnifique et suffisant pour y loger le roi ou le prince. Il y avoit au-dessus dudit prieuré un autre

(1) Archives de l'Allier, D. 45. Mémoire fait au XVIIe siècle.

beau logis bas, édifié par madame Anne de France, duchesse de Bourbonnois, bien accommodé de plusieurs belles chambres basses, salles, garde-robes, cabinets, caves, greniers et autres offices, auquel logis la dite dame se souloit tenir comme en lieu de force et d'assurance [avec] la plus grande partie de ses trésors et précieuses bagues ; mais par succession du temps, à faute d'habitation et entretènement de couverture, est tellement ruiné et démoli qu'il est à présent inhabitable.

Tout le circuit de cette basse-cour, regardant le midi, l'orient et le septentrion, est enclos et environné de grosses et fortes murailles de pierre très dure et de plusieurs belles tours, et aussi de portail fort et superbe à voir, le tout fortifié et fait du temps de Pierre, deuxiesme du nom et sixiesme duc de Bourbonnois, et de madame Anne de France, sa femme, ainsi qu'il se voit par leurs chiffres et devises qui sont entaillés au-devant du portail et tours, et le long des courtines. Vrai est que de l'occident, qui est un profond et espouvantable précipice de rochers, au fond duquel, avec un bruyant cours, en forme de serpent, s'escoule le fleuve ou plustot torrent de Bouble, très dangereux quand il se déborde, n'est enceint que de ses vieilles et caduques murailles...

Depuis la visite du géographe ou celle de son informateur, la situation des lieux a bien changé : les murs d'enceinte ont été presque partout abattus, le portail « fort et superbe » n'est plus, et deux tours seulement ont été respectées ; l'église et les bâtiments du monastère ont aussi bien souffert. Malgré ces ravages du temps et des hommes, les constructions qui existent ont encore un réel intérêt.

Le couvent de Chantelle est, par la règle de la maison, rigoureusement fermé, et il n'est pas possible de le visiter. Mme la Supérieure a cependant bien voulu nous autoriser à pénétrer dans l'église, que nous avons trouvée dépouillée de la plus grande partie de son mobilier et de ses ornements, au moment de l'application de la loi de Séparation.

Cet édifice (1), qui a la forme d'une croix latine, a trois belles nefs romanes; le chœur en hémicycle est entouré d'un déambulatoire d'où rayonnent trois chapelles absidales. La longueur entre le bas de la nef et le mur de la chapelle qui termine l'abside est de trente-huit mètres; la nef a dix-huit mètres de longueur sur treize de largeur. La nef centrale est recouverte d'une nef en tiers-point ayant quinze mètres de hauteur; elle est soutenue par deux arcs doubleaux brisés, venant retomber sur une des quatres colonnes contenant les piliers carrés qui séparent l'édifice en trois nefs de trois travées.

A l'intertransept, quatre piliers carrés, cantonnés de quatre colonnes demi-cylindriques, soutiennent les quatre grands arceaux plein cintre au-dessus desquels s'élève une coupole polygonale élevée de vingt mètres.

Le monument a beaucoup de détails remarquables: fenêtres romanes avec colonnettes, le chœur de chaque côté duquel s'alignent les belles boiseries des stalles destinées aux religieuses, le gracieux déambulatoire, les chapelles absidales, les vieux chapiteaux qui ont été respectés par les travaux exécutés à diverses époques. Ces sculptures se composent, les unes de feuillages, d'entre-lacs, de végétaux, de figures géométriques encadrant des têtes d'hommes et d'animaux; les autres de petits personnages: un personnage accroupi, une femme couchée sur des fleurs, dans des feuillages; un chapiteau a un homme avec des clefs à sa ceinture et frappant avec un marteau sur une enclume; M. du Ranquet croit qu'il représente saint Eloy. Sur un autre chapiteau figure un sonneur de cloches.

(1) Nous avons aussi consulté, pour cette description, le travail publié par M. du Ranquet dans le *Bulletin de la Société d'émulation du Bourbonnais*, 1894, p. 128 et suivantes.

Une rosace et de nombreuses fenêtres jettent la lumière dans la nef, les bas-côtés, le déambulatoire et les chapelles.

A l'extérieur, des réparations regrettables ont modifié certaines parties : un portail disgracieux a été accolé à la façade, au XVIIe siècle ; chaque nef a eu une toiture différente, alors que, dans le principe, elles devaient avoir une toiture unique ; une porte a été ouverte dans la muraille Ouest ; de lourds et disgracieux contreforts ont été placés. Au chevet se trouve une des tours de la vieille enceinte.

Le clocher a été abattu, à grands frais, pendant la Révolution. Dans son *Histoire*, l'abbé Boudant l'a reconstitué avec beaucoup de fantaisie : il lui donne une hauteur prodigieuse, et dit qu'on le voyait de Saint-Pourçain ; ce clocher avait une forme carrée, deux étages, trente-deux fenêtres, une flèche flanquée de clochetons à jour, etc. D'après M. du Ranquet, sur la tour carrée de l'intertransept s'élevait un clocher-lanterne octogonal, à deux étages, éclairé par deux rangs superposés de baies géminées et se terminant par une flèche ; c'était, sur une coupole auvergnate, un clocher auvergnat.

Monastère

A gauche de la cour qui se trouve devant l'église, s'élèvent des bâtiments modernes qui font retour vers cet édifice et cachent au visiteur les anciennes constructions du prieuré. La consigne rigoureuse, levée seulement pour l'église, nous a arrêté dans la cour, et nous devons faire appel, de nouveau, au travail de M. du Ranquet, pour lui emprunter ses passages les plus intéressants sur les bâtiments claustraux.

Au chevet de l'église est adossée une tour de l'enceinte, du XVe siècle ; à la voûte, on voit une croix grecque avec le mot *ama* ainsi disposé :

A
A M A
A

On remarque aussi le soleil, la lune et le cercle du Zodiaque, et, répétés sur plusieurs points, ces mots : *Semper dilige, Semper ama*, reproduits de nos jours d'après les inscriptions anciennes.

De cette tour, on arrive au cloître du couvent, dont il n'existe que deux côtés (1) ; la galerie Nord a des voûtes élégantes du xve siècle, dont les clefs portent les armoiries : *d'or à trois étoiles de sable posées deux et une*, celles de Jacques de Mareschal, prieur de Chantelle, de 1441 à 1480, sous l'administration de qui ce cloître a été bâti. A l'Est de cette galerie s'élève une jolie tourelle renfermant un escalier à vis ; la spirale de l'escalier est masquée extérieurement par une forte moulure, et de gracieuses colonnes torses soutenant les marches du haut ont permis d'ajourer fortement la tourelle et d'éclairer l'intérieur. Près de là, on peut admirer une fenêtre à meneaux et à accolade, et deux portes à moulures avec ornements sculptés, fort artistiques. Le côté Sud de la galerie a quatre beaux cintres. Dans ce cloître, les religieuses ont réuni quelques chapiteaux qui avaient été mis de côté quand on a restauré l'église.

La galerie de l'Ouest communique avec l'église par une porte moderne ; elle n'est pas voûtée, mais recouverte d'un plafond que supportent des colonnes rondes et isolées de la Renaissance, et qui put cacher une charpente visible. Les fûts et les chapiteaux portent soit des fleurs de lis au pied nourri, soit des croix de Malte ou des croix grecques, des roses ou la coquille de Saint-Michel, ordre établi par Louis XI en 1469, ou enfin des croix à huit pointes de l'ordre du Saint-Esprit, créé par Henri III en 1578. D'après

(1) Deux belles phototypies des bâtiments claustraux et d'une partie de l'église sont intercalées dans une brochure intitulée : *Chantelle et son monastère*, publiée en 1892 par M. l'abbé Bennetot.

ces ornements, M. du Ranquet pense que cette partie Ouest du cloître date de la fin du XVIe siècle.

De l'avis du même auteur, le cloître devait se continuer le long de l'église jusqu'au transept, et cette partie a dû être supprimée lorsqu'on a établi les contreforts qui soutiennent l'église. Au milieu du préau, il y a une vaste citerne, et de cet endroit on voit les belles fenêtres à meneaux qui surmontent le cloître Nord, et les contreforts qui le contrebutent, chargés de moulures élégantes, de nervures gracieuses et de pinacles charmants simulant niches. Au rez-de-chaussée du bâtiment que précède le cloître, il y a le réfectoire, vaste salle voûtée ; à la clef de voûte, les armes du prieur de Mareschal, sous lesquelles on aperçoit des restes du bâton prieural posé en pal. A côté est la cuisine actuelle, grande salle non voûtée, à plafond à poutrelles ; la salle capitulaire se trouve de l'autre côté du réfectoire ; on y remarque deux travées avec arc doubleau et nervures prismatiques ; en clef de voûte, les armes de Mareschal ; sur les murs Est et Ouest, un trumeau Louis XIV : celui de l'Est a, dans un médaillon ovale, le cœur enflammé des Génovéfains, et l'autre le cachet du prieuré, le bâton du prieur au milieu de deux palmes, accostées en chef de deux fleurs de lis ; puis vient la salle de la communauté, semblable à la salle capitulaire, où il y a encore les armes de Mareschal.

Par la tourelle on arrive au premier étage, à l'infirmerie, dans laquelle se trouve une belle cheminée du XVIe siècle, avec un écu reposant sur un bâton de prieur. M. du Ranquet attribue ces armoiries à Simon Mercier du Max, prieur de 1544 à 1557.

Une grande pièce, divisée actuellement en deux par un galandage, a une remarquable cheminée à nervures flamboyantes ; au milieu, armes reposant sur un bâton prieural posé en pal : *d'or à la bande d'azur*, celles de Pierre de la Porte, prieur de 1480 à 1493.

Chapelle d'été de Sainte-Jeanne de Valois, pièce à trois travées voûtées sur croisées d'ogives; aux clefs de voûte, armes de Mareschal; cheminée à moulures du XVe siècle, ayant les armes de de la Porte.

En sortant de la chapelle, on trouve l'escalier d'honneur, placé dans une tour carrée qui monte du rez-de-chaussée aux combles; en haut, son noyau, au lieu de se terminer avec l'escalier, se continue en colonnes d'où partent quatre nervures supportant la voûte qui la recouvre. Là, se voit une cloche portant la date de 1700 et pour toute inscription les vingt-quatre lettres de l'alphabet.

Les combles sont formés d'une belle charpente en chêne, du XVIe siècle; sous la chapelle de Sainte-Jeanne de Valois, une pièce voûtée servant de bibliothèque a en clef de voûte les armes de Mareschal.

Telles sont actuellement, dans leurs grandes lignes, les principales dépendances du prieuré. A signaler encore la grande tour demi-cylindrique ayant fait partie de l'enceinte, du côté de la rivière; elle a au rez-de-chaussée un magasin voûté qui porte les armes de Mareschal à la clef de voûte.

D'après M. du Ranquet, les travaux de construction commencèrent en 1440, avec le prieur Jacques de Mareschal; après sa mort, en 1480, son successeur, Pierre de la Porte, continua l'œuvre jusqu'en 1493; les travaux furent repris vers 1544 par le prieur Simon Mercier du Max et terminés par le prieur Gilbert de Bellenaves (1580) et Michel de Poux, son successeur, de 1589 à 1603.

Les Génovéfains conservèrent en entier le domaine du prieuré jusque dans les premières années du XVIIe siècle, sauf quelques petites aliénations destinées à payer des dettes ou des impôts extraordinaires.

En 1614, pour augmenter les ressources du collège de Moulins, dont la direction avait été confiée aux Jésuites, auxquels le roi, les grands personnages du Bourbonnais et les habitants de la ville prodiguaient les dons et autres avantages, le prieuré Saint-Vincent de Chantelle fut réuni à ce collège. L'abbé Boudant croit que les religieux furent des premiers à comprendre que leurs ressources trop considérables pour leur ordre pourraient recevoir une destination plus conforme aux intérêts de la religion, de la société et de l'instruction des peuples. Nous doutons de cet abandon volontaire, et nous croyons que, si les moines eussent été libres de choisir, n'eussent pas prévu qu'ils seraient obligés de céder à la force, ils auraient gardé leurs biens, sans se préoccuper de l'instruction, et n'auraient pas accepté une pension annuelle avec le logement, et de voir installer, à côté d'eux, des gens habiles et puissants, appelés à devenir leurs maîtres.

Le 15 avril 1615 (1), les religieux de Chantelle approuvèrent la réunion et en acceptèrent les conséquences; on leur donna pour huit religieux, dont cinq prêtres et trois novices, cinquante septiers de froment, dix-sept de seigle et dix-huit tonneaux de vin. Soixante livres devaient être employées, chaque année, à l'entretien de leur église; le bois appelé de Saint-Vincent restait pour leur chauffage. Le 19 mars 1617, le Père Jésuite Aignan Moreau prit possession du prieuré.

Les biens et revenus de cet établissement étaient importants. Le domaine de la Courcelle (Monestier) produisait un revenu de 150 livres, et les domaines de Charboulat, de Taxat-sous-Fleuriel, les moulins, le produit des vignes, dîmes de blé et de vin sur les paroisses de Chantelle, Fourilles, Charroux, Ussel, Chareil, Etroussat, Fleuriel, Voussac et ailleurs fournissaient 6.462 livres, soit un total de 6.612 livres.

(1) Voir, pour plus amples renseignements, *Histoire du collège de Moulins*, par E. Bouchard, Moulins, 1872; Archives de l'Allier, D.

Les charges s'élevant à 4.809 livres, le revenu net était de 1.803 livres.

Avec les religieux, les fermiers de leurs biens vivaient en bon accord et faisaient leurs petites affaires; il est certain que, pour bien des choses, ils ne négligeaient pas de profiter de l'inexpérience des bons prêtres. Mais les Jésuites, ayant les terres et les dîmes, n'étaient pas hommes à tolérer les abus et à souffrir que leurs intérêts fussent lésés; ils examinèrent leurs titres de propriétés, recherchèrent tous leurs droits et se mirent à rétablir l'ordre dans leurs revenus. Les domaines étaient mal gérés, les cens, dîmes et autres redevances ne donnaient pas ce qu'ils devaient produire; les fermiers faisaient ce qu'ils voulaient, sans contrôle. Des discussions eurent lieu, suivies de procès contre les fermiers et les débiteurs; ceux-ci, couverts par des protecteurs sérieux et encouragés certainement par la population qui avait accueilli sans enthousiasme l'arrivée des Jésuites à Chantelle, résistèrent énergiquement, et leur firent ouvertement la guerre.

Pour toute une série d'affaires plus ou moins importantes, les enquêtes, les procès, les liquidations se succédèrent entre les Jésuites, des personnages notables et de simples cultivateurs de Chantelle et des environs. Les Jésuites eurent alors contre eux une partie de la population, qui était excitée par certains meneurs audacieux, et qui voyait les religieux recevoir toujours de nouvelles faveurs: exemption du logement des gens de guerre, de la taille pour eux et leurs domestiques, de l'impôt sur le sel, etc.

En 1652, deux Pères Jésuites habitant Chantelle, pour administrer les biens, furent malmenés; plus tard, le jour des Rois, quatre jeunes filles pensionnaires de la dame de la Chapelle, religieuse, voisine de la maison des Pères, étaient entrées chez eux pour demander la monnaie d'une pièce d'or; quelques habitants qui les guettaient fermèrent la porte avec des bâtons mis en travers et « firent grand bruict et rumeur dans la ville contre l'honneur et la modestie des dits religieux, et le lendemain, ils firent un grand charivary depuis les huict à neuf heures du soir jusque à deux heures après minuict, avecq tambours, poesles et chaudrons, au-devant de la ditte maison ».

Malgré les observations que firent les autorités aux auteurs de cette mauvaise plaisanterie, trois jours après la scène, des individus brisèrent à coups de pierre les carreaux des fenêtres des Jésuites, injuriant ceux-ci et chantant des chansons insolentes; et le dimanche de Carnaval, sur le théâtre de la halle, on représenta ce qui s'était passé le jour des Rois.

Les Jésuites portèrent plainte contre les auteurs de ces scènes devant le lieutenant criminel de Moulins, et, après une procédure en règle, le Présidial condamna deux des organisateurs du scandale à être bannis du pays et duché de Bourbonnais pendant un an, à peine de la « hart ». Eux et cinq de leurs complices furent condamnés à faire des excuses publiques, « teste nue et à genouz », dans la chambre du conseil, en présence du recteur et du procureur du collège; ils payèrent les frais du procès, une amende de dix livres, au roi, et pareille somme comme dommages-intérêts envers les Jésuites.

Saisi de l'affaire, le Parlement de Paris rendit deux arrêts, les 9 et 26 mars 1661, prononçant l'élargissement des condamnés et défendant aux Jésuites de mettre à exécution la sentence du Présidial. Sur requête des Jésuites, le Grand Conseil confirma cette sentence, et le roi sanctionna formellement les arrêts de cette haute assemblée.

Mais il paraît que les principaux coupables, très protégés par du Buysson de Mons, n'eurent qu'à payer l'amende, et que le bannissement consista, pour eux, à rester quelques semaines à Moulins.

Les Chantelois ne se calmèrent pas, et on menaça les Jésuites de mettre le feu à leurs moulins. Les Génovéfains jouèrent leur petit rôle dans l'affaire, en protestant, à leur manière, au sujet de l'exercice du culte : dans l'église Saint-Nicolas, le 21 avril 1669, au moment où le Père de Couronne se présenta pour prêcher, les chanoines se mirent à chanter vêpres et ensuite à dire le chant des complies ; les chanoines entonnèrent même les matines pour le lendemain.

La campagne se mêla de l'affaire, ce qui prouve que tout le pays était agité. En 1671, le frère Robert Hérisson, Jésuite chargé de recueillir des dîmes à Chezelle, fut menacé et insulté par les paysans ; enfin, des fermiers furent accusés d'avoir fait disparaître des titres concernant le prieuré. Tant que les Jésuites restèrent à Chantelle, des difficultés plus ou moins sérieuses leur furent créées.

En 1780, des lettres patentes du 2 septembre mirent la Congrégation de la Doctrine chrétienne à la tête du collège de Moulins et lui donna les revenus, au nombre desquels figurait le prieuré de Chantelle pour 8.400 livres.

Les Génovéfains avaient vécu paisiblement, dans leur monastère, des petites rentes qui leur étaient servies, non sans voir peut-être avec quelque plaisir les tracasseries faites à ceux qui leur avaient succédé dans la possession de leurs anciens domaines, et sans encourager discrètement les partis hostiles. La Révolution les dispersa, et le dernier prieur, Louis-Michel Pignot, mourut à Chantelle le 29 octobre 1793.

Les biens du ci-devant prieuré de Chantelle furent vendus au profit de la Nation, en 1792, 1793 et 1794 (1). L'église de Saint-Vincent, estimée 1.000 livres, fut adjugée pour 1.800 à Haïs Letacq, pour le compte de René-Germain

(1) Archives de l'Allier, Q. 20, 29, 107, 113, 127.

Petit, vice-président du district. Les bâtiments du prieuré furent estimés 4.000 livres, et différents lots 83.404 livres; au total, 87.404 livres. L'adjudication donna 180.000 livres, et fut faite à Pierre Jendard, notaire à Chantelle, pour différents particuliers. Une maison, des vignes, un pré furent adjugés à Gilbert Méténier pour 6.850 livres; une autre maison, des terres et un pré à Dumont, de Taxat, pour 6.850 livres; un pré au curé Piquand pour 2.500 livres; une vigne au Petit-Bourbon, des terres, le domaine de la Courtille (la Courcelle), le domaine de Taxat-sous-Fleuriel, pour 100.000 livres, à Taurin Petit-Dossaris, trésorier du district. Les ventes que nous indiquons donnèrent donc un total de 298.000 livres, valeur en assignats. Il y eut peut-être d'autres petites ventes dont les dossiers manquent.

Le prieuré passa à M. Baubard de la Grurie, chevalier de Saint-Louis. Le chevalier Baubard de la Grurie, qui fut maire de Chantelle, le revendit en 1852 aux religieuses bénédictines de Pradines qui, sur les instances du curé Boudant et d'autres personnes notables de la ville, y fondèrent un monastère auquel fut annexé un pensionnat; cette maison fut érigée en abbaye en 1890.

Quand ces religieuses prirent possession de l'ancien prieuré en 1852, les bâtiments, l'église et les autres dépendances étaient en très mauvais état, et ces dames disposaient de peu de ressources pour faire les réparations; elles se contentèrent d'abord d'exécuter les travaux les plus indispensables, puis les complétèrent successivement au fur et à mesure des dons qu'elles reçurent. Le manque d'argent les empêcha certainement de restaurer avec soin et d'une manière plus artistique certaines parties de l'édifice; les religieuses cherchèrent surtout à s'assurer un logement, celui du pensionnat, et le service du culte. Aujourd'hui, le couvent abrite un certain nombre de religieuses.

Prieurs-Archiprêtres (1)

1229. — Jehan.
1233. — Bernard ou Bernard de Vilette (ou de la Porte).
1235. — Bartholomée ou Barthélemy.
1248. — Geoffroy de Chezelle.
1266. — Hemericus.
1291. — Jehan de Beauquaire.
1347. — Philippe de la Garde.
1396. — Jehan de la Garde.
1400. — Roger Turpin.
1428. — Pierre de la Motte.
1440. — Jacques Mareschal.
1480. — Pierre de la Porte.
1493. — François des Ecures.
1533. — Jacques Collin, abbé de Saint-Ambroise de Bourges, prieur de Reugny.
1542. — Antoine de Gouzolles, abbé de Sainte-Marguerite, maître des requêtes de la reine.
1544. — Simon du Max.
1546. — Frère Augeard ; Godefroy Clusel.
1557. — Louis des Forges.
1563. — Claude de Dreuille.
1575. — Gilbert-Jean de Bellenaves, abbé de Notre-Dame du Val, seigneur de Chirat.
1589. — Michel de Poux ou Dupoux.
1603. — François Augeard.
1612. — Jean Venez de Cherette.
1643. — Annet Perudel ; Etienne Fontenelle.
1650. — Gabriel Giraud.
1656. — F. Jean Chassagne.
1659. — Jean Genyn, curé de Blomard.
1669. — Philippe de Guerin.

(1) Liste de Boudant, avec quelques changements. Plusieurs renseignements sont incertains.

1688. — Louis Moreau.
1694. — Victor Quartier ou Cartier.
1697. — Nicolas Grandpré.
1707. — Adrien de Villiers.
1714. — Duval.
1717. — René-Gilles-François Dubois.
1726. — De la Bassée.
1729. — Jean-François Dougnat.
1733. — Bogne.
1735. — Frère Charpentier.
1742. — Etienne Viallet.
1749. — Julien-Joachim Hamelin de Brézel, mort à Chantelle le 19 avril 1749.
1749. — Gorlier.
1752. — Georges-Augustin de Loynes.
1762. — Le Venard.
1763. — Pierre Havard.
1775. — Jean-Charles Aubin de la Forest.
1776. — Mopinot.
1777. — Navier.
1778. — Caylar.
1779. — Nicolas Porcherat.
1787. — Campenon.
1788. — Louis-Michel Pignot.

IV. — Le Château

L'emplacement sur lequel a existé le château de Chantelle convenait admirablement, à tous les points de vue, pour la construction d'une forteresse. Sur toute la partie Nord et Ouest, les profonds et larges précipices de la Bouble étaient une défense naturelle infranchissable ; à l'Est et au Sud, un ravin que la main de l'homme élargit et approfondit, couvrit les abords. Il n'y eut plus qu'à élever, derrière ces obstacles, des murs épais et hauts, à les protéger par des chemins de ronde, de solides tours, le tout dominé par un donjon. Cet ensemble de fortifications, occupé par une troupe nombreuse et vaillante, abondamment pourvue de vivres, était à même de résister pendant des années, avant l'invention des armes à feu, aux attaques d'une armée.

Le château, dont quelques débris informes se devinent dans la motte dite Bourbon, fut édifié par le duc Pierre II et Anne de France, sa femme, à la place d'une forteresse beaucoup plus ancienne.

A quelle époque celle-ci fut-elle bâtie ? C'est une question à laquelle nous ne répondrons pas; un architecte-archéologue seul pourrait peut-être dire, d'après les fragments et les fondations des murs épars çà et là, à quel siècle fut élevé un premier château. On pense que, depuis le IXe ou le Xe siècle au moins, le maître du lieu n'avait pu se dispenser d'avoir, au centre de son domaine, le fort nécessaire à son habitation, à sa défense contre ses voisins, et à la protection par la force de terres peut-être usurpées.

Quand, aux XIIe et XIIIe siècles, on trouve installé à Chantelle le viguier, officier des sires de Bourbon, il est évident que ce personnage, certainement important, avait une demeure sûre, lui permettant de remplir ses fonctions avec autorité.

Le château de Chantelle servit de prison au duc d'Alençon, accusé d'avoir voulu livrer la France aux Anglais. D'autres faits ont dû se passer au château, mais les documents qui les signalent donnant seulement le nom de Chantelle, nous avons placé les renseignements dans le sous-chapitre relatif à la ville. Pour le château, nous commençons au XIVe siècle, alors qu'aucun doute ne subsiste sur son existence.

D'après l'*Histoire de Chantelle* (1), le vieux château du

---

(1) P. 47.

XIVe siècle aurait été, à cette époque, agrandi par Louis Ier, duc de Bourbon, qui en aurait reporté le périmètre jusqu'aux bords des ravins de la Bouble ; l'auteur n'indique pas la source à laquelle il a pris ce renseignement.

L'abbé Boudant, d'accord avec Peigue, raconte que le château de Chantelle fut la forteresse, la place d'armes principale et l'arsenal du duché. Cet avis est discutable. Si telle eût été la destination du château, il aurait figuré dans la liste des places fortes dont se préoccupa Louis II, lorsqu'il eut chassé les Anglais du Bourbonnais, et qu'il remit en état tous ses principaux châteaux. La *Chronique* (1) énumère en détail ce que fit le duc :

Fermer et paver aucune ses villes comme Vichi, Varennes, Villefranche en Bourbonnois, et Feurs, et Thiers, et eddifier les chasteaux de Molins et Verneul, et en répara plusieurs comme celluy de Belleperche, ou il fict le donjon, à Bourbon commença deux belles tours, le chastel de Hérisson, moult amenda celluy de Montluçon, la tour de Billy, une tour et salle leva à Murat.

Toutes les places fortes du Bourbonnais, sauf Chantelle, figurent dans cette nomenclature. Peigue et Boudant se seront cru autorisés à faire de Chantelle un arsenal, en lisant que Louis II avait, en 1369, mis en batterie, au siège de Belleperche, entrepris pour délivrer sa mère, que les Anglais gardaient prisonnière dans ce château, « les grosses arbalestes (2) de Chantelle, lesquelles estoient moult belles, et feirent grand bien, comme vous orrez... Thomas le genevois et Dominges feirent tirer la grosse arbaleste de

(1) Chazaud, *Chronique du bon duc Loys*, p. 319.
(2) *Ibid.*, p. 81. Ce beau coup rendit les arbalètes célèbres, et Rabelais, s'en rappelant, donna à Pantagruel « une arbaleste de Chantelle pour s'esbattre après les oisillons ».

Chantelle... qui tua deux hommes dont furent esbahis les Anglois, car oncques n'avoient veu si gros traict » (1).

Boudant a même transformé les arbalètes en « terribles bouches de bronze » des canons. Tous ceux qui ont lu son livre ont certainement remarqué qu'il a cherché à donner à sa ville natale beaucoup trop d'importance, et cette exagération lui a fait commettre bien des erreurs. Ainsi, il consacre de brillantes descriptions à une cérémonie qui se serait passée au château de Chantelle (2), à la fin de 1366 : Louis II y aurait réuni ses chevaliers pour fonder l'ordre de l'Espérance, appelé aussi de l'Ecu d'or, et plus tard de Notre-Dame, du Chardon ou de Bourbon.

La *Chronique* (3) indique comment les choses se passèrent pour l'institution de cet ordre. Le duc en décida la création à Souvigny, à la Noël de 1365, et le donna à ses chevaliers, le 1er janvier 1366, à Moulins (4). Il n'est pas question de Chantelle. Boudant a également exagéré en voulant faire de Chantelle une capitale du Bourbonnais, le palais où Anne de Beaujeu entretenait une cour brillante, école où la jeune noblesse du duché venait se former. Rien ne justifie cette assertion. Pierre II et son épouse firent du vieux château de Chantelle un magnifique palais, y séjournèrent souvent, sans y transférer leur demeure principale, officielle et presque permanente.

Ce fut à la fin du xve siècle que commencèrent les beaux mais courts jours de Chantelle, lorsque Pierre II et la duchesse entreprirent de reconstruire le château.

Avant de commencer les travaux, il fallut disposer l'em-

(1) C'étaient des mangonneaux; les mots « gros traict » l'indiquent.

(2) P. 45.

(3) P. 6-8.

(4) Voir abbé J. Clément, *l' « Escu d'or » et l'ordre de « Nostre-Dame »*, Moulins, L. Grégoire, éditeur, 1900.

placement et le débarrasser d'une quantité de maisons qui, dans les années antérieures, avaient été élevées dans l'enceinte de la vieille forteresse féodale, par suite de tolérances, de dons ou de concessions devenues définitives, faites à de vieux serviteurs, à des prêtres attachés à l'église du prieuré ou à celle de la paroisse, à des officiers de la maison ducale. On indemnisa tous ces propriétaires.

De 1499 à 1514, les acquisitions se poursuivirent.

En 1500 (1), une maison avec cour et jardin, en la basse-cour de Chantelle, appartenant à Pierre de Bord, écuyer, fut acquise pour 1.200 livres.

Le 28 mai 1499 (2), le curé de Saint-Nicolas de Chantelle vendit pour 270 livres tournois, « en écus au soleil, maison, court, jardin, aisances » ; on laissa au vendeur les matériaux de la maison à démolir et on lui donna la tuile plate et le bois d'une autre maison étant dans le château, entre la tour de l'Horloge et la tour de Lassons.

Le 30 novembre 1503 (3), Jean de Senat, paroissien de Chantelle, vendit pour 50 livres tournois deux maisons sises dans la « court » du château, et qui devaient être démolies pour l'agrandissement des bâtiments.

Le 8 septembre 1514 (4), acquisition d'une maison ou chambre en appentis, assise dans la basse-cour tenant à la grande salle du Midi.

Le 17 novembre 1507 (5), échange avec Pierre Maréchal, seigneur de Fourchaud, d'une maison, « laquelle naguère ma dite dame [la duchesse] avait acquise de vénérable frère Rongier de la Rivière, chamberier du prieuré dudit Chan-

(1) *Noms féodaux.*
(2) *Titres de la maison de Bourbon*, n° 7598.
(3) *Ibid.*, n° 7593.
(4) *Ibid.*, n° 7957.
(5) *Ibid.*, n° 7748.

telle,' située dans la basse-court du chastel de Chantelle, joignant le chemin tendant du portal dudit Chantelle au prieuré devers orient d'une part, la terre de Peynetz devers midi d'autre part, les murailles de ladite basse-court devers occident, et la maison de Gilbert Lévêque, contre une maison située dans la forteresse de Chantelle touchant à la vielhe court, tenant au chemin commun par lequel l'on va de la ville de Chantelle à l'église de Saint-Vincent... »

Le 17 juin 1505 (1), acquisition de la maison de Bridard Charbonnier, écuyer, sieur de Clos-Arnauld (Louchy), qui fut à Jean Tramblay, prêtre, située dans la « basse-court ». Prix : 200 écus à la couronne.

Le 16 juillet 1507 (2), une maison avec dépendances, sise dans la basse-cour du château, appartenant à la famille Barbier, fut payée 160 livres tournois.

Le 7 septembre 1514 (3), achat d'une maison à Pierre Tixeron, curé de Chareil, à Antoine et Simon Tixeron, ses frères, sise dans la basse-cour, près la grande salle ; prix : 20 livres tournois.

Le 7 septembre 1514 (4), acquisitions d'une étable à Jean Aubert, prêtre, sise en la « basse-court », pour le prix de 12 livres tournois ; d'une maison en appentis, à Guichard Brunet, prêtre, pour 16 livres tournois ; d'une étable à Filleul, prêtre, pour six livres tournois.

Douze maisons ou étables situées dans la cour du château, sans compter les bâtiments du même genre qui ne gênaient pas et ont pu être conservés : c'était un petit village existant dans la forteresse.

Toutes ces maisons achetées furent abattues, et le duc et

(1) *Titres de la maison de Bourbon*, n° 7663.
(2) *Ibid.*, n° 7736.
(3) *Ibid.*, n° 7955.
(4) *Ibid.*, n°s 7956, 7957, 7958.

la duchesse purent mettre les maçons à l'œuvre. Il est supposable que beaucoup de parties de l'ancien château furent restaurées, développées et conservées, et que les constructions neuves furent destinées à l'extension des défenses, au logis des seigneurs et aux dépendances. Le duc, décédé en 1503, a pu ne pas voir l'achèvement de l'édifice de ses rêves. Le château fut souvent habité par la duchesse et sa fille, Suzanne, qui avait épousé, le 10 mars 1505, Charles de Bourbon-Montpensier.

L'Ancien Bourbonnais (1) dit que la duchesse aimait beaucoup le château de Chantelle, point central de ses principaux domaines, de la plate-forme duquel son regard embrassait un horizon immense et pouvait se promener de son duché d'Auvergne à son duché de Bourbonnais, de son comté de Forez au comté de la Marche. Batissier, qui a, comme Boudant, cédé très souvent à son imagination, a poussé bien loin l'étendue du panorama, vers l'Auvergne et la Marche.

Pendant que le duc Charles était en Italie, en 1507, avec Louis XII, les dames de Bourbon vinrent habiter le château où, à son retour, se rendit le duc pour convoquer les Etats d'Auvergne et leur demander les subsides nécessaires pour payer les frais considérables que la guerre avait exigés de lui, le roi ne lui ayant rien donné. Les Etats votèrent 50.000 livres tournois, payables en cinq ans, par à-comptes de 10.000 livres.

Bientôt arrivèrent les mauvais jours pour la duchesse, sa fille et son gendre. Suzanne mourut, sans enfant, le 28 avril 1521 (2), à l'âge de trente ans, laissant, par son testament du 15 décembre 1519, ses biens à son mari. De son

(1) T. II, p. 192.

(2) Inhumée à Souvigny, caveau de la Chapelle-Neuve, où reposait son père.

côté, et afin de fermer la porte aux contestations qu'elle redoutait, la duchesse fit donation de tous ses biens à son gendre, qui prit également ses dispositions pour transmettre ses domaines à des membres de sa famille.

Le 14 novembre 1522, accablée par le chagrin que lui causaient la mort de sa fille et les inquiétudes que la situation de son gendre lui donnaient, « Madame la Grande », comme le peuple l'appelait, « trespassa en son chastel de Chantelle, à 61 ans », et son corps alla rejoindre ceux de Suzanne et de Pierre II, dans les caveaux de l'église de Souvigny.

On connaît les événements qui se passèrent jusqu'en octobre 1523 : menacé de perdre tous ses biens, d'être réduit à la condition d'un gentilhomme pauvre, le fier connétable songea à se défendre à Chantelle ; mais il reconnut que, malgré quinze ou seize pièces d'artillerie, cette forteresse était moins forte qu'on ne l'avait supposé, et il décida de gagner Carlat, place d'un accès plus difficile, dans les montagnes du Centre. Ce projet de résistance était examiné par lui depuis longtemps, car, dans le procès, on lui reprocha d'avoir fait, depuis un an, ravitailler, munir et garnir de vivres et autres munitions, Chantelle, Murat et autres places du Bourbonnais.

Le 8 septembre 1523, vers une heure du matin, le connétable quitta pour toujours sa bonne ville de Chantelle, et gagna, à travers mille dangers, l'Allemagne, d'où il alla en Italie. Le 6 mai 1527, il fut tué à la prise de Rome, d'un coup d'arquebuse.

Le 27 juillet 1527, Antoine de Prat, chancelier de France, avait prononcé à Paris, en Parlement, un jugement abolissant la mémoire et renommée de Charles III, duc de Bourbon, comme « criminel du crime de Leze-Majesté, rebellion et félonie, confiscant ses biens meubles et immeubles, et ordonnant la destruction de ses armes et armoiries » (1).

La fatalité s'acharna sur le pauvre connétable, même après sa mort, et il n'eut pas de longtemps la sépulture honorable et respectée due à sa naissance et à ses malheurs. Comme il avait été excommunié par le pape, on refusa de l'enterrer en terre sainte, et son corps, embaumé, devint un objet de curiosité que l'on montrait aux voyageurs (2). En 1647, on fit voir au duc de Guise, au château de « Gayette » (Gaëte), le corps « de Charles de Bourbon, qui est debout dans une quaisse vis-à-vis de la chapelle, appuyé sur un bâton de commandement, avec son chapeau sur la tête, botté et revêtu d'une casaque de velours vert avec du galon d'or ; il est fort bien conservé. Il était de fort belle taille et des plus grands hommes de son temps ; l'on remarque tous les traits de son visage, et il paroit d'une mine fort fière et telle que la pouvait avoir un homme d'aussi grand mérite et d'un courage inébranlable qu'il le fit paraître à sa mort ».

En 1671, le marquis de Seignelay vit un squelette ; en 1777-1778, M***, avocat en Parlement, ne trouva plus que le cercueil : en effet, en 1750, le roi de Naples avait fait enfin donner une sépulture à Charles de Bourbon.

L'exécution de l'arrêt (3) du 27 juillet 1527 fut confiée à Tavel, conseiller du Parlement, qui partit le 30 août suivant pour prendre possession des terres du duc au nom du roi, faire abattre et effacer les armes personnelles du connétable, celles faites de son temps. Sa mission est bien définie, et il n'est pas question de démolir le château.

(1) La Mure, t. II, p. 719 n. Voir André Lebey, *le Connétable de Bourbon*, 1904, librairie Perrin et Cie, Paris.
(2) La Mure, t. II, p. 712 n.
(3) La Mure, p. 720 n.

Cependant, tous les ouvrages qui ont parlé de Chantelle (1) ont répété, les uns après les autres, que le château avait été démoli après la condamnation du connétable. Boudant dit (2) en parlant de ce qui eut lieu après cette condamnation :

Il fallut ensuite s'acharner contre les murailles ; la sape et la mine jouèrent longtemps, et l'imprenable forteresse, et la splendide résidence... fut démantelée et *détruite*. Cent ans plus tard, un autre cardinal... arrachera la *dernière pierre* laissée sur ce terrain célèbre.

L'auteur explique ensuite comment les bases des murailles et tours furent enlevées, remplacées par des poutres auxquelles on mettait le feu ; quand ces échafaudages avaient brûlé, tout s'écroulait. Quelques pages plus loin (3), l'abbé revient sur ce qu'il avait dit plus haut, explique que, après l'arrêt de 1527, par respect pour le prieuré des Génovéfains, trois tours au Nord avaient été conservées, mais que le cardinal de Richelieu chargea l'intendant d'Argenson de raser les derniers forts jusque dans les fondements.

Il résulte de ces passages de l'*Histoire de Chantelle* que le château fut démoli, après la condamnation du connétable, sauf trois tours ; mais l'abbé a commis une erreur que l'on ne s'explique pas, car il a cité à diverses reprises l' « Inventaire raisonné des archives du prieuré » (4), qui

(1) *Ancien Bourbonnais : Voyage pittoresque*, p. 345 ; Coiffier-Demoret, *Histoire du Bourbonnais*, p. 63 ; Coupas, *Le département de l'Allier*, p. 225 ; Rayeur, *l'Allier*, p. 280 ; sans compter les articles de revues, d'annuaires, etc.

(2) P. 70.

(3) *Ancien Bourbonnais : Voyage pittoresque*, p. 84.

(4) Archives de l'Allier, D. 110. Inventaire des papiers, titres et renseignements qui concernent le prieuré de Saint-Vincent de Chantelle.

lui indiquait comme à nous, et nous le verrons plus loin, à quel moment le château fut renversé.

Avant d'avoir recours à ce document, nous reproduirons plusieurs renseignements qui établissent positivement que le château exista après la condamnation du connétable.

En 1566 (1), la reine fit son entrée à Chantelle-le-Chasteau, et coucha dans cette ville, qui est petite avec beau et fort chasteau que le feu duc de Bourbon feit faire.

En 1569, le « beau et fort chasteau » fut décrit minutieusement par Nicolay :

Du fort chastel de Chantelle. — Sur le front de la ville, vers le septentrion, un grand et profond fossé entre deux, sur un haut et long rocher, est assis et situé le tant renommé chastel de Chantelle, très fort par la nature et assiette du lieu et par artifice. Il contient, du midi au septentrion, en longueur, environ cent et vingt toises, et de largeur, au plus large endroit, de cinquante-quatre à cinquante-cinq toises, et de tout circuit, comprenant les tours, excepté celle de Nostre-Dame, environ de trois cent quatre-vingts à quatre cens toises. A l'entrée du chastel, devers midi, est le fort donjon, consistant en une haute tour carrée qui a sept toises en toute carrure, environnée d'un circuit de murailles, haute élevée, à cinq angles ou forme pentagone, à chacun des angles une tour ronde, bien percée et flanquée pour la défense de la courtine et des fossés ; et commande ledit donjon à la ville, au chasteau et à la campagne, estant son circuit de cent et dix toises. Il y a puis la cour du donjon, dans le contenu de laquelle est la porte et entrée, sous une grande voûte, et la tour Saint-Pierre, qui est un très grand et fort édifice, car dans icelle estoit l'atelier à fondre et faire l'artillerie ; et y a plusieurs casemates et canonnières souter-

(1) *Recueil des discours et voyages du roi Charles IX*, « faicts et recueillis par Noël Jouan, secrétaire de Sa Majesté ».

raines faites avec grand artifice et industrie; et a ladite tour dix-huit toises de diamètre, et par le pied cinq toises un pied de roi d'espaisseur de muraille hors d'œuvre; et tout le circuit de la tour du donjon contient environ quarante-cinq toises. Du costé d'orien, vous avez une autre grosse tour d'environ dix-neuf toises de diamètre, qui s'estend hors les murs du donjon de quinze à seize toises, afin de mieux commander aux courtines, à la campagne et à la vallée, sous la longueur de laquelle estendue y a une longue grotte ou voûte à tenir l'eau, bien entaillée dans le rocher, pour abreuver les chevaux et pour autres nécessités, de telle largeur et hauteur que deux hommes d'armes pourroient entrer jusques au bout tout à cheval, la lance sur la cuisse; outre qu'il y a au donjon une très belle et grande cisterne voûtée et bien cimentée pour recevoir les eaux de pluie, et quelques autres secrets souterrains par où l'on pourroit à une nécessité d'un siège faire secrètes sorties.

De la basse-cour. — Du donjon vous entrez dans la basse-cour, qui a cent toises de longueur; et dans icelle sont plusieurs petites maisons appartenant tant au capitaine du chasteau qu'à quelques particuliers de la ville; et davantage y sont greniers, caves et magasins à tenir les munitions tant d'artillerie, poudre, boulets, armes, que les blés, vins, chairs salées et légumes pour la fourniture de la place.

Le château de Chantelle fut, « en l'an 1589, pris et razé », dit le *Vieux carnet où quelques bourgeois et curés de Montmaraud notaient les évènements marquants de leur temps*, publié par M. l'archiviste Claudon, en 1907. Mais M. Claudon fait observer, dans une note, que cette destruction ne doit pas s'entendre d'une façon absolue. Nous serions même d'avis qu'il ne faut admettre que la partie du souvenir concernant la prise, car, en 1614, Férault-Dagnet (1) ne décrit certainement pas un château en ruines:

(1) Bibliothèque nationale, fonds français, ms. n° 9863, f° 31.

Chantelle est une petite ville de cent ou six vingtz feux, mais il y a ung très beau et fort chasteau tant de son asiete que par artifice, lequel est basty sur ung grand rocher. Il se recongnoist que Pierre, duc de Bourbonnoys, et Anne de France, sa femme, l'ont faict fortifier. Il a de longueur du su au nort six vingts toises et de l'est à l'ouest cinquante-cinq et en son circuit quatre cent toises; le donion est du costé de la ville, lequel consiste en une grosse tour fortifié d'une enceinte de murailles ayant cinq angles et à chacque angle une tour pour deffandre deux faces de la muralle, les cortines en sont deffandues tant par les susdictes cinq tours qui leures servent de boulevère que par le donion au deça de l'enceinte du donion, du costé de la ville il y a une muraille de pierre taillée en pointe de diamant de quarante toises de front et en chacque bout une grosse tour servant de boulevar tant pour la deffance de la dicte muraille que de sa courtine au fond du fossé qui est taillé dans le roc il y a ung glasis et des casemates pour la deffance de la muraille; les tours de l'enceinte du donjon oultre cela servent de cavalier pour la deffanse tant de la courtine que des boulevares; des autres cotés se sont précipices desquels il ny a moien daprocher et toutes les murailles qui sont taillées dans le roc sont deffandues de bonnes et grosses tours qui flanquent pour la deffance de la courtine de la dicte enceinte.

Le roi et sa mère, maîtres, comme ils l'avaient désiré, des domaines du malheureux connétable, se seraient bien gardés de leur causer des dommages. Ils conservèrent le château, le dépouillant seulement de son magnifique mobilier et des objets artistiques et précieux que le décoraient. Pour l'orfèvrerie, on est émerveillé en parcourant l'inventaire des trésors (1) que, sur l'ordre du roi, on transporta à Lyon, le 18 octobre 1523. Ils remplirent huit coffres:

(1) *Archives historiques du Bourbonnais*, 1894, p. 7; R. de Quirielle, *Un portrait du connétable de Bourbon, par Rembrandt.*

bijoux et vaisselle étaient admirables, et, pour la plupart, d'une grande valeur.

Les jardins du château furent aussi pillés. D'après la tradition, de leurs serres provient le magnifique oranger, « le grand Connétable », qui existe encore à Versailles (1) et qui mesure plus de sept mètres de haut; ses rameaux occupent une surface de seize mètres.

Les registres paroissiaux parlent de soldats de la garnison qui était au château, en 1599, 1616 et 1622.

Ce fut au XVIIe siècle que la destruction eut lieu. Dans leur réunion de 1626, les notables de France avaient émis, entre autres vœux, celui tendant à la destruction des châteaux inutiles à la défense du territoire, et derrière lesquels les excès pouvaient s'abriter. Ne croirait-on pas lire certains passages des cahiers du Tiers-Etat de 1789? « Les villes (2) coururent aux citadelles, les campagnes aux châteaux, chacun à sa haine. » — « Aucune dévastation (3) inutile ne fut commise; on combla les fossés, on rasa les forts, les bastions, tout ce qui était un moyen de résistance militaire; on laissa debout ce qui ne pouvait être qu'un monument du passé. »

A Chantelle, les habitants ne furent pour rien dans les démolitions; ce fut le ministre du roi qui fit tout abattre, sans respecter les souvenirs d'une famille illustre, les beaux monuments et les précieuses sculptures, ne laissant debout que deux tours de l'enceinte et des fragments de murailles découronnées, presque informes.

Un édit de juillet 1626 prescrivit la démolition des forteresses seigneuriales. Le château de Chantelle devait être

(1) *Annales bourbonnaises*, 1888. Note Delaigue, p. 95.

(2) Henri Martin, *Histoire de France*, édition de 1864, t. XII, p. 527.

(3) Augustin Thierry, *Essai sur l'histoire du Tiers-Etat*, édition de 1853, p. 232.

compris dans leur nombre, mais les travaux le concernant ne s'exécutèrent pas immédiatement. En décembre 1633, lorsque Louis XIII confirma les Jésuites dans la prise de possession des biens du prieuré et leur donna une maison située dans les dépendances du château, il disait dans ses lettres patentes : « Attendu que nous avons ordonné le razement et démolition du chasteau dudit Chantelle... »

En l'année 1635 (1), ce « razement » eut lieu. Les entrepreneurs choisis par l'intendant d'Argenson furent François Mainarel et Marmion, sieur de Champaigue (Saint-Pourçain), qui devaient aussi abattre le château de Montaigu-en-Combraille ; ils sous-traitèrent avec des maçons, Antoine Chabret, Fiacre Trappet, François Hérisson, Gabriel Tissier et autres. Ces démolisseurs accomplirent leur œuvre de destruction ; la tour Charles fut respectée par eux provisoirement, à la suite des réclamations des Jésuites qui avaient voulu faire estimer leur moulin situé au-dessous et menacé par la chute de la tour.

Pour éviter les dommages, l'intendant ordonna que, comme la tour était sur pilotis, on enlèverait ces pilotis du côté opposé de l'usine, afin de faire tomber la tour à l'opposé du moulin ; mais, malgré les précautions prises, la tour tomba sur le moulin qui fut écrasé ; l'écluse fut rompue et le lit de la Bouble fut barré complètement par les blocs de maçonnerie roulant le long des rochers. On voit encore sur quelques points, au-dessus de la Bouble, d'énormes échantillons de ces débris, qui, après plus de 270 ans, rappellent l'exemple que donna la royauté aux démolisseurs de 1793.

Le rasement fut exécuté consciencieusement ; il ne resta de la belle demeure seigneuriale que des monceaux de terre,

(1) Archives de l'Allier, D. 78.

d'épais morceaux de murailles, des bases de tours, les immenses fossés livrés à la culture, et, au-dessus des ravins de la Bouble, une grande tour d'un bel aspect, de petites tours tronquées et des vestiges du mur d'enceinte. La motte se dresse à côté et son nom seul a conservé ici le nom des Bourbons.

Toutes les sculptures qui décoraient le château ont été anéanties, si leurs débris n'ont pas été utilisés comme de vulgaires moëllons, dans toutes les constructions qui se sont élevées sur l'emplacement du château et autour de lui, ou dans les remblais faits sur le chemin et le long des ravins. On doit déplorer ce vandalisme, en voyant les trois magnifiques statues qui furent conservées longtemps sous les cloîtres du prieuré et qui avaient été découvertes sous leur dallage (1). Nous les décrirons à cette place, parce que la tradition veut que ces statues aient orné la façade des trois tours du château portant les noms du saint et des saintes qu'elles représentent : saint Pierre, sainte Anne et sainte Suzanne, patron et patronnes du duc Pierre II, de sa femme et de sa fille ; la *Description* de Nicolay donne, en effet, les noms d'une tour Saint-Pierre, « très grand et fort édifice », et d'une autre appelée Notre-Dame ; la tour Sainte-Suzanne n'a pas sa place indiquée.

Comment ces œuvres d'art ont-elles échappé non seulement à la destruction du château, mais, antérieurement, aux marteaux des Protestants ?

Alors que les bandes des religionnaires anéantissaient tout sur leur passage, brûlant les églises et brisant les statues et autres emblèmes du culte catholique, n'est-il pas possible que le châtelain ou les religieux de Chantelle aient

(1) Du Ranquet, *le Prieuré de Chantelle ;* abbé Bennetot, *Chantelle et son monastère*, notes et documents, 1892, p. 23.

songé à conserver les trois images, les aient descendues de leurs niches et les aient enterrées sous le dallage ? Ceux qui connaissaient la cachette périrent ou s'enfuirent au loin ; les statues restèrent dans leur tombe.

Si les images conservèrent leur place sur les tours jusqu'à la démolition de ces défenses, il est supposable que les entrepreneurs et ceux qui les commandaient n'osèrent pas traiter comme de simples moëllons les statues qui non seulement représentaient un saint et des saintes, mais rappelaient le souvenir du duc et des duchesses de Bourbon ; ils les remirent à l'église. Un jour, un prieur, n'ayant aucune connaissance artistique, trouva encombrantes les belles effigies quelque peu détériorées, et les fit enterrer suivant l'usage adopté en pareil cas (1) pour les statues mutilées ou ne plaisant plus ; on n'avait pas alors sous la main les marchands qui ont dépouillé les églises de tant de trésors qu'elles possédaient.

Les trois magnifiques images sont arrivées jusqu'à nous ; les personnages qu'elles représentent n'ont rien dans les gestes, la position de la tête et du corps, qui paraisse, à notre avis, les avoir rattachés les uns aux autres au même endroit ; ce seraient des statues destinées à être placées séparément.

Les excellentes photographies faites, il y a quelques années, par Flammarion, permettent de décrire exactement les trois belles « imayges ».

Pierre a une tête pleine de majesté, bien encadrée d'une chevelure et d'une barbe frisées ; une longue robe tombe sur ses pieds. Il est couvert d'un ample manteau que retient la

(1) *Bulletin de la Société d'émulation et des beaux-arts de l'Allier*, 1901, p. 230 et suivantes : abbé Clément, *Statues de saint Louis et de saint Martin à Liernolles et à Saligny* ; p. 35, Claudon, communication relative à celle de saint Martin.

Statue Ste-Anne
avec la Vierge enfant
(XVe siècle)

Statues de St-Pierre et Ste-Suzanne
(XVe siècle)

Vue de l'ancien Prieuré

Vue de l'ancien Prieuré

main droite et qui laisse voir le haut de la robe, vers le cou ; la main gauche manque. Les vêtements sont décorés, au bas, d'une broderie délicate, aux fins ornements, que plusieurs personnes ont pris pour une inscription.

Sainte Anne est représentée sous les traits d'une femme âgée, enveloppée dans d'amples vêtements, aux plis artistiques ; sa belle tête, aux traits fins et intelligents, est entourée d'une étoffe formant capeline. La sainte regarde, d'un air plein de tristesse, la Vierge qui se serre contre elle, un livre à la main ; la main droite de sainte Anne a été brisée et perdue. La moitié du corps de la Vierge manque dans toute sa hauteur ; on dirait que, pour cacher le groupe sous le dallage, on a été forcé de sectionner ce corps dans toute sa hauteur.

L'habile imagier a donné à sainte Suzanne le costume des dames du XVe siècle ; la tête est coiffée d'un bourrelet élégant qui laisse échapper deux mèches de cheveux descendant jusqu'à la ceinture ; la robe aux manches serrées, aux larges plis sur la poitrine, est couverte d'un ample surcot fendu, qui tombe gracieusement sur les hanches et par derrière ; au col court une broderie ou un joyau, qui se répète au-dessous de l'épaule ; au poignet droit est enroulé un riche bracelet. La sainte tient de la main gauche un livre dont elle ouvre les pages de l'autre main ; à sa ceinture est le clavandier des châtelaines, une chaîne aux lourds maillons, qui descend jusqu'aux genoux ; un bijou, des clefs ou ciseaux devaient être, suivant la coutume, suspendus à cet ornement.

Ces magnifiques spécimens de la sculpture française sont maintenant au Louvre, qui les a acquis pour dix mille francs ; ils auraient enrichi utilement le futur musée de Moulins. D'après une étude que leur a consacrée M. A. Michel, conservateur des musées nationaux (1), les statues dont il faut

(1) Communication Claudon au *Bulletin de la Société d'émulation de l'Allier*, 1899, p. 227.

placer l'exécution dans les premières années du XVIe siècle appartiennent à cette école qui, procédant encore des traditions des ateliers franco-flamands, mais touchée déjà par les influences nouvelles de la Renaissance, s'était lentement formée et avait établi son principal foyer sur les bords de la Loire. Si la sainte Suzanne, de style plus archaïque, procède encore du XVe siècle et des écoles septentrionales, le saint Pierre et la sainte Anne se rattachent à l'atelier illustré par le nom de Michel Colombe. Tout en constatant qu'il existe des différences de style entre la sainte Suzanne et les deux autres statues, M. Michel ajoute qu'il reste permis d'affirmer qu'elle est bien sortie du même atelier que les deux autres chefs-d'œuvre qui faisaient avec elle l'ornement du château de Chantelle. Le nom de l'imagier reste inconnu.

Nous ajoutons à cette monographie du château une liste des officiers seigneuriaux qui, sous le titre de châtelains, de capitaines-châtelains (1), ont représenté les maîtres

(1) Le capitaine-châtelain, dont les fonctions consistaient à assurer les services et la défense du château, fut primitivement juge au civil et au criminel, en dernier ressort, pour certaines affaires, et était le chef des fieffés et vassaux devant au suzerain le service militaire. M. Tiersonnier a résumé dans une note intéressante les attributions de ces officiers (*Excursion aux environs de Saint-Pourçain*, 1907, p. 19, tirage à part du *Bulletin de la Société d'émulation*).

Les capitaines-châtelains de Chantelle furent choisis généralement parmi les nobles ou les membres des familles notables du pays. D'après Nicolay (1569), le capitaine-châtelain recevait alors 50 livres en argent et était logé ; il avait un lieutenant recevant 33 livres 7 sols 8 deniers ; tous les deux touchaient de plus certains honoraires pour les affaires judiciaires.

Dès le XVIIe siècle, une division d'attributions paraît avoir eu lieu pour donner au lieutenant toutes les affaires administratives et judiciaires, et faire de cet office une charge pouvant être vendue un gros prix. Le gouverneur-châtelain n'eut plus, pendant quelques années, que le commandement d'un château. La forteresse de Chantelle fut, nous

de la forteresse. Nos renseignements, empruntés en partie à Boudant, ne sont peut-être pas absolument exacts pour certains personnages; de plus, il y a une lacune entre la fin du XVe siècle et celle du XVIe.

Capitaines et Lieutenants du Château

1225. — Tibaut, châtelain (1).

1356. — Jean Bérault, lieutenant (2).

Avant 1485, Pailhard d'Urfé (3).

1485. — Jehan de Polignac, seigneur de Beaumont (4).

1486. — Antoine Saulnier, seigneur de Follet, époux d'Agnès de Beauvoir, fille de Claude, seigneur de Chastellus (5).

1507. — Charles Barbier, châtelain.

1519. — Gabriel Barbier, lieutenant.

1551. — Gilbert Rouher, lieutenant. Gabriel d'Aubigny, seigneur de Jenzat, de Neureux, de la Vauvre et des Granges, décédé vers 1581 (6).

1585. — Gabriel Le Groing, capitaine de chevau-légers, ancien gouverneur de Boussac, qui devint lieutenant général du Berry.

1589. — François Robineau, sieur de la Roche. Loys de Basmaisons, lieutenant, châtelain en 1593 (7).

---

l'avons vu, démolie en 1635, mais le gouverneur fut maintenu quand même, recevant les rétributions en argent et disposant du logement se trouvant dans la cour du prieuré.

Il y aurait une étude à faire sur les châtellenies du Bourbonnais, leur création et leurs attributions; tant qu'elle n'aura pas été publiée, on ne pourra dire quelque chose de sûr et de complet.

(1) Archives de l'Allier, D. 35.

(2) Notes de M. Saulnier de Praingy, d'après les registres de la Chambre des comptes, sans autre indication.

(3) *Ibid.*

(4) *Ibid.*

(5) *Ibid.*

(6) *Bulletin de la Société d'émulation*, excursion de 1908, p. 18 du tirage à part.

(7) Famille d'Auvergne; reg. par. de Chantelle.

1591. — Antoine Sallever (1).

1603. — Jean de Gouzolles, capitaine (2).

1611. — Philippe Lomet, sieur de la Grelatte (3).

1623. — François Chrétien (4), écuyer, sieur de Blanzat (Chareil), de Segange (Avermes), exempt des gardes, commandant en l'absence de Mgr le prince en 1623, capitaine en titre en 1620.

1632. — Antoine de Villelume (5), écuyer, baron de Vassé, sergent-major pour Sa Majesté dans son château de Chantelle (6), puis, en 1633 (7), commandant pour le roi sous M. le marquis d'Effiat au château et châtellenie de Chantelle.

1633. — Guy de Sarrioux ou de Sarrieux (8), seigneur de la Motte-Baudreuil (Louchy).

1639. — Paul Chareil, sieur de la Picaudelle (Chantelle), premier gendarme de la reine, compagnie de Saint-Géran.

1654. — François de Rolat, sieur de Marzat (Voussac), capitaine de chevau-légers.

1675. — François Giraud, sieur de la Mivoie, écuyer, l'un des cent gentilshommes du roi.

1692. — François-Gabriel de Foubert (9), écuyer, sieur de Saint-Allyre (Sansat).

1715. — Jean de Fougieres, écuyer, sieur des Gougnons et

(1) Aurait appartenu à la famille de Sallevert, de Bellenaves ; reg. par.

(2) Reg. par.

(3) Boudant a fait des Lomet, ses parents, une noble famille « de Gascogne ».

(4) Voir *Archives du château de Segange*, par M. le commandant du Broc, p. 67 ; reg. par.

(5) Antoine de Villelume fut inhumé dans l'église de Senat (V. Taxat-Senat).

(6) Reg. par.

(7) *Ibid.*

(8) Pour cette famille, se reporter à la notice de Fleuriel.

(9) Boudant l'appelle à tort « de Foubert » ; c'est de Fomberg, époux de Gabrielle Boutet ; des Fomberg de la Jary et de Sainte-Allyre. (*Les fiefs du Bourbonnais, Lapalisse*, par Aubert de la Faige et R. de la Boutresse.)

de la Sauvatte (Tronget), capitaine d'infanterie au régiment d'Artagnan, époux en deuxièmes noces d'Angélique Monamy, de Chareil.

1724. — Pierre Faure ou de Faure (1), écuyer, sieur de la Combe, chevalier de Saint-Louis, ancien garde de corps du roi.

1733. — Nicolas-Joseph Revanger (2), seigneur de Bompré (Barberier).

1740. — Pierre de Vauchaussade (3), écuyer, sieur du Ché, ancien lieutenant de dragons au régiment de la Tour, aide-major de la ville et place de Givet, pays d'Hainau, inhumé à Chantelle en l'église Notre-Dame.

1741. — François de Chalus (4), écuyer, seigneur de Chapette (Chappes) et de Landogne.

1759. — D'Auburtin, ancien capitaine d'infanterie au régiment de Saintonge.

1765. — Gilbert de la Boulaye (5), seigneur de Bierre.

1766. — Gilbert de Chauvigny de Blot (6), chevalier de Saint-Louis, devenu plus tard, dit Boudant, maréchal de camp des armées du roi et capitaine général du Dauphiné.

---

(1) De Gannat ou des environs : 1688, Pierre de Faure, écuyer (*Noms féodaux*).

(2) D'après Boudant, ce serait l'époux d'Henriette Héron (V. Etroussat) ; nous ne lui avons pas connu le titre de capitaine-châtelain.

(3) Cette famille, originaire de la Marche, a été possessionnée près de Riem (*Noms féodaux*) ; ses descendants habitaient Moulins dans ces dernières années. D'après Boudant, on aurait trouvé, dans la tombe de Pierre de Vauchaussade, une épée à poignée d'or.

(4) Cette famille compte encore des descendants peu fortunés à Saint-Fargeol (canton de Marcillat). François était seigneur de Chapette par son mariage avec Gilberte Rodillon de Chapette ; il était fils de François et de Françoise de Pannetier de Confolent. Il mourut à Saint-Fargeol, le 18 mars 1746, âgé de quatre-vingt-dix ans.

(5) Peut-être le seigneur de Cueillat (Etroussat), époux de Marguerite-Pourcine Vernoy de Montjournal.

(6) Il fut maréchal de camp, commandeur de Saint-Louis, mais commandant en second du Dauphiné ; époux de Marie-Cécile-Pauline Charpentier d'Emery, dont il n'eut pas d'enfants. (Communication du Broc : les Chauvigny de Blot.)

CHAPITRE II

BARBERIER

Sur une grande partie du territoire de cette commune, limitée à l'Est par la Sioule, à l'Ouest par Etroussat, au Nord par Bayet et au Sud par Saint-Germain-de-Salles, s'étend une plaine longeant la rivière; au-dessus d'elle, une ligne de collines monte vers Etroussat. A Barberier, comme dans toutes les campagnes où elle passe, la Sioule s'endort quelquefois sous des rangées de peupliers, de saules et de vernes, et, sur ses rives, se succèdent de charmants paysages.

Le nom antique de la commune, *Barberiacus*, montre qu'elle doit son existence à la villa d'un propriétaire gallo-romain, dont le village garda le nom. Nulle découverte archéologique n'a eu lieu, et, sauf en ce qui concerne les anciens fiefs qui ont existé, les archives fournissent des renseignements bien courts. Barberier se trouve cependant dans une région qui eut beaucoup à souffrir à certaines époques. Au moment du passage des reîtres de Casimir, en 1576, les Saint-Pourcinois y envoyaient tous les jours des messagers pour épier la marche des pillards et savoir s'ils allaient se diriger sur leur ville. Sept ans avant, Nicolay semblait hésiter à fixer le centre de la paroisse lorsqu'il disait : « Persenat ou Barberier, paroisse près Sioule, en laquelle est le chasteau-fort de Persenat, 65 feux », ou 300 habitants au maximum. Le géographe cite le nom de Barberier après celui de Persenat, le lieu le plus important alors, où se trouvait le château-fort dans lequel les « povres gens » avaient dû se retirer, lors de l'invasion des bandes de guerre, rester après la ruine de leurs chaumières ou les rebâtir plus tard à l'abri de ses murailles.

Au XVIIe siècle, la situation avait probablement changé : le village était reconstitué, et c'était au tour du château d'être abandonné et en ruines. D'Argouges parle de la paroisse de Barberier et ne cite pas Persenat : « Barberier, seigneur le Roi, M. le Duc et le s[r] de Bompré, 34 feux. » A voir ce chiffre de 170 âmes, presque la moitié de la population de 1569, on est fixé sur toutes les pertes qui ont résulté d'épidémies, des guerres ou de la ruine de l'agriculture succombant sous les événements et les impôts.

Dans les aveux et dénombrements des *Noms féodaux*, on découvre, pour les XIIIe, XIVe et XVe siècles, les noms de familles nobles possessionnées sur Barberier (1) : en 1386, c'est Pierre Jozerand ; en 1443-1453, Louis Briart, écuyer. Deux personnes ont porté le nom du lieu : en 1374, Gilles Barberiet, damoiseau, seigneur de Bonnefond ; en 1352, Amblard de Barberiet, damoiseau. L'aveu de Louis Briart mentionne même l'hôtel-fort de Barberier, qui a bien pu être celui de Persenat. En 1349-1357, Guillaume de Chastelus, damoiseau, avoua cens, rentes et tailles sur les paroisses de Barberier et d'Etroussat. En 1616, Persenat et Bompré avaient le même possesseur, et il est possible qu'il eut abandonné le premier de ses châteaux (2) ; il y avait alors près de là les fiefs de Charbonnières, du Rosé, de la Motte et de Saint-Julien ; ce dernier, mis par d'Argouges sur Etroussat, est aujourd'hui sur Barberier.

(1) Il nous a été impossible de rattacher ces personnes à un des anciens fiefs connus.

(2) Au commencement du XIXe siècle, il existait encore des ruines de murailles et des vestiges de fossés.

La situation de Barberier est exceptionnelle : il n'y a pas de bourg ; le long du chemin d'Etroussat à la Sioule, on ne trouve aucune agglomération à côté du bâtiment réunissant la mairie et les écoles. Jadis, le village se composait de quelques maisons près de l'église, au lieu dit de Saint-André ; cet antique édifice est un des trois ou quatre de la région qui n'ont pas été repris par le culte, la commune n'ayant pas reçu une offre de cession avantageuse, ou ne voulant pas faire de dépenses parce qu'elle avait, près d'elle, l'église d'Etroussat. La vieille église de Saint-André fut achetée en 1792 pour 6.300 livres par Bourgeois, Ferrand et Durantel ; Gobert acquit le presbytère pour 1.900 livres. D'abord transformée en grange, l'église, avec quelques aménagements et constructions appuyées sur ses solides murailles, devint une ferme.

Nous avons visité, avec un réel intérêt, le vieux sanctuaire, qui date en grande partie du XIIe siècle ; au XVIe, on a construit, au Nord, deux chapelles. Après avoir franchi la large porte en planches qui a remplacé l'entrée primitive, on trouve la nef étroite et sombre, qu'éclairaient de petites fenêtres presque toutes bouchées actuellement et que termine, à l'Est, une abside voûtée en cul-de-four, ayant eu, de chaque côté, une petite chapelle ; les voûtes et les murs sont fort lézardés et on aperçoit sous plusieurs couches de badigeon qui tombent par morceau, quelques vestiges d'un chaud badigeon rougeâtre. Quatre chapiteaux sont bien conservés : trois se composent de larges feuillages, un quatrième représente, au-dessus d'un bouquet de feuilles, un petit saint Georges terrassant un gros dragon. Çà et là, dans le mur environnant l'abside, ont survécu des têtes sculptées très endommagées. Sur l'arc triomphal s'élève une tour massive, carrée, à un seul étage, percée, sur chaque face, de deux croisées géminées, plein cintre ; la flèche, démolie à la Révolution, a été remplacée par une toiture basse.

L'intérieur de l'église est encombré par les dépôts de la ferme, et le dallage a disparu ; extérieurement, le bâtiment est tenu en bon état (1). Les seigneurs de Bompré-Persenat y avaient la chapelle de Notre-Dame et leur sépulture, à côté du petit bénitier. En 1688, on y inhuma Claude Mareschal et Catherine Lebel de Bompré ; ce sont probablement leurs ossements qui furent découverts dans un caveau par un ancien propriétaire de l'église, quand il fouilla le sol d'une des chapelles, espérant certainement trouver autre chose.

En 1736, un Revanger fut enterré « près les cordes des cloches, dans le chœur » ; en 1665, une cloche fut placée ; le 21 novembre 1737, on bénit la bannière des processions : c'était le jour de la fête de saint André, patron du sanctuaire. En 1738, on plaça à côté du maître-autel une figure en relief de saint Abdon, apportée de Cusset par Etienne Labarrière, maître sculpteur de cette ville. En 1756, lors d'une visite de l'église, on constata qu'une boite en plomb, attachée au pied de la croix du clocher, renfermait des reliques de sainte Marguerite et un parchemin le prouvant ; dans le coq on avait mis un ossement d'un saint.

Avant de passer en revue les anciennes terres de Barberier, nous ferons une observation qui s'applique à cette localité et à toutes celles dont nous parlerons.

Dans ce travail, nous visiterons les vieux châteaux encore existants et nous rechercherons les familles dont ils furent la demeure ; malheureusement, les textes dont on dispose donnent surtout des noms, n'indiquent guère que des

(1) A la Révolution, le culte continua à être célébré dans l'église, longtemps après sa suppression officielle, et Barberier fut peut-être alors la seule commune de l'Allier où le curé exerçât encore ; ce prêtre, appelé Tournaire, fut dénoncé, arrêté et les objets du culte furent brisés ou enlevés.

alliances, les fonctions que les châtelains exercèrent et les grades que quelques-uns eurent dans l'armée; on trouve exceptionnellement des faits qui placent en vedette certains de ces vieux Bourbonnais. Presque tous ceux que nous rencontrerons dans le canton, nobles, anoblis par des offices, bourgeois enrichis, vivaient « doucement chez eux », suivant une expression de l'époque, riches avec deux ou trois mille livres de rentes, et ne se sont pas préoccupés de savoir si, au xxe siècle, les curieux d'histoire locale s'intéresseraient à ce qu'ils furent, à ce qu'ils avaient fait et vu. Ils n'ont pas pensé, ceux à qui leur instruction le permettait, à laisser dans leurs coffres, avec leurs vieux terriers et leurs papiers de famille, un « livre de raison » comme celui si curieux que les bourgeois Goyard (1) ont écrit.

La tenue de ce carnet de famille aurait été cependant une agréable distraction pour les longues veillées d'hiver; il serait aujourd'hui bien précieux pour les descendants et pour nous, car il transmettrait des détails sur l'existence des gentilshommes et bourgeois de l'époque, leurs impressions touchant les événements auxquels ils avaient assisté ou dont l'écho leur était parvenu, des indications précises sur leurs grands-parents, leurs descendants et leur fortune.

Si encore les brûlements de 1793 n'avaient pas anéanti inutilement tant de titres, et surtout si la plupart des particuliers n'avaient pas montré une parfaite indifférence pour les paperasses gisant dans leurs greniers et les avaient protégées contre la cuisinière cherchant de solides parchemins pour les pots de confitures, contre la dent des rats et les sacs du néfaste « pilleraut » ! D'un autre côté, les municipalités n'ayant pas veillé sur les documents que leurs mairies

(1) Publié, en 1899, par M. R. de Quirielle; *Curiosités bourbonnaises* n° 25, Grégoire, éditeur, Moulins.

possédaient au commencement du XIXe siècle, il ne reste guère à présent, dans le plus grand nombre des archives communales (1), que les registres paroissiaux, souvent incomplets ou attaqués par l'humidité, pour donner dans leurs actes le complément ou la preuve des renseignements fournis par les publications relatives à notre province.

Pour toutes ces raisons, nos lecteurs voudront bien être indulgents quand nos recherches seront incomplètes.

Persenat

Les cartes et les documents écrivent généralement Percenat; ce lieu, appelé *Perseniacus* aux temps antiques, a une origine gallo-romaine, comme ses proches voisins, Barberier et Etroussat. De grandes exploitations rurales ont dû, dans les premiers siècles de notre ère, se créer dans ce pays fertile, sur les rives d'un important cours d'eau, à proximité des bois.

Nos notes relatives aux possesseurs de ce lieu remontent à la première moitié du XIVe siècle. En 1357 (2), Jean Dueuvre (Dueuveriis) avouait maison, domaine, dîme, cens, tailles et baillie de Pessenat (Gannat). En 1454 (3), Guillaume Blanchard, écuyer, veuf d'Agnès Eschaloux (4), fit aveu pour terres, rentes et dîmes de Percenat (Barbe-

(1) Malgré les démarches faites par l'archiviste départemental, des communes laissent sans reliure leurs registres paroissiaux, qui perdent souvent des feuillets ; il en est de même pour leurs documents anciens. Une décision devrait intervenir pour rendre obligatoire la reliure des registres antérieurs à 1800 et faire verser les autres pièces au dépôt des Archives de l'Allier.

(2) *Noms féodaux.*

(3) *Ibid.*

(4) Les Echaloux (Bayet); nom d'une très ancienne famille de cette localité.

rier). On trouve ensuite, en 1587 (1), les du Gué, représentés par Gilbert du Gué (2), sieur de Percenat, des Ternes, Coutansouze, fils de Claude du Gué et de Françoise Jehan de Bellenaves ; il fut homme d'armes à la compagnie du maréchal de Saint-André, bailli de Combraille et Montaigu (1580-1597), lieutenant de la compagnie de Chazeron, guidon à la compagnie de Senecterre. Le 3 avril 1586, il épousa Charlotte de Gaucourt (ou de Gaulernes), et, le 15 janvier 1580, fut nommé chevalier de l'ordre. Dix ans après (3), les du Chambon de Chaumejean étaient à Persenat par suite du mariage d'un des leurs avec une du Gué. Vinrent ensuite les seigneurs de Bompré, Mareschal et Revenger, ces derniers jusqu'au commencement du XIXe siècle. Audiat nous a cité dans une note, sans indication de source, les de la Roche d'Esclènes et de Lestrade.

La maison forte de Persenat, qui existait du temps de Nicolay, a disparu ; le château moderne de M. de Romeuf en occuperait la place.

Bompré

Le nom est ainsi orthographié par Nicolay, d'Argouges, les cartes et le *Dictionnaire* de Chazaud ; dans certains vieux actes, nous avons lu Bonpré, qui s'accorderait avec les prairies bordant la Sioule ; une note de l'abbé Boudant fait remonter le château au XVe siècle. Le manoir a une maîtresse tour ronde, solidement assise sur le sol, qui pourrait remonter au XIVe ou au XVe siècle ; le reste a été construit ou modifié au XVIe siècle et plus tard. Le vieux logis est dans

(1) Archives de l'Allier, B. 732. *Dictionnaire de l'état-major français au XVIe siècle*, par Fleury-Vindry, 1901.

(2) *Ibid.*

(3) Archives de l'Allier, B. 738.

une situation agréable sur le haut d'une colline, dont les pentes dévalent doucement jusqu'à la rivière ; il a une belle vue sur la vallée du cours d'eau, et, au delà, sur les communes de Loriges, Saint-Didier-en-Rollat, sur les futaies de la forêt de Marcenat et les taillis voisins.

Bompré a été incontestablement ce que Nicolay appelait « maison belle » ; ses bâtiments ont encore de sérieux restes du passé : vastes appartements au rez-de-chaussée et au premier étage, riches détails qui font supposer toute une décoration artistique, par exemple cette voûte d'escalier, formée de caissons en pierre délicatement fouillée par un ciseau habile, dans le style un peu surchargé de la fin du XVIe siècle. A une époque plus raprochée de nous, première moitié du XIXe siècle, les salles, trop spacieuses pour un logement confortable et le mobilier bourgeois des propriétaires, ont reçu des aménagements qui ont tout changé. Il y eut à Bompré une chapelle dans la tour. Ce château est abandonné depuis longtemps, et la ruine le menace si l'entretien en reste négligé.

Le parc et les jardins sont en mauvais état, et la culture empiète sur leurs allées et leurs pelouses ; les anciens communs servent de logement aux fermiers, et autour de ces dépendances du manoir inhabité ont été placées des écuries, des granges et autres annexes d'une exploitation rurale, destination probablement définitive du château qui appartient aux Loizel de Douzon.

D'après nos notes, le plus ancien seigneur de Bompré qui vivait en 1546 (1) était Jehan Menudel, écuyer ; il avait épousé Gabriel ou Guillemette de Vigenère, fille de Jean et de Barbe Chanteau. Le nom de la femme de Menudel remet en mémoire celui du Bourbonnais célèbre, Blaise de Vige-

(1) Reg. par. de Saint-Pourçain-sur-Sioule.

nère, érudit du XVIe siècle, traducteur et écrivain cabaliste, originaire de Saint-Pourçain (1). Si Menudel n'a pas reconstruit en entier le château de Bompré, il est fort possible qu'il l'ait agrandi et embelli.

Après Jean Menudel, un autre Jean Menudel, écuyer, fut seigneur de Bompré et époux de Guillemette Feydeau ; il était mort en 1605, lorsque, le 14 juin de cette année, son fils Nicolas, écuyer, seigneur de Chassignet (Montord), se maria (2) avec Marie Desscerons (de Céron), fille de François, écuyer, seigneur de ce lieu, et de damoiselle Anne de Pierrepont. Marie de Céron épousa, en deuxièmes noces, noble Charles Dubuysson, président en l'élection de Gannat.

Bompré n'appartenait plus aux Menudel, car Nicolas est qualifié seulement seigneur de Chassignet (Montord) (3) ; en 1632, Gilbert Mareschal avait acquis les seigneuries de Bompré et de Persenat pour 21.600 livres ; il était l'époux de Jeanne Audier, une fille du seigneur de Douzon. Il fut inhumé le 19 février 1659, devant le chœur de l'église de Barberier. Gilbert et sa femme avaient eu au moins cinq fils : 1° Claude, dont nous parlerons plus loin ; 2° Jean, époux de Catherine Milles des Morelles ; 3° François, époux de Marie Feydeau (1650, Yzeure), qui eurent Catherine ; 4° Jean-François, sieur de Fins (4), lieutenant dans la compagnie des canonniers du roi, époux de Catherine Chantelot ; 5° François-Joseph, sieur de Villard, commissaire ordinaire de l'artillerie de France, tué au service en Catalogne, le 29 mai 1694.

(1) *Bulletin de la Société d'émulation*, 1899, p. 202 : de Quirielle, *Les écrivains anciens du Bourbonnais.*

(2) Archives de l'Allier, B. 738, 739.

(3) Reg. par. de Saint-Pourçain-sur-Sioule.

(4) Claudon, *Les anciennes mines de charbon du Bourbonnais*, p. 73 (*Bulletin de la Société d'émulation*, 1900).

Claude Mareschal, sieur de Bompré, Loutaud et Persenat, épousa le 16 novembre 1651 (1) Suzanne Feydeau, fille de Pierre, écuyer, sieur des Vesvres (Yzeure), et de demoiselle Dufour, veuve en premières noces de Jean de Ninerolles, écuyer, sieur d'Ambourg et de Breuil (Souvigny) ; en deuxièmes noces, il se maria le 25 décembre 1667 avec Marie Jacquinet, veuve de Jean-François de Monestay, chevalier, sieur de Graveron, fille de feu Jean Jacquinet de Pannessières et de Marguerite Courtois.

Dans un document du temps, Claude Mareschal est ainsi biographié :

> Homme de bon sens et d'esprit qui pourroit négocier en des temps difficiles ; il possède la terre de Bompré, en la parroisse de Barberier, qui est située sur la rivière de Sioule, bien bâtie, consistant en justice directe et de beaux droits, il a huit à dix mille livres de rente avec le bien de sa femme qui est de la famille Feydeau (2).

Jeanne, fille de Claude Mareschal et de Marie Jacquinet de Pannessières, épousa, le 25 janvier 1692, Nicolas Revanger ou Revangier (3), seigneur de Chassignolles (Cusset), conseiller au présidial de Moulins, et lui apporta Bompré. Leur fils Nicolas eut cette même terre ; il avait pour femme Madeleine de Courten. Le 6 février 1724, Nicolas-Joseph Revanger, seigneur de Bompré, épousa (4) Henriette Héron, fille de feu Lambert Héron, président-trésorier de France à

---

(1) Archives de l'Allier, B. 741-745 ; reg. par. d'Yzeure, E. suppl., p. 407.

(2) *Annales bourbonnaises*, 1889, p. 322 : R. de Quirielle, *Une statistique nobiliaire en 1664*.

(3) Aubert de la Faige et R. de la Boutresse, *Les fiefs du Bourbonnais, Lapalisse*, p. 258 et 348 ; Archives de l'Allier, B. 746.

(4) *Noms féodaux ;* Archives de l'Allier, B. 747.

Moulins (1), et de Jeanne-Marie de Villaines. Un fils lui aurait succédé à Bompré, mais nous ne le connaissons pas, n'ayant de renseignements que sur trois filles de Nicolas-Joseph et de Henriette Héron (2) : 1° Jeanne, qui épousa à Bompré, le 7 avril 1750, Gilbert de Bonnevie ; 2° Elisabeth, qui fut, le 10 novembre 1750, la femme de François-Joseph Ménage de Mondésir, conseiller du roi, seigneur de La Chapelle-sous-Creux, en Brie, et de Bressolles ; 3° Marie, qui épousa, le 31 août 1762, Jean-François de Bosredon, comte de Chalut. Elisabeth, une sœur de la femme de Nicolas-Joseph, leur donna, le 25 novembre 1760, la terre et seigneurie de Cordebeuf (Paray-sous-Briailles), voisine de Bompré. Nicolas-Joseph était alors maître de camp de cavalerie, chef de brigade des gardes du corps du roi de Pologne (3).

La terre de Bompré aurait encore appartenu, paraît-il, aux Revanger, au commencement du XIX° siècle. En 1778, nous trouvons marraine à Saint-Pourçain-sur-Sioule la dame Théréza-Louise de Lomblond des Ehards, comtesse de Bonpré *(sic)* ; ce n'est pas le même lieu, car, en 1781, Nicolas-Joseph Revanger, ancien chef de brigade du roi de Pologne, était toujours seigneur de Bompré (4). Après les Revanger vinrent les de Maistre et enfin les Loizel.

Le Rozet

Suivant la fantaisie des anciens notaires, greffiers et curés, le nom s'écrit Rosé, Rosel, Rouzet, Resé, Rozet et

(1) Héron fut installé le 19 novembre 1685 ; charge de Charles Béraud qu'il céda en 1723 à Pinet des Escots.

(2) Archives de l'Allier, B. 782.

(3) *Ibid.*, B. 766.

(4) *Ibid.*, B. 706.

Roset. Son nom véritable devait être Rosel ou Rozel, celui que portait Guillaume de Rosel, damoiseau, possessionné sur Barberier en 1322; il avait épousé Agnès de Chandenay.

Le lieu est caché derrière Charbonnières, à droite de la route tendant d'Etroussat à la Sioule. Au xve siècle, le Rouzet dépendait de la paroisse de Barberier; Nicolay l'a mis sur Etroussat et d'Argouges l'a restitué à Barberier, dont il fait partie aujourd'hui.

Au commencement du xve siècle (1), Rouzet, simple domaine de la paroisse de Barberier (Chantelle), fut avoué par les frères Jean et Pierre Bardin, et damoiselle Philippe Bardette, non nobles; en 1569 (2), le Rozet, devenu fief, était, comme Charbonnières, à Jean de Marconnay, capitaine d'Ussel; en 1657 (3), le possesseur était Léonard Voisin, qualifié seigneur du Rozet, époux de Constance-Madeleine Durand; une de leurs filles ou leur fille unique se maria, le 12 janvier 1671, avec Odile de Bîgue ou de Bigut, sieur de Chéry (Souvigny). Au xviiie siècle, le propriétaire était Girard, ancien régisseur du comte du Buysson, qui avait acheté à ce seigneur la terre de Douzon. En 1740 (4), Louis-Charles-Antoine Girard du Rozet, écuyer, capitaine aide-major dans les grenadiers royaux du régiment Le Camus, était seigneur de Charbonnières, de Douzon, du Rozet et de Salles; il était l'époux de Françoise Montanier ou de Montagnier. Deux de leurs fils, Claude et Jacques, eurent le Rozet; ils étaient officiers d'infanterie. Après avoir pris part, en 1793, à la défense de Lyon contre les troupes républicaines, ils s'enfuirent à l'étranger avec le

(1) *Noms féodaux.*
(2) Nicolay.
(3) Archives de l'Allier, B. 57.
(4) Audiat, *La Terreur en Bourbonnais*, t. II.

comte de Précy; Jacques épousa la belle-fille du général royaliste et, en 1815, fut fait vicomte et chevalier de Saint-Louis. Claude, qui eut Charbonnières, était désigné sous le nom de « monsieur de Charbonnières »; il fut un élève de l'abbé Delille, parent des Girard, et mourut sans enfant, comme un troisième frère que nous ne suivons pas.

Après l'émigration des frères Girard, leurs biens furent vendus par la Nation et rachetés en partie par leur mère. En 1815, les deux frères, plus heureux que beaucoup de leurs compagnons d'émigration, touchèrent une grosse indemnité: 120.000 livres sur le milliard des émigrés.

Le Rozet, vendu par les Barbat du Clozel, appartient à plusieurs propriétaires. Aucune ancienne habitation n'existe; la famille Girard du Rozet a encore des descendants qui n'habitent pas, croyons-nous, le département.

La Motte

En descendant d'Etroussat vers la Sioule, on aperçoit, à droite, après l'église de Persenat et après avoir passé Barberier, une petite motte sur laquelle se dresse une tour. A côté d'elle existent des bâtiments agricoles. Nous supposons, sans certitude, que ce fut le siège du fief de la Motte, dont parle Nicolay, et que signalent des documents postérieurs au XVIe siècle.

Primitivement, cette tour a été entourée d'une enceinte contournant sa motte et a bien pu être le fort commandant un gué de la Sioule ou un bac (1), afin de prélever quelque

(1) Il y eut un bac. On lit que ce passage était assez mal desservi; tantôt le bateau, *la Sentine*, n'existait plus, tantôt le batelier faisait fort mal le service.

péage sur le point que traversait le vieux chemin fréquenté reliant les importantes paroisses de la rive droite du cours d'eau à Barberier, Etroussat, Ussel, Chantelle et Saint-Pourçain ; il pouvait aussi protéger les moulins du seigneur de Persenat.

D'après Nicolay, la Motte appartenait, en 1569, à Gilbert Mareschal, seigneur des Noix (Cressanges), dont la fille épousa Blin de Lestrade, fils de noble François de Lestrade, seigneur de Châteauvert (Paray-sous-Briailles) et de Beaujardin (Marcenat). Les Mareschal conservèrent le fief de la Motte au moins jusque dans le milieu du XVIIIe siècle.

Au XVIIe siècle (1), les Mareschal avaient encore dans cette région une grande terre comprenant la Motte et le fief des Peyrets, où existait une maison assez importante pour être appelée le château des Peyrets. Ce domaine avait appartenu, au commencement du XVIIe siècle (1617), à Gilbert de Milles, procureur du roi au domaine du Bourbonnais. Nous y avons trouvé, en 1688, Gilbert Mareschal, seigneur des Peyrets et des Baraudines (Gannat).

De vieux baux, des actes de vente, datant de 1743 (2), 1746, 1749, concernent la ferme de la Motte et du moulin des Peyrets (3) en dépendant ; les uns sont passés par Jeanne-Adrienne de Salvert, résidant au château des Peyrets, paroisse de Persenat-Barberier, veuve de Gilbert Mareschal, seigneur de la Motte et des Peyrets. Les autres, pour 1746 (4), sont signés par Jeanne de Lestrange, veuve d'Adrien Mareschal, seigneur de la Motte, des Peyrets et du Pontet, demeurant au château des Peyrets.

Un autre Mareschal, peut-être un troisième frè.., époux

(1) *Noms féodaux.*
(2) Etude Hedde, à Saint-Pourçain, fonds Vallet, notaire à Loriges.
(3) Aurait été démoli en 1750.
(4) Minutes Vallet.

de Marie-Claude Burelle, veuve de Jean de Maison, était qualifié seigneur des Perrets en 1742 (1).

*
* *

Le sol de Barberier est fertile. Ses huit cents hectares donnent abondamment du blé, de l'avoine et des pommes de terre; on récolte de bons vins dans le vignoble. La betterave réussissant très bien, un propriétaire du pays créa des usines pour la distillation de l'alcool en provenant. Cette industrie n'a pu continuer, sans doute parce que les transports étaient trop coûteux; le chemin de fer projeté aujourd'hui permettra peut-être de remettre en activité les usines dont les bâtiments sont toujours disponibles.

Le chiffre de la population concorde à peu près avec celui du XVIe siècle; il reste à peine stationnaire, et le scribe de l'état civil pourrait faire le même vœu que le curé de l'endroit en 1653 : *crescat ad majorem Dei gloriam.*

---

(1) Archives de l'Allier, B. 758.

CHAPITRE III

CHAREIL-CINTRAT

CHAREIL se signale par le clocher carré de son église moderne, autour de laquelle le bourg se divise en deux groupes, qui se sont partagé les édifices communaux : l'un, formé de maisons, dont les dépendances conservent quelques fragments insignifiants d'anciennes constructions, a la mairie et les écoles ; l'autre environne l'église ; cette partie de l'agglomération est favorisée, car elle est assise sur les déclivités d'un coteau couvert de jardins et de vignes. Le site est riant : il domine la plaine fertile dans laquelle la Bouble, fatiguée de sa course à travers les rochers de Chantelle, se repose en serpentant sous une rangée d'arbres qui se mire dans ses eaux, jusqu'à ce qu'elles se réunissent à la Sioule, au-dessous du château de Barutet.

A gauche, se dressent plusieurs tours d'un bâtiment à premier étage, de bonne apparence ; au-dessous, au bas de la colline, se trouvent un ancien et important logis qui montre une élégante façade, appuyée sur deux tours rondes, coiffées de toits pointus, et une antique église. La première habitation s'appelle du joli nom d'Artanges ; le manoir et l'église ont celui de Chareil, première partie du nom officiel de la commune, complété avec celui de Cintrat pour conserver le souvenir d'une vieille paroisse voisine qui lui a été réunie en 1830.

Ne connaissant aucune découverte archéologique faite dans le pays, il n'est pas inutile d'ouvrir une parenthèse pour établir qu'il a une existence bien plus ancienne que ses châteaux: Chareil, c'est le Caredi de 1301 (1); Charedi, 1350; Charelh, 1322-1350; Charrey, 1357; puis Charelh, Chareilh, Chareilles, Chareil. L'étymologie de ce nom nous échappe; nous retrouvons de nouveau dans le nom primitif de Cintrat, *Cintriacus*, une de ces dénominations venant de la villa d'un grand cultivateur gallo-romain.

Tout le passé des deux paroisses est ignoré.

Nous avons cependant pour Cintrat une charte de franchise du XVe siècle, résumée plus loin. Nous recueillons, malgré leur petit intérêt, les renseignements statistiques laissés par Nicolay et d'Argouges; le premier dit, au XVIe siècle:

Chareil-le-Coutioux, paroisse et chasteau, hors le village de Blanzat, consiste en 108 feux; Cintrat, près Bouble, 32 feux (2).

L'intendant est un peu plus intéressant:

Chareil-le-Coutioux, bon pays de froment, seigle et vigne, gouvernement de Bourbonnais, évêché de Clermont, 82 feux (3); Saint-Tract (pour Cintrat), gouvernement de Bourbonnais, évêché de Clermont, 14 feux.

Les deux écrivains ajoutent sur les fiefs de ces paroisses de courtes notes, dont nous profiterons en parlant de ces terres seigneuriales. L'archéologie n'excluant pas les remarques que l'on peut faire sur l'état agricole, on peut jeter en

(1) Chazaud, *Dictionnaire des noms de lieux habités de l'Allier.*

(2) 108 feux ou 540 habitants; 32 ou 160 habitants; le Coutioux ou les Cousteaux, les Coteaux; des actes notariés des XVIIe et XVIIIe siècles conservaient cette désignation que justifie la situation du bourg.

(3) 82 feux ou 410 habitants; 14 ou 70 habitants.

passant un coup d'œil sur ces « bons pays de froment, seigle et vignes », certainement meilleurs qu'en 1686 ; partout, dans la belle saison, dans leurs luxuriantes parures, on voit des vignes, de vertes prairies et des champs aux récoltes pleines de promesses.

A titre de curiosité, les renseignements statistiques laissés par Nicolay et d'Argouges sont à consulter pour le chiffre de la population ; ils montrent, ce qui est un peu de l'histoire, que les deux paroisses eurent, pendant une longue période, de tristes années ; de 1569 à 1686, Chareil perdit 130 âmes, un quart de ses habitants ; Cintrat eut une diminution de moitié (1).

Après ces notes, nous arrivons aux fiefs qui ont existé sur Chareil. Par un heureux hasard, leurs châteaux sont encore debout, intacts, ou ayant conservé des restes fort remarquables de leurs opulentes installations (2).

Château d'Artanges

Ce manoir est à la porte du bourg de Chareil et son avenue aboutit au chemin vicinal. La ci-devant habitation seigneuriale est devenue maison bourgeoise, comme on dit à la campagne. Extérieurement, avec ses murs de clôture, son ancien portail en pierre, ses dépendances nombreuses, plusieurs tours jadis défensives, devenues des hangars et des pigeonniers, ce logis du XVIIe siècle se donne encore un

---

(1) Chareil et ses environs ont dû être ravagés lorsque, en 1589, les ligueurs assiégèrent le château et s'en emparèrent (registre des consuls de Saint-Pourçain).

(2) Cette monographie de Chareil et de ses fiefs reproduit, en grande partie, celle que nous avons publiée dans le *Bulletin de la Société d'émulation du Bourbonnais*, 1907, pour l'excursion aux environs de Saint-Pourçain.

air imposant. Intérieurement, tout est modernisé ; on ne trouve même plus, dans la chambre principale, une cheminée qui portait les deux écussons accolés dont parle le procès-verbal du don d'une cloche fait à l'église de Chareil, en 1780, par deux de la Grange (1). Un double écusson, en ciment, très peu ancien, est au-dessus de la porte de l'escalier (2). Un peu plus loin qu'Artanges, apparaît une haute et solide tour ronde, coiffée d'un lanterneau volumineux et flanquée d'une tourelle élancée ; ce serait, d'après une tradition (3), les restes d'un château-fort qui aurait appartenu aux de Bar. D'après le procès-verbal de don de la cloche à l'église de Chareil, les seigneurs d'Artanges avaient été antérieurement, au commencement du XVIe siècle, nobles hommes Jean et Gilbert Lapelin, père et fils, qui avaient fondé une chapelle de Notre-Dame de Pitié, en l'église de Chareil, « comme il paraît par le bref des indulgences accordées en faveur de la d. chapelle par N. St Père le Pape, le 1er février 1516, à la prière du d. Lapelin ». Ils « avaient fondé une messe basse avec *libera* ». Leur nom figurait sur un vitrail de l'église.

Les Possesseurs d'Artanges

Les Lapelin étaient seigneurs d'Artanges bien avant les premières années du XVIe siècle. D'un procès-verbal de vérification des titres de noblesse de cette famille (4), il résulte que Gilbert de Lapelin, qui a épousé Gabrielle

(1) Archives de Chareil. Voir plus loin.

(2) L'un est aux armes des Le Lièvre, l'autre est aux armes des Caumont la Force.

(3) Lettre écrite, le 22 juin 1849, par M. de la Grange à l'abbé Boudant, achetée chez un brocanteur par L. Grégoire.

(4) Archives de l'Allier, B., 740.

Le Long, en 1468, était alors sieur d'Artanges et de la Motte (1).

Louis de Lapelin (2) écuyer, seigneur d'Artanges et de la Motte, fils cadet de Guillaume, seigneur de la Presle, et d'Agnès Guyon, était contrôleur des guerres sous François Ier et épousa, par contrat du 12 juillet 1509, Charlotte de Molles (3), fille de feu Gabriel de Molles, écuyer, sieur du dit lieu, et de feu damoiselle Anne de Rollat; son fils, Blaise de Lapelin, seigneur de Molles, époux de Péronnelle Guinaud, fut pendant vingt ans au service dans les compagnies des ordonnances du roi, maréchal des logis de la compagnie de M. l'amiral ès guerres de Piémont, à Péronne et ailleurs; il était mort avant 1586. Nous lui connaissons deux fils: Blaise, aussi appelé Loys, capitaine de cavalerie, tué à la bataille de Cognat; Jean, enseigne sous la charge du seigneur de Montcoquier, qui aurait épousé, en 1588, Péronnelle de la Courcelle, d'où Antoine, écuyer, sieur de Molles et du Vernay (4), époux d'Isabeau des Magnoux (Voussac); en 1637, par contrat du 3 février, un Jean de Lapelin, seigneur de Molles et du Vernet, gendarme de la compagnie de Saint-Geran, épousa Gasparde de Thianges.

Sauf Loys de Lapelin, qui est qualifié seigneur d'Artanges, les autres membres de cette famille ne portent pas ce titre, mais seulement celui de seigneurs de Molles et du Vernay, biens leur venant de la femme de ce Loys. Cepen-

(1) La Motte (Chareil, près Blanzat).

(2) Note de M. des Gozis.

(3) Les cartes et le *Dictionnaire* de Chazaud ont oublié ce lieu, situé sur Chareil-Cintrat, à 400 mètres environ de l'église, le long du chemin du château de Chareil à Blanzat; il a appartenu aux de Molles, de Lapelin, Cluzel, Chevalier, et, depuis plus d'un siècle, il est aux Renaudet.

(4) Le Vernet ou la Vernay, hameau de Bayet, sur les rives de la Bouble, qui menace de le détruire.

dant, les Lapelin n'auraient vendu Artanges qu'en 1610, à Antoine de Chaumejean. On ne comprend pas pourquoi les Lapelin négligeaient le nom de cette vieille terre de leurs ancêtres, depuis le xve siècle : le château d'Artanges était-il en ruines? avaient-ils à Molles une habitation plus convenable? En tout cas, les Lapelin ne firent pas reconstruire Artanges, comme on l'a dit.

Le château d'Artanges nous semble, du reste, une construction du courant du xviie siècle, et nous pensons que le logis actuel et les deux tours délimitent la plus grande partie de l'emplacement qu'occupait un château plus ancien. Il est possible que ce soit Blaise de Chaumejean qui ait rebâti le manoir. Il possédait la terre d'Artanges, en 1610; il était baron d'Huriel, marquis de Fourilles, maréchal de camp et capitaine d'une compagnie de la garde, il fut tué au siège de Montauban en 1621. De sa femme, Hippolyte-Louise de Piovène, d'origine italienne, il eut, entre autres enfants, deux fils : 1° René de Chaumejean, grand maréchal des logis de la maison du roi (1638), mort sans postérité ; il était fort endetté ; 2° Michel-Denis de Chaumejean, qui hérita de son frère. Il fut lieutenant-général des armées du Roi, conseiller d'Etat ; il dut vendre le marquisat de Fourilles et Artanges pour payer les dettes de son frère, et se retira en Touraine. L'acquisition de Fourilles et d'Artanges fut faite en 1647 par Thomas Le Lièvre de la Grange, baron d'Huriel, président au grand Conseil, conseiller d'Etat et intendant en la Généralité de Paris.

La terre fut érigée en marquisat (1) en sa faveur, par lettres-patentes d'octobre 1648, portant pour lui et ses hoirs mâles, confirmation et jouissance des autorité, préro-

(1) Lettre de la Grange, notes des Gozis et du Broc.

gatives, prééminences et privilèges, tant au fait de guerres, qu'assemblées de noblesse, etc., comme pouvaient faire Blaise de Chaumejean et ses hoirs mâles.

D'après d'Argouges, Artanges et Fourilles étaient possédés, en 1686, par la veuve de Thomas Le Lièvre, dame Faure de Berlize (1).

Pendant plus de 240 ans, chose digne de remarque, les terres de Fourilles et d'Artanges restèrent aux Le Lièvre de la Grange : de 1665 à 1677 (2), à Pierre-François Le Lièvre, capitaine-guidon des gendarmes de la garde écossaise, chevalier des ordres militaires et hospitaliers de Saint-Lazare, Jérusalem et Notre-Dame du Mont-Carmel, tué à la bataille de ce nom, en 1677 ; de 1677 à 1732 (3), à Armand-Joseph, sieur de Beugnon-Potereau, héritier (4) de Pierre-François, filleul de la reine Anne d'Autriche et de Mazarin, époux en deuxièmes noces de Marie-Madeleine de Cassan-Doriac, mort le 2 juillet 1727 ; de 1732 à 1809 (5), à François-Joseph, maréchal des camps et armées du roi, commandeur de l'ordre royal et militaire de Saint-Louis, frère de Armand-Joseph, époux de Adélaïde Méliand.

Ce seigneur de Fourilles et d'Artanges ne venait jamais dans ses terres, et, à la Révolution, le bruit courut, en Bourbonnais, qu'il avait émigré ; le directoire du district de Gannat avait fait mettre les biens sous séquestre, lorsque le ci-devant marquis, devenu le citoyen Le Lièvre, qui n'avait pas quitté la France et avait trouvé un gîte sûr à Fontaine ci-devant Montmorency, fut avisé de la main-

(1) Elle était tutrice de ses enfants.
(2) Lettre de la Grange, notes des Gozis et du Broc.
(3) *Ibid.*
(4) *Noms féodaux.*
(5) Lettre de la Grange, notes des Gozis et du Broc.

mise sur ses beaux domaines ; il envoya sans tarder à Gannat un certificat officiel de résidence et le séquestre fut levé (1).

Après lui, Fourilles et Artanges passèrent à son fils, Adélaïde-Blaise-François (1809-1833), baron, puis comte de l'Empire, général de division, époux de Adélaïde-Victoire Hall, veuve en premières noces de François-Louis Suleau. Leur fils, Adélaïde-Edouard (2), conserva les deux terres jusqu'à sa mort (17 janvier 1876) ; ses héritiers en 1888 les vendirent à divers, en détail.

Artanges fut acheté par M. Chavenon, le père du propriétaire actuel.

D'Artanges, on peut descendre par un joli sentier, bordé de haies, au château de Chareil.

Le Château de Chareil

On aperçoit cette vieille gentilhommière, non sans quelque étonnement, assise aux pieds des collines bordant la Bouble, et qui la dominent d'assez près (3) ; cette situation est loin d'être une de celles que recherchaient les bâtisseurs

(1) Reg. du directoire du district de Gannat.

(2) Né à Paris, le 17 décembre 1796 ; capitaine d'Etat-major 1815-1820. Député de la Gironde, 1837-1848 et 1848-1851 ; sénateur, 26 janvier 1852 ; membre de l'Institut ; grand officier de la Légion d'honneur ; décédé sans postérité. (Renseignements de M. Tiersonnier.)

M. de la Grange était le propriétaire de la grande écurie de courses qui remporta des prix sur tous les hippodromes de France et d'Angleterre.

(3) La partie principale du bourg était autour du château et de l'église ; d'après les anciens documents, et même le plan cadastral de 1838, la situation était la suivante : près du château, le bourg de Chareil ; en face d'Artanges, la cure ; où se trouve l'église neuve, le haut Chareil.

de maisons fortes, destination primitive de Chareil qui a pu exister déjà au XIVe siècle ; il reste des vestiges d'une vieille courtine et l'ensemble des bâtiments montre le plan de toutes les dépendances habituelles d'une forteresse.

Quatre tours, au moins, défendaient le château : deux l'encadrent encore ; une autre existe au Nord, derrière la grange, et une quatrième se trouve près de la vieille église. Il est probable que deux autres tours s'élevaient entre celles du château et les tours d'angles (grange et église). Les tours existantes n'ont plus d'autres défenses que les embrasures qui furent percées à leur base et à différentes hauteurs, le jour où le châtelain disposa de fauconneaux et d'arquebuses.

Tout le long des murailles étaient creusés de larges fossés que remplissaient les eaux, aujourd'hui canalisées, qui viennent des hauteurs, et qui alimentent très abondamment une fontaine ainsi que le lavoir du village. La place et la largeur de ces défenses sont très apparentes sur plusieurs points, par exemple derrière les granges et là où existent, en contre-bas du château, un jardin et des massifs d'arbres.

Le château se compose d'un grand bâtiment rectangulaire avec rez-de-chaussée, premier étage et combles, tournant vers l'ouest, la façade extérieure appuyée sur deux tours, et à l'Est, la façade intérieure. Du dehors on croirait que le logis est vaste ; c'est une erreur ; comme beaucoup de châteaux anciens de notre pays, celui de Chareil a un petit nombre de grands appartements, deux seulement à chaque étage, auxquels se joignent entre eux ou dans les tours quelques petits cabinets. Au point de vue des dimensions, c'est l'ancienne forteresse que l'on a transformée en utilisant le gros œuvre.

Tout indique que, dans la seconde moitié du XVIe siècle, le possesseur de Chareil voulut suivre l'exemple des grands seigneurs de l'époque, et faire de sa triste et sombre demeure une habitation plus élégante et plus agréable, tout en lui conservant les défenses nécessaires pour la sûreté. Il est visible que l'on a ouvert, dans chaque tour, du haut en bas, des brèches pour remplacer, en remontant la maçonnerie, les étroites meurtrières par trois larges fenêtres à meneaux; dix ouvertures semblables furent percées dans les murailles pour donner de l'air aux appartements et les éclairer. Une élégante toiture, coupée de quatre hautes lucarnes en pierre ornementée, fut jetée sur les murs, et les tours furent coiffées d'un toit rond pointu à la place des créneaux jetés à bas. Toutes les ouvertures nouvelles montrent des ornements du XVIe siècle, d'un dessin simple mais élégant, et finement sculptés; de vastes communs furent créés ou relevés autour de la cour; enfin, l'intérieur du logis fut transformé autant que le permettaient les gros murs, décoré de sculptures, de peintures et pourvu de grandes cheminées en pierre.

D'après une des charmantes lithographies données par le vieil artiste bourbonnais Bariau, à l'*Allier pittoresque*, la porte d'entrée du château s'ouvrait encore, quand il passa à Chareil, de 1838 à 1842, dans une tour carrée qui a pu exister avant la transformation de l'édifice, et n'aurait été que décorée au XVIe siècle; elle fut alors ornée de deux colonnes plates, supportant un fronton triangulaire, et se terminant par des chapiteaux représentant de gros bouquets de fleurs et de feuillages habilement fouillés; quand cette tour fut démolie, à une époque relativement récente, pour faire place à une porte charretière, close par un portail en fer, les propriétaires conservèrent les ornements et les placèrent au-dessus de l'entrée des deux maisons de la cour, qui ont aussi un encadrement du XVIe siècle; ils y sont encore, mais on les a posés à l'envers. On trouve des parties importantes de cette ancienne porte, entre les murs

Vieilles cheminées de ce château

Château de Chareil

du manoir et le portail ; d'après ces vestiges, c'était une poterne très étroite, donnant accès à un long couloir resserré entre deux murs épais, fermé par deux portes, l'une sur le fossé après le pont-levis, l'autre sur la cour ; celle-ci avait de plus une herse en fer dont on retrouve encore les rainures dans les murs. Devant cette poterne s'abattait le pont-levis que remplaça plus tard le ponceau en maçonnerie indiqué dans le dessin de Bariau. Il paraît que les voitures et les cavaliers passaient derrière l'église et arrivaient au château par une ancienne basse-cour ; sur ce point on voit encore, il est vrai, des mouvements de terres, restes des fossés de cette partie de l'enceinte.

La cour est vaste, bien régulière et entourée de belles dépendances ; sur le côté droit, près de la grange, il y a une fontaine qui fournit une eau claire et abondante ; nous avons vu, dans un coin de la cour, un fragment de la colonne sculptée qui s'élevait au-dessus du bassin ; ce petit débris a disparu récemment. De la cour une porte à deux battants donne dans un vestibule très étroit pour une maison de cette importance ; en face, dans le mur, se trouve un écusson entouré d'une couronne de lauriers ; il a été martelé ; il porterait *de..., à trois têtes de lion arrachées de...* (1), et surmonte la petite porte d'un couloir de dégagement des appartements du rez-de-chaussée, issue supprimée et devenue un cabinet. A droite et à gauche de la porte, un petit corridor conduit aux chambres et à la cuisine installée dans une maison de la cour. Du vestibule monte jusqu'aux combles, coupé de quatre paliers, un large et doux escalier de

(1) M. Tiersonnier pense que ces armes peuvent être celles des Morin, qui sont inconnues ; un Claude Morin, commissaire des guerres, avait Chareil, dès avant 1552, et il est probable qu'étant le restaurateur du château, il voulut placer ses armes bien en vue, dans son vestibule, pour rappeler sa possession et ses travaux.

pierre, voûté en berceau; il y a quatre sections de voûtes éclairées suffisamment, avant que le propriétaire eût l'idée de faire boucher deux ouvertures.

Au point de départ de l'escalier, et à chaque arrivée sur les paliers, les deux côtés ont eu une colonne plate surmontée d'un chapiteau ; elle a été enfouie dans le crépissage ou n'existe plus ; les chapiteaux d'ordre ionique, un peu volumineux pour la hauteur des murs, émergent seuls ; aux greniers, les colonnes sont intactes et portent de ravissants chapiteaux corinthiens, qui eussent été mieux à leur place aux étages inférieurs, où on les aurait vus ; l'un est un peu fragmenté. Les deux greniers avaient encore, en février 1907, de jolies portes, spécimens artistiques de la menuiserie du XVIe siècle, qui ont disparu.

A presque toutes les extrémités des voûtes, se trouve un large intrados composé de cinq caissons juxtaposés, représentant de lourdes fleurs rondes, épanouies, en haut relief, posées sur un cadre de pierres décoré d'oves.

Dans tout l'escalier, voûtes, murs, dessus de portes, existaient des peintures ; les voûtes seules ont encore une notable partie de cette ornementation ; le reste a disparu sous un badigeon. En haut des linteaux des portes, presque cachés par eux ou encroûtés par ce badigeon, on remarque des restes d'inscriptions latines, que nous n'avons pu relever ; elles expliquaient vraisemblablement le sujet des peintures placées en ces endroits, et dont on entrevoit quelques traits et couleurs.

La décoration des voûtes est d'un genre à peu près uniforme dans chaque section : au milieu, les uns au-dessous des autres, en ligne verticale, par rapport à la montée de l'escalier, trois sujets principaux, polychromes ou grisailles ; sur les côtés, disposés dans le même ordre vertical, et faisant encadrement, des motifs de moindre importance ; des ornements et des grotesques comblent les fonds. Sur la première voûte se voient un paon, un aigle, des papillons, des insectes et des oiseaux. Sur la deuxième, en haut, une tête grotesque, que couronnent deux sirènes très mal dessinées; au centre, une aigle héraldique et, au-dessous, un homme debout, les bras en croix sur un ornement fleuronné; sur les côtés, voltigent des papillons et figurent des crabes. Troisième voûte : Un médaillon central contient Apollon, debout sur un char conduit par deux chevaux se cabrant en sens contraire; en haut, un gros ornement de fleurs surmontant un aigle à tête humaine cornue; sur le fond, des papillons et de petits dauphins; sur les côtés, montent de grands fuseaux terminées par des corbeilles sur lesquelles des oiseaux bleus prennent leur vol; au bas, des singes accroupis sur des fleurs, une lionne marchant, vue de profil, et une galère à la proue recourbée, avec ses rameurs. Quatrième voûte: Une fois par hasard, le peintre a fait dans cette décoration un effort sérieux, pour sortir du cadre monotone adopté jusque-là; le motif central, mauvais dessin, comme tous les décors où figurent des académies d'hommes ou de femmes, est une scène de vendanges; une charrette de ferme avec un bœuf à chaque extrémité porte un homme debout, le pied sur une grosse amphore; à droite et à gauche, deux grotesques sortant à mi-corps de la frise, pour aiguillonner les bœufs. Il y a des griffons, des oiseaux et des tulipes. Le bas de la voûte est consacré à la nuit, encore un effort du peintre; la nuit figurée par un homme étendu par terre, avec, à ses pieds, une torche qui s'éteint et un hibou; autour de cette scène, dans des panneaux rectangulaires, des groupes d'hommes ou de femmes (grisailles) font un sacrifice sur un autel et devant un chandelier à sept branches.

Ces voûtes forment un ensemble très décoratif, et, quand les peintures étaient en bon état, leurs vives couleurs et leurs tableaux variés devaient mettre dans l'escalier une note bien gaie : encore aujourd'hui, malgré les dégradations, c'est une des choses intéressantes du manoir.

Les appartements du rez-de-chaussée communiquent tous entre eux, par des portes et par des couloirs aboutissant à l'escalier. Il n'y a aucun objet mobilier ; les pièces sont vides : à droite, en entrant dans le vestibule, s'ouvre la porte d'une vaste chambre à alcôve, tapissée, plafonnée et parquetée à une époque peu éloignée ; elle n'a d'ancien que sa fenêtre à meneaux et une cheminée carrée du XVIe siècle, en pierre, qui se fait remarquer par ses grandes proportions, $2^{m}50$ de haut sur 3 mètres de large ; elle a été peinte en blanc lorsque la pièce fut réparée ; le linteau a quelques ornements moulurés. Cette chambre s'amplifie de deux petites pièces créées dans le bas de la tour flanquant cette aile ; leurs murs, plafonds et parquets tombent en ruines.

Par un petit couloir, on entre, de la pièce dont nous venons de parler, dans une salle à manger, qui a été remise complètement à neuf, à la fin du siècle dernier ; la cheminée est une des deux à vendre ; c'est un monument de pierre chargé de sculptures, ayant au moins 6 mètres de haut. Un linteau de $2^{m}60$ de largeur sur $0^{m}40$ de hauteur, assis sur les chapiteaux de deux colonnes dégagées, aux multiples cannelures verticales, ayant $1^{m}70$ de haut ; la base des supports a été enfouie sous le parquet quand on le plaça ; ce linteau, orné de six rosaces et de six crânes de bœuf en demi-relief, inscrits dans des carrés séparés par une double rainure, porte la hotte, rectangle lourd de forme et de décors. Sur les côtés sont debout deux cariatides, en haut relief, homme et femme, les bras croisés sur la poitrine ; sur leur tête est placée une corbeille de fleurs et de fruits portant le couronnement ; le centre de la hotte est occupé par un grand cartouche ; à droite et à gauche, il y a deux enfants tenant des grappes de fleurs et de fruits ; du haut sort une tête d'homme entourée de guirlandes de fleurs; au bas, une tête de femme; au milieu, dans un petit cartouche, cette inscription bien extraordinaire, si elle avait pour but, de résumer la carrière d'un contrôleur des armées : HONOR. VIRTVS. ET. GLORIA.

Cette cheminée devait être primitivement en pierre blanche; un des bourgeois-châtelains a eu, au XIXe siècle, le mauvais goût de demander ou de tolérer que son entrepreneur donnât à tous les ornements des couleurs soi-disant naturelles; ce badigeonnage et le remplissage du foyer par une cheminée en marbre noir, qui se perd dans le ventre de son ancêtre, déshonore le vieux foyer du XVIe siècle.

On accède au deuxième grand appartement du rez-de-chaussée par un passage qui le relie à la pièce dont nous sortons ou par le vestibule gauche. Il servait en dernier lieu de salon et contient un autre somptueux appareil de chauffage très haut et très large; mais sa forme est agréable de lignes : deux colonnes de deux mètres de haut, à écailles de pin, surmontées de chapiteaux ioniques, supportent le linteau de $2^{m}30$ de large et de $0^{m}75$ de haut, terminé par une corniche très saillante avec, au-dessous, des créneaux fleuronnés; aux coins du linteau deux feuilles d'acanthe, pointe en l'air, en arrondissent les angles; la surface de cette partie de la cheminée est ornée de huit cercles fleuronnées, coupés dans le milieu par une ligne horizontale d'ornements, séparés par des fleurons verticaux. Sur le manteau s'appuie la hotte, grand cartouche encadrant un rectangle noir avec cette inscription : NON. NOBIS. DNE. SED. NOMINI. TVO. DA. GLORIAM. que soutiennent un homme et une femme, la tête ornée de plumes, représentés nus à mi-corps, sortant d'une corne d'abondance contournée, au col évasé, richement ornementée; au bas, un mascaron à chevelure bouclée, des motifs de fleurs et de fruits; en haut, un autre mascaron grimaçant, aux longues cornes recourbées que tiennent deux enfants; une corniche saillante touche le plafond. Comme sa voisine, cette cheminée a été peinte : elle a le fond blanc et les ornements dorés. Ce maquillage est loin d'être désagréable à l'œil, comme celui de l'autre cheminée. Dans le vaste foyer disparaît encore une petite cheminée moderne en marbre noir bien ennuyeuse à voir à cette place.

A côté de cette pièce de réception, existe, dans la tour qui la joint, une petite chambre voûtée, qui a conservé une partie de décoration montrant ce qu'était un appartement de Morin, il y a plus de trois siècles. Sur les parois, à hauteur d'homme, les peintures sont couvertes d'un badigeon; mais la voûte les a conservées à peu près intactes. Comme motifs principaux, c'est une suite de six grands médaillons ronds autour desquels sont placés, dans des carrés ou des rectangles à bordures, de petites scènes et des personages; dans les vides que laissaient les motifs, le peintre a mis des grotesques et des animaux. Un médaillon central représente probablement Apollon assis sur un char traîné par des hippogriffes; mais le reste est consacré à Vénus et à Mars, pour lesquels le seigneur ou son artiste semble avoir eu un goût particulier : Vénus armée d'un arc est sur un char attelé de deux cygnes; ailleurs elle est représentée sur un char traîné par deux colombes avec, à côté d'elle, Cupidon qui perce de flèches des cœurs volants; Mars apparaît, en deux médaillons; dans le premier, il est sur un char traîné par des coqs, et dans l'autre le char a un attelage de renards ou de loups.

Toutes ces peintures, sans grande valeur, faites au pochoir, sont à l'ocre rouge avec mélange de bleu et de noir.

La chambre est munie d'une petite cheminée ancienne sans aucun intérêt, qui porte une peinture ayant 1m80 de large sur 1m20 de haut. Les détériorations laissent voir vaguement, étendue sur un lit, Vénus qui, très déshabillée, sourit à Mars, son ami, debout au premier plan ; le dieu a posé ses armes et n'a plus, sur la tête, qu'un énorme casque bien inutile en pareille circonstance.

Au-dessus de la porte d'entrée de la chambre, une fresque, de $1^{m}80$ de largeur sur $1^{m}20$ de hauteur, donne un spécimen des quelques décorations véritablement artistiques que le château a eues : le peintre a mis, dans le même cadre, deux scènes qui n'en font réellement qu'une, et que nous appellerons « le coucher » à défaut de connaître la scène mythologique qui a pu inspirer l'artiste. A droite, dans une salle voûtée, à piliers, sept jeunes femmes, dont une semble une reine ou une déesse, se présentent nues, de face, de dos ou de profil, faisant leur toilette du soir, à côté de deux fontaines ornementées ; cette étuve ou salle de bains est séparée par un mur d'une chambre où une servante chauffe un linge au feu d'une cheminée ; près d'elle un fauteuil et un coffre ancien couvert d'une étoffe ; au fond, une couchette à colonnes, surmontée d'un baldaquin et close de rideaux, dans laquelle sont couchés trois personnes ou des enfants auxquels deux servantes donnent des soins. Près du lit une porte ouverte laisse voir une autre servante ; ce petit tableau d'intérieur et un autre, que nous signalerons dans un moment, laissent bien loin derrière eux toutes les images étalées copieusement sur les murs de Chareil ; elles sont remarquables comme composition, dessin et couleur. On regrette qu'on n'ait pas veillé à la conservation de cette œuvre, et qu'elle ait été l'objet de grattages bien inutiles, car elle ne montrait que ce que l'on peut voir dans tous les musées.

Au premier étage, grande salle à gauche, éclairée par une fenêtre à meneaux ; les murs nus devaient être habillés de tapissseries. La pièce a, au milieu d'un de ses côtés, une jolie cheminée de pierre blanche de $2^{m}50$ de large, $2^{m}10$

de haut et 0m85 de profondeur; simple mais très décorative, elle se compose d'une large tablette supportée par deux consoles arquées, aux chapiteaux ioniques, dont la base représente des pattes de lion aux griffes acérées appuyées sur un socle carré. Sur la volute extérieure des consoles se déroule, en relief, une large et longue feuille d'acanthe très fouillée; le pied de cette feuille sort de la tablette et sa pointe va, en s'effilant, finir près des griffes de lion. Au milieu de la tablette est un petit écusson ovale avec cette salutation très en usage au XVIe siècle: PAX. HVIC. DOMUI.

Toute la hotte suffit à peine à contenir une mauvaise peinture encadrée d'une bordure noire, représentant un trop grand jeune homme nu, mourant ou mort, étendu sur le sol; devant lui, une lance et un cornet de chasse indiquent la cause de l'accident.

Un cabinet, voisin de cette chambre et situé dans la tour, a, au-dessus d'une petite cheminée sans intérêt, une peinture où, sous un arbre, un jeune homme et une jeune femme, assis sur un banc, sont enlacés amoureusement; à leurs pieds dorment des chiens; dans le lointain s'étend un paysage à couleurs de tapisserie, où se voient le clocher d'une église bâtie sur une montagne, une rivière et des champs dans lesquels un chasseur lance des chiens sur un cerf aux abois. Nous expliquerons ce que doivent représenter les deux images, quand nous aurons signalé le panneau peint sur la porte du cabinet par le peintre qui a fait « le coucher ».

C'est le tableau le plus connu de tous ceux de Chareil, la fameuse scène d'accouchement qui a tant fait parler d'elle. Le sujet en est tiré des *Métamorphoses* d'Ovide, livre X:

La jeune Myrrha, fille du roi Cynire, se rendit coupable d'un inceste abominable; ayant compris la gravité de sa faute, elle demanda pardon aux dieux, en disant qu'elle était indigne de vivre plus longtemps, et même d'aller habiter avec les ombres; elle demanda d'être changée en arbre. Sa prière fut exaucée et aussitôt ses pieds devinrent des racines, son corps se couvrit d'une écorce rugueuse, et de ses mains élevées vers le ciel sortirent des branches verdoyantes. Mais, comme elle portait dans son sein le fruit de son inceste, l'écorce de ce tronc humain s'entr'ouvrit pour donner passage à un enfant qui fut reçu par les servantes de la coupable.

On voit, malgré de graves dégradations, dont quelques-unes furent faites intentionnellement: au centre, Myrrha changée en arbre et, à ses côtés, sept servantes; l'une reçoit l'enfant et les autres apportent des linges, un bassin et une aiguière. Au fond, il y a des rochers et un village entouré d'arbres.

L'accouchement est la naissance de l'enfant de Myrrha, le bel Adonis, aimé de Vénus, qui fut tué à la chasse. À notre avis, les autres peintures, la grande de la chambre et le panneau de cheminée du cabinet se rattachent à la première et représentent deux épisodes de l'existence d'Adonis : ses amours avec Vénus et sa mort. Mais on chercherait en vain, dans ces deux décorations, la main du peintre qui a créé la métamorphose de Myrrha, à moins toujours que la restauration n'ait tout gâté. Il est probable que des panneaux de tapisserie complétaient ces cabinets secrets de Morin. On peut supposer que les inscriptions placées au-dessus des portes, dans l'escalier, et que nous n'avons pu relever, les propriétaires s'opposant à tout grattage qui pourrait diminuer la valeur de leur immeuble, sont des vers d'Ovide indiquant d'autres sujets, cachés sous le mortier, qui furent inspirés par l'œuvre capitale du poète latin.

La toiture est supportée par une de ces belles et coûteuses charpentes que l'on faisait jadis; elle couvre deux immenses greniers encombrés de toutes sortes de débris.

Nous avons dit à plusieurs reprises qu'une restauration maladroite a endommagé les décorations du château ; ce n'est pas une supposition de notre part ; des personnes âgées de Saint-Pourçain nous ont certifié qu'elles ont vu *travailler* à Chareil, il y a environ cinquante ans, un peintre décorateur nommé Métali, venu dans le pays pour visiter sa famille ; elles assurent, ce qui ne nous étonne pas, qu'il a repris toutes les peintures, ravivant les tons, refaisant des morceaux, peignant, dorant et argentant les cheminées.

La décoration du château est certainement du XVIe siècle et on est autorisé, par conséquent, à répéter qu'elle fut faite par Morin, contrôleur des guerres, propriétaire de la terre, vers 1552. Devenu riche après ses campagnes en Italie, il aura confié à un artiste de ce pays, connu au delà des Alpes ou en France, et travaillant dans d'autres châteaux, le soin de décorer le sien à la mode de l'époque.

Les Possesseurs de Chareil

En sortant de ce vieux et fort intéressant logis, on se pose naturellement cette question : quelles sont les familles qui l'ont construit et qui l'ont possédé pendant les siècles écoulés ? Nous ne sommes pas, à notre grand regret, en mesure de satisfaire complètement à cette demande. A l'époque la plus lointaine à laquelle nous remontons, au XIIe siècle, la terre de Chareil faisait partie du domaine ducal : Jean de Bourgogne, époux d'Agnès de Bourbon, qui avait succédé en Bourbonnais à Mathilde II (1), l'acheta en 1265 (2) à Renaud de Forez ; en 1305-1306 (3) Robert de Clermont, sire de Bourbon, faisait constater que les

(1) Chazaud, *Etude sur la chronologie des Sires de Bourbon*, p. 234.
(2) *Titres de la Maison de Bourbon*, n°s 1171-1176.
(3) *Ibid.*

dîmes de Rozier (1), et Chassignet (2), terres voisines de Chareil, dépendaient de son fief. Vers 1300, un Chareil, Perrin, damoiseau, était seigneur de Cordebœuf; il avait épousé Jeanne du Coudray qui se remaria, vers 1302, à Jean de Boucé, chevalier: « Il se pourrait que ce personnage ait appartenu à une première race éteinte après lui, et que remplacèrent les Sauzet ou mieux les Blanc de Sauzet, devenu Chareil par changement de nom » (3). En 1353, un Léopard de Sauzet, damoiseau, avoue, pour Isabeau Celérier, son épouse, la moitié de la terre et seigneurie de Borbonnat (4) ès paroisse de Charride (Chareil) et autres.

D'après Marolles (5), un Humbert de Sauzet, *alias* Chareil, seigneur de Lamenay, et Agnès de Thory, sa femme, étaient, en 1407, seigneur et dame de Chareil. Puis viennent ensuite d'autres familles ayant le nom de Chareil: Gilbert de Chareil (6), seigneur de Cordebœuf, époux d'Uffaine de Palerne; Antoine de Chareil (7), seigneur de Cordebœuf, époux de Marie de Coligny, fille de Guillaume, seigneur d'Andelot, et de Marie Saligny, dont Blaise de Chareil (8), seigneur de Cordebœuf, de Lonzat, Gouise, etc., qui vivait en 1520, et comparut, en personne, à l'assemblée de Moulins pour la rédaction des coutumes (9); il avait

(1) Rozier (Montord).
(2) Chassignet (Chareil).
(3) Notes de M. des Gozis.
(4) Aujourd'hui Bourbonnais, sur Fleuriel *(Noms féodaux)*.
(5) Communication de M. du Broc.
(6) *Noms féodaux*. Notes de M. des Gozis.
(7) *Ibid.*
(8) *Ibid.*
(9) D'après une note prise par M. Tiersonnier, à la Bibliothèque nationale, dossiers bleus, vol. 165, n° 4480, les armes de ce Chareil sont *d'or au chevron de gueules*; ce renseignement nous fixe sur les armes que nous verrons à la Rivière, et justifie le rattachement des possesseurs de cette terre aux Chareil.

épousé, vers 1500, Anne Fradel (1) dont il aurait eu Marie de Chareil, dame de Chareil, mariée en 1540 à noble Berlaud ou Berland (2), seigneur de la Motte-Parey ; ils eurent Chareil.

On remarquera que presque tous ces Chareil ne sont pas qualifiés seigneurs de Chareil ; qu'ils sont dits seigneurs de Cordebœuf. Cette qualification ne s'oppose pas à ce que ces seigneurs de Cordebœuf soient ceux de Chareil ; il y a, sur le territoire de cette commune, un Cordebœuf (3) qui a été oublié sur les cartes et dans le *Dictionnaire* de Chazaud avec beaucoup d'autres lieux ; nous l'avons découvert à une centaine de mètres du château de Chareil. Les Chareil y eurent probablement une résidence, au moins depuis le commencement du XIVe siècle. Ne peut-on supposer que, avant cette époque, un château de Chareil avait été détruit et abandonné, et que les Chareil avaient tranféré leur demeure à Cordebœuf, devenu ainsi le siège du fief ? Le château de Chareil, transformé par Morin, vers 1552, a des parties qui doivent remonter à une date bien plus ancienne que la première moitié du XVIe siècle. En parlant des seigneurs de la Rivière, M. Tiersonnier nous disait qu'il serait disposé à croire que le fief de la Rivière a pu être un démembrement fait pour un enfant ; que ce démembrement a eu lieu, au XVe siècle, et que la branche de la famille installée à la Rivière cessa de porter le nom de Chareil pour adopter celui de son établissement. Ne pourrait-on admettre un autre démembrement ? La terre s'appelant alors

(1) Note donnée sous toutes réserves par M. Tiersonnier, d'après M. Francisque du Buysson.

(2) *Noms féodaux.* Notes de M. des Gozis.

(3) Les pièces cadastrales l'appellent « corps de bœuf » ; la véritable orthographe est « Cor de bœuf » ; « cor » voudrait dire « enceinte ». Les deux domaines de Cordebœuf faisaient partie de la terre de Chareil, depuis un temps immémorial. Il n'y a aucun vestige de ruines.

Cordebœuf partagée entre deux branches, l'une allant à la Rivière dont elle prendra le nom, l'autre obandonnant Cordebœuf et se fixant à Chareil dont elle relèvera le château, ce dernier changement se produisant avant 1540, puisque, à cette date, la femme de Blaise Berland, Marie de Chareil, n'est pas nommée « dame de Cordebœuf », mais « dame de Chareil ». Ce démembrement, qu'entrevoit M. Tiersonnier, serait bien antérieur au xve siècle, si on était autorisé à rattacher aux La Rivière, de Chareil, les La Rivière, cadets de Chareil, que nous indiquerons plus loin, fixés, d'après les *Noms féodaux*, de 1354 à 1443, aux environs de Montluçon.

Ce sont de simples probabilités qu'aucun document n'appuie sérieusement, et nous avons hâte d'arriver à des faits moins incertains avec les Morin (1), possesseurs de Chareil ; depuis 1500 au moins ces Morin sont fixés dans cette région du Bourbonnais ; nous ignorons la date de leur arrivée à Chareil.

Fin du xve siècle, les Morin (2) étaient des grands propriétaires de la région, à Chareil, Cintrat, Saint-Pourçain, Bayet, Nérignet et Montord. Claude Morin, seigneur de Chareil, avait épousé Jehanne Gaspard ; il mourut avant 1577 ou dans les premiers mois de cette année-là, car à la date du 27 mai 1577 nous voyons (3) comme marraine, à

(1) Cette famille est peu connue. M. du Broc la croit distincte de celle des Morin d'Arfeuilles, mais originaire comme elle de la Marche. Il est à remarquer, à ce sujet, que de nombreuses familles de la Marche envahirent le Bourbonnais et y eurent d'importantes terres : à Chareil et à Cintrat, les Morin, les Monamy, les d'Ussel ; au Lonzat, les Morin d'Arfeuilles ; à Douzon, les Audier d'Arfeuilles ; aux environs de Montluçon, les Montaignac, et bien d'autres dont les noms nous échappent.

(2) Dans le contrat de mariage de Marguerite de Vigenère avec Nicolas de Villaine, le 4 avril 1552, figure comme témoin notre Claude Morin, écuyer, contrôleur ordinaire des guerres, seigneur de Chareil. (*Archives historiques du Bourbonnais*, t. II, p. 207.)

(3) Reg. par. de Saint-Pourçain-sur-Sioule.

Saint-Pourçain, damoiselle Gaspard, « veuve de feu noble Claude Morin, quand vivoit escuyer seigneur de Chareil, et controlleur des guerres ». Ils eurent deux fils, François et Pierre, qui se partagèrent les terres. François eut Chareil, Pierre fut seigneur de Montord ; le château de ce lieu ne lui convenant pas, sans doute, il habitait près de là le château des Guénégauds (Souitte) ; il avait épousé Marguerite Menudel (1) et occupait l'office de contrôleur des guerres, probablement en survivance de son père. D'après un acte que nous avons acheté avec une quantité d'autres provenant de l'étude de Détermes, vieux notaire de Saint-Pourcain, Pierre Morin était, à Souitte, locataire de Gabriel Deguénégaud, seigneur des Guénégauds, conseiller et secrétaire du roy, maison et couronne de France. Il avait résilié son bail, en 1601, et devait quitter le château et laisser les terres ; comme il refusait de le faire, le propriétaire mobilisa les trois notaires de Saint-Pourçain et quatre sergents royaux de cette ville et l'expulsa le 28 octobre 1601. Morin rentra à Montord.

Son frère, François, aurait eu deux enfants : Marie et Jean. Marie épousa Jean Monamy (2), qui était sieur du

(1) Reg. par. de Saint-Pourçain-sur-Sioule.

(2) La famille Monamy était originaire de la Marche, où elle possédait entre autres terres, la Courtine et le Mas-du-Teil ; une branche vint se fixer en Bourbonnais au Theil, dans une terre qu'elle appela le Teil, probablement en souvenir de la terre de la Marche. Nous donnons plus loin les renseignements la concernant. Une branche issue d'un Martial Monamy du Teil et de Chareil s'installa à Cintrat en la personne de Pierre Monamy, époux de Catherine Badier ; ils moururent, l'un le 3 février 1654, l'autre le 12 octobre 1681 ; leur fils, Pierre, épousa en premières noces Gilberte Intrand, décédée en décembre 1734, et en deuxièmes, Marguerite Heulhard, veuve de Nicolas Bernard, lieutenant de cavalerie au régiment d'Anjou ; Pierre mourut à Cintrat en juillet 1753, âgé de 88 ans. Il avait eu du premier lit deux filles et un fils :

1° Catherine, née en octobre 1713, qui se maria deux fois, à Bayet :

Maś-du-Teil (Bourbonnais-Marche) en 1593. Ils eurent deux fils, car Antoine Monamy et son frère Léonard réglaient un rachat de rente donné à ce dernier, lors du partage de la succession de Jean Monamy et de Marie Morin, leurs père et mère (1).

Il est probable que Jean Morin n'eut pas d'enfants, et que les Monamy héritèrent Chareil. Martial Monamy, qui avait la terre en 1631 (2), aurait eu quatre fils : Pierre qui eut Cintrat (3) ; Annet, mort et inhumé dans cette paroisse le 26 août 1693 ; Nicolas, sieur de la Courtine, qui épousa, le 21 juillet 1670, au Theil, Françoise de la Rouère, et paraît être resté dans la Marche, et Michel, sieur du Mas du Teil (Marche) et de Chareil en 1680. Il avait épousé vers 1663 Marguerite de la Rouère-Chamois. C'est ce Michel que d'Argouges (4) appelle, par erreur, « le sieur du Mas, de Chareil, qui y a le fief *du Mas* », tandis qu'il aurait dû mettre « le sieur du Mas qui a le fief de Chareil ». Dans les registres paroissiaux de Chareil, les Monamy, tant qu'ils ont le Mas du Teil, sont désignés « sieur du Mas, de Chareil », que nous lisons « sieur du Mas et de

---

en juillet 1739, avec Gilbert Vernoy de Beauverger, fils de Louis, chevau-léger du roi, chevalier de Saint-Louis ; à Saint-Pourçain, le 5 octobre 1766, avec Jean-Gilbert Roy, sieur de la Brosse ;

2° Gilberte, née le 1er septembre 1709 ;

3° Pierre-Antoine, né le 11 juillet 1716.

Des Monamy de Cintrat habitaient encore Saint-Pourçain dans les dernières années du XVIIIe siècle ; ils avaient les mêmes armoiries que ceux de Chareil : *d'azur au chevron d'or, accompagné de trois larmes d'argent.*

(Reg. par. de la Courtine, de Chareil, de Cintrat, de Saint-Pourçain. Notes de MM. de Brinon, du Broc et des Gozis.)

(1) Archives de la Creuse, E. 93 ; la date manque.

(2) *Bulletin de la Société d'émulation de l'Allier*, 1898 : du Broc de Segange, *Noblesse militaire du Bourbonnais sous Louis XIV*, p. 80 et 81.

(3) Reg. par. de Chareil et de Saint-Pourçain.

(4) *Procès-verbal de la Généralité de Moulins*, édition Vayssière, p. 144.

Chareil », à moins que les Monamy n'aient donné au fief de Chareil ce nom « de Mas » qu'avait leur terre de la Marche.

Michel Monamy mourut avant sa femme, qui était veuve en 1687 ; elle décéda le 22 décembre 1688, et fut inhumée dans l'église de Chareil (1). Il avait eu quatre filles et un fils, Jean-François Monamy, capitaine au régiment d'Oisonville ou régiment d'Artagnan, seigneur de Chareil en 1695. Le 14 janvier de cette année, il fit foi et hommage devant les trésoriers de France, au bureau des finances de Moulins (2), comme principal héritier de son père ; il était propriétaire du vol du chapon (3), en vertu de la coutume, et pour le surplus de la terre avec ses sœurs, dont trois noms sont connus :

1° Anne, mariée à Chareil (4), le 20 novembre 1696, à Jean Boy, fils de Jean, sieur de la Palisse en Limousin ; 2° Marie (5) qui épousa, le 24 janvier 1707, Gilbert Tamisier, marchand à Saint-Pourçain ; 3° Angélique, mariée à Chantelle, le 25 octobre 1715, à Jean de Fougère, sieur des Gougnon, veuf de Marie Legroing.

Jean-François épousa au Theil (6), le 28 février 1696, Claudine ou Claude Roux de Sauvigne ou Souvignet ; il eut cette belle descendance : six garçons et onze filles (7).

Bien que les familles nombreuses ne fussent pas rares,

(1) Reg. par. de Chareil. Notes des Gozis.

(2) Communication de M. Tiersonnier, d'après Archives nationales, P. 475, H. n° 945.

(3) Partie de terre qui, d'après la coutume, revenait de droit à l'aîné des enfants, et qui entourait le manoir paternel : espace de terrain que pouvait parcourir un chapon en un seul vol.

(4) Reg. par. de Chareil.

(5) *Ibid.* Notes des Gozis.

(6) Reg. par. du Theil.

(7) *Ibid.* Voir l'excursion de 1907.

au XVIIe siècle, Monamy aurait tenu un des premiers rangs dans une statistique, et les appartements étaient bien petits pour loger les deux époux, leurs rejetons et leurs serviteurs.

Jean-François Monamy mourut (1) le 30 juin 1741, à l'âge de 76 ans, et sa femme, le 14 juillet 1760 (2); il fut inhumé en l'église de Chareil, chapelle de Notre-Dame, en présence de son fils Jean Monamy, sieur de la Maison-Neuve, (terre de sa femme), et de Pierre Monamy, sieur de Cintrat, son cousin-germain.

Jean Monamy, fils aîné, seigneur de Chareil, avait épousé, le 12 février 1726 (3), Marie-Elisabeth du Creuzet de la Maison-Neuve, fille de feu Philibert, sieur de la Maison-Neuve, et de Marie-Reine Mallet; à son mariage assistaient messire Hugues Roux, ancien gendarme de la garde, et Louis-Nicolas de Rollat, sieur de Marsay (Chappes). La date du décès de Jean Monamy nous est inconnue; sa femme mourut le 11 décembre 1741 et fut inhumée à Chemilly (4); leur fille, Marie-Reine, se maria (5) le 11 octobre 1752, avec Michel Langlois de Ramantière, lieutenant au régiment de Saint-Gal-Cavalerie, en garnison à Doy (Douai?), en Flandre, fils de feu Pierre Langlois de Saint-Julien et d'Anne de Beillard; ils eurent une belle lignée (6): sept fils et trois filles, et si les prolifiques Jean-François et sa femme avaient été de ce monde, ils auraient été heureux de constater que leurs petits-enfants avaient suivi leur bon exemple, mais en se tenant respectueusement en arrière.

(1) Reg. par. de Chareil.
(2) *Ibid.*
(3) *Ibid.*
(4) Reg. par. de Chemilly.
(5) Reg. par. de Chareil.
(6) *Ibid.*

Nous ne connaissons que trois de leurs enfants :

1° Marie-Geneviève-Elisabeth (1) qui épousa, le 29 avril 1783, Charles de Salvert de Montrognon, fils de Claude, sieur de la Motte de Talayat, de Louroux-de-Bouble, et de Jeanne Mallet de Vendègre ; à ce mariage assistaient Gilbert Mallet de Vendègre, capitaine d'infanterie, chevalier de Saint-Louis, oncle du marié ; Marien de Chambaud de Jonchère, cousin du marié, demeurant à Beaune ; Jacques Charbonnier, notaire royal et châtelain de Louroux-de-Bouble ;

2° Anne-Rose (2) qui se maria, le 4 février 1788, avec Annet-Gabriel Debar, chevalier, lieutenant de cavalerie, fils d'Antoine, capitaine d'infanterie, et de Françoise la Faye, habitant Gannat ; assistait à ce mariage J.-B. Debar, de la Garde, officier d'infanterie, cousin du marié ;

3° Louis-Jean-Pierre qui suit.

Michel Langlois de Ramantière mourut en son château de Chareil, le 17 février 1790, à l'âge de 87 ans (3). La terre fut alors possédée par son fils, Louis-Jean-Pierre, qui fut maire de Chareil de 1790 jusqu'à sa mort (26 fructidor an II (4). Le 22 de ce mois, très malade, il s'alita à Saint-Pourçain, à l'auberge du *Cheval-Blanc ;* il fit venir le notaire Delacodre, en présence de quatre témoins (5), régla ses dettes et signa un acte légitimant Marie (6), née, le 21 pluviôse an II, de lui et de Geneviève Choderon, fille d'un tuilier de Blanzat, et celui qu'ils allaient avoir, Claude, qui naquit le 25 frimaire an III (7). Cette Marie Langlois

(1) Reg. par. de Chareil.
(2) *Ibid.*
(3) *Ibid.*
(4) Reg. par. de Saint-Pourçain-sur-Sioule.
(5) Minutes de l'étude Labussière.
(6) Reg. par. de Saint-Pourçain-sur-Sioule.
(7) *Ibid.*

Vieille Eglise de Charell

Tour d'Artanges (Charell)

de Ramantière épousa, à Chareil (1), le 8 novembre 1814, Guillaume-Marie Renaudet des Prugnes, fils de François et de Marie Martinat ; elle mourut le 7 février 1831. Les deux époux avaient eu plusieurs enfants dont les descendants ont encore des biens à Chareil.

Claude Langlois de Ramantière décéda le 14 avril 1815, sans alliances. On nous a dit que, après sa mort, les héritiers n'ayant pu s'entendre pour le partage de la succession, la terre de Chareil fut vendue et achetée par M. Thonier, dont les petits-enfants la possédaient avant l'aliénation en cours.

Vieille Eglise de Chareil

On ne peut quitter le château sans rendre une visite respectueuse à ce vieux sanctuaire qui croule à sa porte, affaissé sur des murs à moitié démolis, au vieux porche soutenu par des poteaux branlants et enfoui en terre par les remblais apportés depuis de nombreuses années pour exhausser et rectifier l'entrée du manoir (2).

M. l'abbé Clément a étudié le vieil édifice avec sa compétence bien reconnue :

C'est un intéressant type des églises rurales auvergnates du xe au xie siècle. Elle a trois nefs étroites séparées par de lourds piliers oblongs flanqués de pilastres qui supportent les doubleaux de la voûte plein cintre. Ses bas-côtés sont voûtés en quart de cercle. On y voit des traces de décoration murale du xiiie siècle composée d'imbrications ornées de feuillages, et d'un appareil très simple. Le chevet plat date de l'époque de la transition ; au xve siècle on y a ajouté deux chapelles dont

(1) Reg. par. de Chareil.

(2) Lorsque ces lignes ont été écrites, l'édifice était encore à peu près entier ; depuis, le clocher a été démoli et l'église transformée en cellier.

la plus éloignée a conservé une gracieuse crédence du XVIe siècle qui offre sous un triple rang de moulures un écusson : *au lion issant*. Le clocher roman carré supporte un lourd beffroi en bardeaux.

A cette étude, nous ajouterons quelques détails provenant d'un document intéressant (1) existant dans les archives de la mairie, et quelques autres renseignements recueillis çà et là.

Le document dont il s'agit est un procès-verbal, en date du 11 août 1780, rédigé à l'occasion du don d'une cloche à l'église par le marquis François-Joseph Le Lièvre et son fils, Adélaïde-François-Blaise, seigneurs d'Artanges, représentés, pour la cérémonie, par M. René-Pierre Chaillou, prêtre et avocat en parlement, fondé de la procuration des deux donateurs, suivant acte passé, le 30 mai 1780, devant Me Clavet, notaire à Paris. Le don de cette petite cloche est chose peu importante, mais le mandataire sut le faire valoir en invoquant les souvenirs du passé. Il rappela que, dans tous les temps, les seigneurs d'Artanges s'étaient distingués par leurs bienfaits envers l'église et paroisse de Chareil ; que cela paraissait par leurs armoiries qui se trouvaient apposées sur le vitrail d'une chapelle qui est à droite en entrant à l'église, ou au côté méridional :

... Auquel vitrail l'on voyait deux écussons accolés (2), l'un à droite portant trois rouës sur un fond d'azur, l'autre à gauche

(1) Communication due à l'obligeance de M. Sayet, instituteur de Chareil.

(2) Chaillou était mal renseigné : les armoiries qu'il signale n'ont aucun rapport avec celles que donne l'*Armorial du Bourbonnais* aux Lapelin : *d'or au chevron d'azur, accompagné de trois roses de gueules*, ou *d'azur, au chevron d'or, accompagné de trois roses de même ;* les armes : *d'azur, à trois roues d'argent*, nous sont inconnues. Les larmes rappellent plutôt l'écu des Monamy, seigneurs de Chareil et de Cintrat.

portant trois larmes sur un fond d'or, avec ces mots autour « de Plain » qui sont très probablement les armes de MM. Deplain ou de la Plain, prédécesseurs dudit seigneur de la Grange en ladite seigneurie; que cette probabilité se tourne en évidence quand on considère que sur la cheminée de la principale chambre de la maison seigneuriale d'Artanges on trouve les mêmes écussons accolés comme audit vitrail, que de l'autre côté de ladite église, vers le chœur, à gauche en y entrant, est une chapelle, sur le vitrail de laquelle est un écusson avec trois larmes sur un fond d'azur qui sont encore probablement les armes de la maison d'Artanges.

Messire Chaillou poursuit ses recherches dans le mobilier de l'église, pour prouver l'intérêt que les seigneurs d'Artanges avaient eu pour elle :

Que sur un ancien devant d'autel en velours noir sont deux écussons (1) portant chacun une aigle éployée au-dessous d'un chevron brisé en or et deux rosettes au-dessus avec deux lions pour supports, le tout couronné d'une couronne de marquis qui fait présumer que ce devant d'autel est un présent de la maison Le Lièvre dont il porte les armes, que cette présomption se tourne en évidence quand on considère qu'en l'église de Fourilles il y a des ornements avec les mêmes armes.

En bon fondé de pouvoir, ne négligeant aucun argument favorable à ceux qu'il représente, et nous lui en sommes bien reconnaissant à cause des renseignements qu'il nous a laissés, Chaillou examine les murs de l'église :

A l'extérieur de l'église de Chareil, on voit encore quelque

(1) Cette description se rapporte, sauf quelques différences, aux armes des Le Lièvre de la Grange, données par de Soultrait : *d'azur, au chevron d'or, accompagné en chef de deux roses d'argent, et en pointe d'une aigle éployée au vol abaissé de même.*

apparence de litre ou de ceinture funèbre sur laquelle on remarque de six pieds en six pieds ou environ des armes pareilles à celles qui sont sur le d. devant d'autel avec cette seule différence qu'au lieu de lions pour supports, elles ont deux palmes vertes avec un cordon rouge qui les attache par le bas et que cette ceinture funèbre avec les d. armes, occupant tout le pourtour de la d. église, à l'exception du chœur qui est bâti depuis quatre-vingts ans ; qu'au dedans de l'église lad. litre ne paraît presque plus, mais qu'il reste quelques apparences qu'elle a existé de la même manière et avec les mêmes armes qu'à l'extérieur et qu'elles ont été effacées lorsqu'on a fait reblanchir l'intérieur de lad. église, qu'on y voit encore quelques palmes vertes et surtout le cordon rouge qui les attache.

Chaillou aurait pu, à notre grande satisfaction, poursuivre ses descriptions, mais il finit de s'acquitter de sa mission en disant :

Que les d. seigneurs marquis de la Grange père et fils désirant, à l'imitation de leurs prédécesseurs, donner des preuves de leur piété et de leur bienfaisance envers la d. paroisse de Chareil, auraient chargé le d. s^r^ Chaillou de donner en leur nom à la chapelle de Notre-Dame (1) une cloche pesant environ 120 livres qui est actuellement dans la chapelle seigneuriale d'Artanges ; laquelle chapelle m^re^ Claude Giraud, prêtre curé de la d. paroisse, aurait fait construire en 1775, au devant de la maison presbytérale près un champ du domaine et seigneurie d'Artanges où il dit la messe les jours ordinaires ; que le d. Pierre Chaillou, pour s'acquitter de la commission a

(1) Chapelle Notre-Dame de Pitié, fondation faite vers 1516, par nobles hommes Jean et Gilbert Lapelin, père et fils, seigneurs d'Artanges ; bref d'indulgences accordées en faveur de cette chapelle par le pape, le 10 février 1516, sur la demande des fondateurs. (Archives de Chareil ; reg. par. de Chareil ; lettre écrite à l'abbé Boudant, par le marquis de La Grange, le 20 juin 1849.)

fait porter en la d. chapelle Notre-Dame, nouvellement construite, la d. cloche, sur laquelle on lit ces mots : *Domine speravi non confundar in ælernum* (1) et a déclaré qu'il en fait un don irrévocable à la d. chapelle au nom des d. seigneurs marquis de la Grange et de Fourilles père et fils, à condition que la d. donation sera acceptée par les curé, procureurs fabriciens et principaux habitants de la paroisse de Chareil.

Ce fut ainsi dit et fait les d. jour et an par les d. sieurs Chaillou et Giraud qui ont signé.

Comme on l'a vu, la vieille église de Chareil est en ruines ; dans la chapelle, à droite du chœur, en entrant, on aperçoit, dans les endroits où l'épaisse couche de badigeon est attaquée par l'humidité, des traces de peintures murales, signalées par M. l'abbé Clément, composées d'entrelacs rouges et noirs remontant peut-être au XIIIe siècle. C'est dans cette chapelle que se trouve une console en pierre sculptée, ayant porté une statuette, qui a sur la base un écusson représentant un lion très archaïque et pouvant être attribué au XIIe siècle.

L'intérieur de l'édifice fait peine à voir : lorsqu'il fut aliéné après le transfert du culte, dans la nouvelle église, en 1878, on l'a dépouillé de tout ce qu'il contenait ; le dallage même a été bouleversé sans respect pour les

(1) D'après cette lettre La Grange, la cloche aurait porté, en plus de l'inscription, celle-ci : Pierre de Bar-1538. La chapelle d'Artanges aurait été construite, vers 1775, dans un champ qui touche à l'avenue actuelle du château, dans cette partie du bourg que le plan cadastral appelle « La Cure » ; nous trouvons dans les registres paroissiaux cette note : Inhumation de Marie Verrier, âgée de 53 ans, veuve d'Alexandre Chevalier, bourgeois de Chareil, 8 octobre 1788 : « Cette dame a vécu et est décédée avec les sentiments d'une piété exemplaire ; c'est elle qui a sollicité l'édification de la chapelle qui est dans le champ de la cure et qui y a amplement coopéré. Priez pour elle ! »

sépultures qu'il couvre (1). Une longue brèche a été ouverte dans le mur.

Depuis cent quatorze ans, la vieille église a été bien éprouvée. Vendue le 7 fructidor an IV, à Cassagne (2), notaire à Chantelle, pour 864 livres, elle fut cédée par lui à Anne-Rose Langlois Ramantière, demeurant à Moulins, qui la remit, le 8 mai 1806, à la commune, pour 824 francs, réservant le droit de faire transporter dans le cimetière les restes de ses ancêtres inhumés derrière le maître-autel. Le 11 juillet 1878, la commune la céda, pour 4.000 francs, à Mme Cuffault-Vaubon, née Thonier, en exceptant de la vente la cloche, les vitraux (3), les fonts baptismaux, deux bénitiers, deux pierres sacrées se trouvant sur les autels, une plaque en marbre (4) placée dans un pilier de l'église, et le tombeau de la famille Langlois de Ramantière.

Le vieux sanctuaire était devenu un hangar, depuis 1878, et laissé sans entretien; pour la troisième fois, il a été

(1) Les curés Tixeron; 1675, J.-F. Chrestien, sieur de Tremblay; Antoine Cluzel, sieur de Molles; 1684, Nicolas Amy, curé de Montfan; 1693, Annet Monamy, sieur de Pérouze; Jeanne Monamy, Nicolas Monamy, J.-F. Monamy. On y enterrait aussi ceux auxquels leur fortune permettait cette sépulture privilégiée : fermiers et bourgeois (Reg. par. de Chareil).

(2) Avait acquis aussi le presbytère, pour 1.710 livres.

(3) Vitraux modernes; les anciens avaient disparu après la vente de l'an IV.

(4) Dalle calcaire de 0m84 de hauteur sur 0m42 de largeur, avec cadre; c'est un monument funèbre consacré à la mémoire de deux curés de Chareil : Antoine Tixeron, curé de 1440 à 1484, et Pierre Tixeron, de 1484 à 1524, par leur neveu et successeur, Claude Tixeron, qui fut curé de 1524 jusqu'à la fin de la première moitié du XVIe siècle. Cet intéressant monument, du XVIe siècle, est conservé dans la nouvelle église; il a été classé comme monument historique, par décision ministérielle du 25 octobre 1905. Voir à ce sujet la communication très complète faite à la Société d'émulation, avec reproduction des dessins et inscriptions, par notre confrère M. l'abbé Clément. (*Bulletin de la Société d'émulation*, 1905, p. 143.)

vendu et l'acquéreur l'a transformé en cellier, comme nous l'avons dit, après avoir abattu le clocher et tout le collatéral de droite. Il était temps de le visiter.

Que le château de Chareil soit livré également à la pioche du démolisseur, et on verra disparaître, en même temps, ces deux vieux monuments de la commune qui, pendant des siècles, avaient résisté, côte à côte, aux injures du temps et des hommes.

Cintrat

Le territoire de cette ancienne paroisse est en face de Chareil, sur la rive droite de la Bouble. Un document bien intéressant concerne cette localité : au xve siècle, le 10 janvier 1481 (1), le duc de Bourbon fit un accord avec les habitants « pour raison de la taille personnelle imposable à volonté que le dit duc prétendait sur les dits habitants, comme descendants de gens taillables ». Aux termes de la transaction qui intervint entre le procureur des domaines du Bourbonnais et les habitants, ceux-ci furent déclarés quittes et francs de toute taille personnelle, à la charge de payer annuellement au duc, à la recette de Chantelle, cinq sols tournois de bourgeoisie par feu, et, en outre, une somme de cinquante écus d'or pour une fois.

Les habitants de Cintrat avaient eu leur charte de franchise, achetée à prix débattu entre les parties.

L'église du lieu s'élevait entre les habitations et le château de la Rivière. Vers 1857, elle subit le sort qui menace sa voisine de Chareil : elle fut achetée par l'abbé Barbier qui la fit démolir pour employer les bons matériaux à la construction de l'église d'Etroussat. Un archéologue du

(1) La Mure, t. II, p. 317 n. ; *Titres de la maison de Bourbon*, n° 6747.

pays (1) a pensé à relever le plan du vieil édifice et à noter les dispositions intérieures; grâce à lui, nous avons quelques renseignements : au moment de sa démolition, l'église abandonnée, ne servant plus au culte, avait déjà subi bien des dégradations, et il n'en restait qu'une chapelle avec transept et trois absides semi-circulaires, aux fenêtres romanes, couvertes en cul-de-four. Quelques colonnes étaient décorées de peintures marbrées, jaune et rouge, alternant avec des bandes bleuâtres et des chevrons ; sur les murs étaient simulées des draperies dessinées par des traits rouges assez maigres. Des restes de fondation permettaient de retrouver les traces du reste de l'église ; sur un mur la fermant à l'Ouest, étaient visibles des croix de consécration et une litre funéraire qui laissait voir un écusson : *chevron noir sur fond blanc ;* ailleurs, cet écusson était *partie au même chevron et partie écartelée d'or et d'azur.*

Le château de Cintrat aurait été construit, au commencement du XVIIe siècle, par un Monamy, se fixant près de Chareil, la terre importante de la famille. Le manoir a subi le même sort que l'église. En 1631, il était à Pierre Monamy, seigneur de Cintrat, époux de Catherine Badier et frère de Michel Monamy, seigneur de Chareil. En 1645, Jean Monamy, époux de Madeleine du Buysson, en était le possesseur. En 1759, c'était Pierre Monamy. Nous connaissons deux notes concernant cette famille :

9 janvier 1759 (2). — Mariage de François de Fontanges, chevalier, seigneur d'Hauteroche, baron de Marchal, capitaine

(1) Ch. du Ranquet père. Son fils a utilisé ses notes dans une étude sur l'église de Cintrat, en 1856. (*Annales Bourbonnaises*, 1890, p. 142 et suivantes.)

(2) Reg. par. de Saint-Pourçain-sur-Sioule.

au régiment du Poitou, demeurant au château des Hays (Treban), fils de Philibert de Fontanges, chevalier, seigneur de Fauconnière, et de défunte dame Eléonore de Salvert, avec damoiselle Louise-Gilberte-Marguerite de Vernoy de Beauverger (1), fille de défunt Gilbert Vernoy, capitaine d'infanterie au régiment de Penthièvre, et de dame Catherine de Monamy de Cintrat (2); à ce mariage assistaient Pierre de Monamy, écuyer, seigneur de Cintrat, grand-père de l'épouse; dame de Monamy, sa mère.

5 novembre 1766. — Mariage de Jean-Gilbert Roy, écuyer, chevalier, seigneur de la Brosse, chevalier de Saint-Louis, ci-devant lieutenant-colonel au régiment de Laval-Montmorency, demeurant au château de l'Ecluse, paroisse de Souvigny-le-Thion, avec dame Catherine de Monamy de Cintrat, veuve de Gilbert de Vernoy.

Les Monamy habitaient alors Saint-Pourçain; ils portaient: *d'azur, au chevron d'or, accompagné de trois larmes d'argent* (3); ce sont ces armes que M. du Ranquet père a relevées dans l'ancienne église de Cintrat.

Les renseignements nous font défaut pour dire ce que devinrent les Monamy et leurs terres, à la fin du XVIIIe siècle.

Château de la Rivière

Après le village où fut jadis le siège de la paroisse de Cintrat, on arrive, après avoir traversé la ligne départementale de Varennes à Chantelle, au vieux château de la Rivière, dont l'aspect général peut être esquissé ainsi: une cour bordée, à gauche, d'un gros pigeonnier carré et d'im-

(1) Vernoy et non de Vernoy.
(2) Qu'il avait épousée à Bayet, le 25 janvier 1735. (Reg. par. de Bayet).
(3) *Armorial du Bourbonnais.*

portants bâtiments d'exploitation, faisant retour d'équerre; au fond, à droite, les restes du vieux logis seigneurial, rectangulaire, demeure de fermiers, ayant à ses angles, au Nord-Ouest, une petite tour au toit pointu; à l'Est, une grosse tour ronde et une autre carrée, réduites, la première à la moitié de sa hauteur primitive, la seconde au tiers environ. La façade Nord-Ouest est sans intérêt avec son grand mur n'ayant pas d'autre ouverture qu'une étroite fenêtre; celle Nord-Est seule a conservé des restes très importants : une belle porte du XVe siècle, une élégante croisée de la même époque et d'autres ouvertures; elle est coupée, dans le milieu, par une quatrième tour carrée contenant un étroit escalier partant du seuil de la porte.

Dans les dépendances du château on remarque la très ancienne charpente de la grange et des fragments de vieilles fenêtres conservés ou replacés dans les murs.

Derrière les bâtiments se voient des mouvements de terrain sur la place des anciens fossés.

La porte sculptée est réellement remarquable. Elle se compose de deux jambages triangulaires à forte saillie; chacun d'eux se termine, en guise de chapiteaux, par une arcature pointue, sur laquelle le jambage mouluré reprend un peu jusqu'à une autre arcature qui porte un pinacle effilé à onze crochets surmonté d'un gros bourgeon; au bas des pinacles part un gracieux et large arc en tiers-point divisé, dans le milieu, sur toute sa surface, par une moulure biseauté saillante; cet arc se développe au-dessus d'un tympan sur lequel s'appliquent, comme uniques ornements, six arcatures rondes égales, à deux moulures, dont les pointes sont couvertes d'une petite feuille de vigne bien sculptée. A la jonction de l'arc et des jambages, un joli ornement fait d'une branche de feuilles lancéolées, plante de marais (1), cueillie peut-être par l'imagier sur les bords de la rivière et copiée fidèlement par lui, grimpe d'abord sur le plat extérieur de l'arc et se replie gracieusement sur elle-même près du sommet, pour laisser monter une arcature triangulaire que couronnent richement quatre crochets aux feuilles lancéolées. Le milieu du tympan n'a aucun ornement. C'était cependant une place indiquée pour l'écu du seigneur.

Il y a à Gannat, près de l'église, une porte du xve siècle rappelant celle de la Rivière, avec une décoration plus flamboyante.

A droite de la porte existe une large et haute fenêtre du xve siècle divisée en quatre baies, deux croisées et deux impostes, par des meneaux cannelés et fort saillants ; le dessus de chaque imposte est garni d'une accolade et dans la pointe très aiguë de ces deux ornements est placé un petit écusson en haut relief ; entre ces accolades, au-dessus du meneau central, une feuille de vigne, délicatement ouvragée, rompt la monotonie des lignes ; elle est vraisemblablement un emblème de la culture principale du pays que l'artiste avait remarquée. L'écusson de gauche (2) est *au premier, parti d'or au chevron de gueules, et au deux de trois gerbes d'or* (3) ; l'écu de droite est, au premier, comme son pendant, *et au deux de trois fasces* (4).

---

(1) La sagittaire. Le sculpteur a encore, nous le verrons, utilisé cette plante dans une partie de la décoration de la cheminée.

(2) Armes des Chareil.

(3) Armes des d'Avenières : *de gueules à trois gerbes d'or.* (De Soultrait, *Armorial du Bourbonnais* ; voir Chirat-Guérin (Voussac).

(4) Armes des de Rollat : *d'argent, à trois fasces de sable ; de sable, à trois fasces d'argent ;* ou des La Forest : *d'argent, à trois fasces de sable. (Armorial du Bourbonnais.)*

Ces armes des d'Avenières, accolées à celles de Chareil, indiquent des alliances sur lesquelles nous n'avons aucun autre renseignement.

Au bas de la fenêtre, au dehors de son appui fort saillant, est représentée une scène de chasse; le sculpteur, dont le ciseau était si habile pour traiter la partie ornementale, n'était pas animalier, et cette œuvre est d'un dessin assez primitif; entre deux gros chiens de garde plutôt que de chasse, dont l'un, le préféré, a un collier orné de clous ronds, se dresse un lièvre apeuré; ce curieux motif de sculpture, complétant l'ornementation de la fenêtre et coupant l'uniformité des lignes droites, pourrait également être regardé comme une explication de la destination du manoir comme pavillon de chasse plutôt que de résidence habituelle. Cette grande plaine, qui entoure la Rivière, devait être giboyeuse. L'étymologie appuie notre supposition, puisque le nom de « Rivière » (1) viendrait de « rivier », synonyme de chasser en plaine.

Dans la tour de l'escalier, trois petites ouvertures existent encore, encadrées de moulures et couronnées d'accolades; deux dans l'autre tour carrée sont aussi de la même époque que le château.

Par la porte du XVe siècle, on arrive à l'étroit escalier menant à la grande salle du manoir où se trouve la cheminée. Cette salle représente, avec deux petits réduits ménagés dans les tours, à peu près la moitié des dépendances de l'ancien château; l'autre partie a été détruite complètement, à la suite du mauvais entretien de l'habitation, ou par un incendie; cependant, on ne voit pas de pierres noircies par le feu. Après la ruine, on a bien relevé les murs, mais il n'existe plus rien des fenêtres et des sculptures qui devaient être pareilles à celles que nous voyons intérieurement et extérieurement.

La salle spacieuse existante n'est éclairée que par la

(1) Cocheris, *Formation des noms de lieux*, p. 67.

fenêtre aux écussons et une petite croisée qui lui fait face. Le plafond était porté par deux maîtresses poutres reposant sur quatre corbeaux en pierre sculptée bien fouillés : trois représentent des feuilles de vigne ; le quatrième a un écusson semblable à un des deux écussons de la grande fenêtre, aux armes des Chareil et des Rollat ou la Forest. Dans le fond du vaste appartement, au Nord, se dresse la magnifique cheminée ; elle a 3^{m}50 de haut, 2^{m}30 de large ; son foyer a une ouverture de 1^{m}80 de hauteur, une largeur de 2^{m}40 et une profondeur de 1^{m}10. C'était avec des troncs d'arbres presque entiers que les châtelains se chauffaient. Depuis longtemps, la rareté du bois ne permet plus un pareil luxe ; les fermiers, et ceux qui les ont précédés, ont installé sous la hotte un fourneau ; le jour de Noël seulement, un quartier d'arbre est jeté dans le foyer, comme aux temps des ancêtres, et, autour du grand feu, la famille et les serviteurs passent la veillée solennelle.

La cheminée de la Rivière peut être citée comme un des beaux spécimens des luxueux foyers du XVe siècle. Pur de style, de forme élégante, fouillé par le ciseau d'un habile artiste, ce monument est porté par deux sveltes jambages moulurés que réunit un large linteau aux moulures saillantes, s'arrondissant avec grâce sur les côtés ; au-dessus s'étend la hotte composée de deux morceaux : au centre du premier, entouré d'une arcature en anse de panier, en relief, que terminait une pointe dont le fleuron a été brisé, émerge de la pierre un écusson en haut relief, aux armes des Chareil : *d'or, au chevron de gueules*, sculpture supportée par deux lions et timbrée d'un riche heaume empanaché ; derrière ce casque de chevalier, la sculpture aurait laissé un vide désagréable, mais l'imagier l'a comblé en jetant deux petites tiges de feuilles lancéolées venant se souder avec art au motif principal. Comme nous le disions, on retrouve, dans la plus grande partie de la décoration de la cheminée, cette plante si décorative, dont la porte a déjà une branche; de chaque côté de l'écusson, sont placées quatre grandes accolades aux membrures et aux pointes ornées de feuilles lancéolées, entre lesquelles saillent des pinacles coupés de petites arcatures et se terminant par un bourgeon. Accolades et pinacles montent joindre une bande que couvrent les mêmes feuilles aux trois lances, appuyée sur une mince moulure. Au-dessus règne une large saillie moulurée; un bandeau plat uni, et un deuxième bandeau orné de grosses perles, portent la partie supérieure du foyer qui se termine sous le plafond par une galerie et douze petites arcatures fleuries, d'égale grandeur et de même dessin. Sauf quelques blessures insignifiantes, la cheminée est intacte; dans l'écusson, le devant du heaume est fragmenté, et les lions ont perdu la patte qui venait se poser sur la moulure; les griffes seules sont restées. Ces dégradations sont le résultat d'un accident, car si le marteau des iconoclastes de 1793 avait voulu frapper l'écu des ci-devants seigneurs, il aurait achevé l'œuvre de destruction. Il manque aussi, sur la partie basse de la hotte, les ornements que portaient huit petites consoles existantes.

Toute la cheminée a été léchée par la fumée des feux allumés à son foyer, pendant des siècles (1), par plusieurs générations de cultivateurs; sans les taches blanches provenant d'un brutal rejointement à la chaux, les pierres auraient l'apparence d'un bloc de fer.

De chaque côté de cet antique foyer s'ouvre une porte conduisant à une chambre ménagée dans l'étage inférieur de tours d'angles; celle à droite a des fragments de croisées d'ogives, et occuperait la place de la chapelle.

(1) La famille des fermiers qui sont sortis du domaine, il y a quatre ans, l'avaient exploité en communauté pendant plus de 120 années.

Cheminée de ce château

Porte de ce château

Château de la Rivière

Les Possesseurs de la Rivière

Ce que nous avons dit au sujet du peu de renseignements recueillis sur les premiers possesseurs de Chareil peut être répété pour ceux de la Rivière ; là encore règne une obscurité que n'ont pu dissiper les recherches obligeantes de nos confrères et les nôtres.

M. de Soultrait (1) estime que les possesseurs de la Rivière prirent très probablement leur nom de ce fief et, sans s'appuyer sur des renseignements précis, il leur donne les armoiries suivantes, celles des Chareil : *d'argent*, alias *d'or, au chevron de gueules*. Puis, dans une note, il parle à ce sujet des armoiries qui auraient fait partie d'une litre funèbre peinte autrefois dans l'église de Cintrat ; d'un écusson se trouvant au château de la Borde, près de Fourilles (2), et de celui porté par un chevalier figurant comme donateur, assisté de saint Michel, sur le curieux tableau gothique à sept compartiments de l'église Notre-Dame de Montluçon ; ce chevalier serait Michel de la Rivière (3), écuyer, seigneur du Meslier (Chantelle, 1505).

Nous écarterons l'écusson de la litre de l'église de Cintrat. D'après une note de l'abbé Boudant, que nous possédons, cet écusson avait *trois larmes d'argent*, armoiries des Monamy, seigneurs du lieu (4). Quand M. de Soultrait a vu la litre, s'il l'a vue, elle était à demi effacée, et la pièce principale, le chevron, devait rester seule.

(1) *Armorial du Bourbonnais*, t. II, p. 39.

(2) Voir Fourilles.

(3) *Noms féodaux*. Aux XIVe et XVe siècles, il y a des la Rivière aux environs de Montluçon : Jean de la Rivière, 1354-1375 ; Etienne, 1408 ; Colas, 1441.

(4) *D'azur, au chevron d'or, accompagné de trois larmes d'argent*. M. du Ranquet semble l'avoir vu ainsi. (*Annales Bourbonnaises*, 1890, p. 148 : *L'église de Cintrat.*)

M. de Soultrait a cité l'écu du chevalier du tableau de Montluçon ; il est *d'argent, au chevron de gueules, à la bordure de sable ;* ce serait, d'après lui, une brisure de cadets, et le savant héraldiste la donne aux de Lage ou de Laage, en quoi il est d'accord avec M. l'abbé Clément, dans son étude sur cette curieuse peinture (1). Les de Lage ou de Laage seraient donc des cadets de notre la Rivière. M. de Soultrait ne s'explique pas à ce sujet.

Un Gilbert de la Rivière, écuyer, sieur de Martenet, époux de Georgette de Thenay (famille bourguignonne), partageait, en 1591, ses biens entre ses trois enfants (2) : Christophe de la Rivière, chevalier de Saint-Jean de Jérusalem, reçu le 6 février 1582 ; noble Jean de la Rivière, écuyer ; Catherine de la Rivière. Jean aurait eu la Rivière ; dans son contrat de mariage (3 décembre 1590) avec Barbe de la Toux ou de la Toux de Pradines (lire de l'Etouf), il est qualifié seigneur de la Rivière et de Martenet ou Martenel. Ces la Rivière portaient les armes des Chareil, au chevron, que nous avons vues sur la cheminée, la fenêtre et les corbeaux de leur château. Il y a là une raison sérieuse de rattacher ces la Rivière au fief des bords de la Bouble ; nous ne les y trouverons plus quelques années après puisque, en 1592, la Rivière et Blanzat sont aux Rouer ou Rouher, dont un, Gilbert, avait épousé Marguerite de la Motte-Beaudreuil (Louchy). Les la Rivière ont quitté pour toujours le château de ce nom (Chareil) ; des familles portant le même nom sont fixées à Châtenay, à la Rivière, à la Motte et à Martinet, Martenet, Martenel (3). Si elles

(1) *Bulletin de la Société d'émulation et des beaux-arts du Bourbonnais*, 1896, p. 179.

(2) Archives de l'Allier, B. 733. Communication de M. du Broc.

(3) Il y a un Châtenay sur les limites de Chantelle, Chareil et Fourilles ; un la Rivière sur Chantelle ; un la Motte sur Fleuriel. Martinet

appartiennent à la famille des cadets de Chareil, elles sont restées près de leur berceau ; on les rencontre quelquefois figurant dans les registres paroissiaux de deux localités voisines (1) : Chantelle et Fourilles.

Blanzat et la Rivière (2) furent saisis en 1615, à la requête des avocats Gautier ; Gilbert Rouer mourut en 1618, et ses héritiers vendirent, le 17 mars 1623 (3), Blanzat à François Chrestien, capitaine du château de Chantelle, maître d'hôtel de Mgr le Prince, époux d'Elisabeth Feydeau, qui lui apporta Segange ; il portait le titre de seigneur de Blanzat et Segange ; le nom de la Rivière ne figure pas. Mais son fils Claude fut seigneur de Segange, Blanzat, la Rivière ; le fils de Claude, qui avait le même prénom et était lieutenant de cavalerie au régiment de Rotembourg,

---

ou Martenet est un lieu inconnu de nous dans les environs de Chareil, la Rivière ; un domaine Martinet est sur Cressanges.

(1) 1° Reg. par. de Chantelle : 7 novembre 1604, François de la Rivière ; — 29 août 1606, Bertrand de la Rivière ; — 20 juillet 1608, Louis de la Rivière, sieur de Chastenay, époux de Charlotte de la Borde ; Marie de la Rivière ; — 15 décembre 1610, Louis la Rivière, sieur de Chastenay, époux de Charlotte Dézormais ; — 30 octobre 1613, Gaspard de Sauzay, sieur de la Rivière.

(L'abbé Boudant, en parlant de ce Louis de la Rivière, de 1608, dit qu'il avait sa principale résidence au château de la Rivière ; nos renseignements montrent que c'est une erreur.)

2° Reg. par. de Fourilles : 25 avril 1657, demoiselle Hérarde de la Rivière-Martenet ; — 2 mai 1655, dame Léonor de la Rivière-Martenet.

(2) Archives de l'Allier, D. 83.

(3) Renseignements de M. le commandant du Broc : Claude Chrestien, sieur de Segange, Blanzat, la Rivière, capitaine de cavalerie, gentilhomme du duc d'Orléans ; époux en premières noces (contrat du 3 février 1652) de Madeleine Alleaume, fille d'Antoine, sieur de Boudemange et de feu Jacqueline Gaudón ; en deuxièmes noces, vers 1660, de Marguerite Collin, fille d'Antoine, sieur du Besnay et du Colombier (Souvigny) ; en troisièmes noces, par contrat du 13 décembre 1677, de Marie Philippe, veuve du baron Hyacinthe de Bianki. Marie Philippe avait, avant son mariage, échangé Segange contre Briailles à Claude Chrestien..

s'appelait Chrestien de la Rivière; il mourut vers 1691. Nous ne trouvons plus le nom de la Rivière dans les documents concernant la terre de Blanzat; la Rivière fut probablement comprise avec cette terre dans la donation faite par Claude Chrestien (1), sieur de Blanzat, à son cousin-germain, un autre Claude Chrestien (2), sieur de Paray et Briailles. On ne parle plus de la Rivière d'une manière spéciale, on ne la considère plus que comme les autres métairies de la terre, sans doute parce que le château se trouvait dans l'état de ruine que nous avons supposé plus haut, qu'il n'était plus habitable pour les possesseurs qui, depuis longtemps, y avaient installé leurs fermiers.

En 1693 (3), Claude Chrestien, capitaine au régiment d'Anjou, demeurant dans la paroisse d'Yzeure, fit aveu pour le seul fief de Blanzat-le-Fay, paroisse de Chareil (Chantelle).

Claude Chrestien et Marie de Bianki étant décédés sans laisser d'enfants, Blanzat et ses dépendances revinrent, à défaut d'autres héritiers, à un neveu, Antoine (4) de Saint-Julien, et arrivèrent ainsi aux d'Ussel, par le mariage de Marguerite de Saint-Julien, en 1732, avec Guy d'Ussel.

En 1748, Guy d'Ussel n'était pas encore qualifié sei-

(1) Fils de Jacques Chrestien, sieur de Segange, 1658, puis de Blanzat que son frère Claude lui céda; Jacques épousa Marie Richard, et ne vivait plus en 1675.

(2) Claude Chrestien, sieur de Paray et de Briailles, capitaine au régiment d'Anjou, puis lieutenant-colonel d'infanterie, chevalier de Saint-Louis; époux, par contrat du 24 mars 1692, de Marie-Catherine de Bianki, fille de la troisième femme de son père, Marguerite Collin; décédé, 18 juin 1729?; sa femme morte le 9 mars 1737.

(3) *Noms féodaux.*

(4) Fils de Michel de Saint-Julien, chevalier, sieur de Flayat, et de Blaise Chrestien, qui s'étaient mariés par contrat du 25 février 1669: Antoine de Saint-Julien, comte de Flayat, Hautefeuille, sieur de Briailles, épousa Marguerite Belin.

gneur de Blanzat et de la Rivière (1). Mais, avant 1789, Blanzat, la Rivière, la Cour, le Colombier, et beaucoup d'autres métairies voisines, étaient à un d'Ussel, le marquis Léonard d'Ussel, baron de Chateauvert et de Crocq (2).

Le marquis Léonard d'Ussel émigra (3) et tous ses biens furent vendus au profit de la nation; Blanzat et la Rivière furent achetés par Raynaud, pour 352.295 livres en assignats; ces terres sont toujours aux descendant de l'acquéreur.

La Rivière était occupée par des fermiers, comme de nos jours (4).

Château de Blanzat-le-Fay

Derrière la Rivière, entre la Bouble et la route de Chantelle, s'élève ce château, des XVIe et XVIIe siècles, qui a grand

(1) Reg. par. de Saint-Pourçain, 18 janvier 1748 : Baptême de Jean-Hyacinthe d'Ussel, né ce jour, au château de Briailles, fils légitime de messire Guy d'Ussel, marquis d'Ussel, baron de Chateauvert, Croc, seigneur de Saint-Martial-le-Beste, Audouze, Flayat, et de dame Marguerite de Saint-Julien de Flayat, son épouse.

(2) Fils de Marc-Antoine d'Ussel, baron de Chateauvert et de Crocq, mort le 12 novembre 1771, qui avait épousé, en 1762, demoiselle Claire de Salvert de Montrognon, décédée le 17 septembre 1806. (Renseignements de M. le baron d'Ussel.)

(3) Par suite d'une erreur, Léonard d'Ussel fut inscrit sur la liste des émigrés, sous les noms de Dussel-Saint-Pol, Saint-Pol d'Ussel, d'Ussel-Saint-Pol. Lorsqu'il fut appelé à recevoir son indemnité sur le milliard des émigrés, il dut faire de nombreuses démarches, produire des certificats, pour prouver qu'il était bien le marquis d'Ussel, l'ancien propriétaire, et recevoir 132.605 livres, valeur réelle en argent de ses terres aliénées. (Archives de l'Allier. Biens nationaux.)

(4) En 1773, le 25 octobre, dame Jeanne-Marie de Mellet, veuve de Guillaume, marquis de Salvert de Montrognon, tutrice des enfants mineurs de Marc-Antoine, marquis d'Ussel, faisait constater par Pierre Darrot, notaire à Saint-Pourçain, l'état des biens de ces enfants, terres de Blanzat et la Rivière; le procès-verbal constate que ce dernier château, habité par les colons, était en ruines. (Actes de P. Darrot; étude Hedde, à Saint-Pourçain-sur-Sioule.)

air avec sa large façade encadrée de tours et précédée d'une vaste cour. Il est dans une situation agréable, dominant la plaine et un grand parc composé de prairies coupées de massifs d'arbres. Nous ne connaissons le nom de « le Fay » que par un article des *Noms féodaux* qui le donne.

Avant le manoir que l'on voit à Blanzat-le-Fay, le propriétaire avait le vieux château de Blanzat qui existe encore à quelques centaines de mètres ; c'est là que, à une époque très reculée, a pu exister la première habitation du lieu ; le nom de Blanzat dérive de *Blandiacus*, ville de Blandius (1). Blanzat aurait appartenu à une famille qui portait ce nom. Dans le courant du XVIe siècle, il était aux Rouer ou Rouher. En 1545, la situation financière de ces châtelains paraît avoir été compromise, car, à cette date, les biens de Gilbert Rouher (2), seigneur de Blanzat, furent saisis à la requête des avocats Gautier. Le propriétaire était en train, à cette date, de construire le nouveau château, et le procès-verbal de saisie (3) dit qu'il y avait deux châteaux : « Assavoir celluy nouveau construit consistant en deux grands corps de logis eddifié sur une motte auquel château il y a une tour parachevée ». Gilbert étant mort en 1618, ses héritiers vendirent Blanzat aux Chrestien. On a vu à la notice concernant la Rivière quels furent les divers propriétaires qui ont eu Blanzat. Nous croyons inutile de les répéter ici. En 1773, le château de Blanzat était en mauvais état, presque inhabitable (4). Raynaud, l'acquéreur de

(1) D'Arbois de Jubainville, p. 163.

(2) Les Rouher eurent aussi : La Rigolée (Avermes), Courjonnet (Fleuriel), La Réau (Cesset), Le Vernet, Les Bourdiers, Pontillard (Bellenaves), Montmion (Estivareilles), La Motte (Louchy). On trouve leurs armes à Chantelle.

(3) Archives de l'Allier, D. 83.

(4) Procès-verbal Darrot, cité pour la Rivière.

1793, le fit réparer et ses héritiers, MM. Thonier, ont achevé la restauration.

Tanquart

Cette terre, située sur les limites de Chareil et de Bayet, ne fut pas le siège d'un fief, mais elle doit être notée à cause de la famille qui la posséda. Dès le commencement du XVIIIe siècle, il y eut une habitation ; c'est aujourd'hui un domaine. La famille, dont nous parlons, est celle des Boutet, seigneurs de Sazeret (Montmaraud), qui eut aussi, sur Chareil, fin du XVIIe siècle, la terre de Dornes. Nous trouvons, à Dornes, en 1686, Claude Boutet ; à Tanquart, en 1715, Pierre Boutet, écuyer, capitaine d'infanterie au régiment de Jenzat, époux de Suzanne Desrolines, seigneur de la Motte-Baudreuil et du Fé (Louchy). Les Boutet furent, en 1717-1733, seigneurs de Chastet et de la Villefranche (Saint-Pourçain) ; un Deguise posséda aussi Tanquart.

***

Il nous reste à terminer ces notes sur Chareil en disant que ces paroisses devinrent des communes et firent partie du district de Gannat, canton de Chantelle, et qu'elles restèrent dans ce canton après la réorganisation administrative de l'an VIII. En 1830, les deux communes furent réunies en une seule, sous le nom de Chareil-Cintrat.

Nous ne constatons aucun fait notable pendant la période révolutionnaire dans les deux villages. Le curé de Chareil, Claude Giraud, refusa de prêter serment et quitta la France ; celui de Cintrat, Jaladon, prêta le serment, et, après la suppression du culte, obtint une place dans une administration de Moulins.

Nous savons ce que devinrent les églises et presbytères de Chareil. L'église de Cintrat avait été achetée par Menat, pour 626 livres ; le presbytère par Gobert, pour 2.160 livres. Après le Concordat, un curé, Dalmas, ancien chanoine à Pont-du-Château, les desservit toutes les deux.

La commune, traversée par la ligne économique de Varennes à Chantelle, est, comme aux temps anciens, essentiellement agricole ; la terre est fertile et produit surtout des fourrages ; c'est un pays de grandes propriétés, sans industrie.

CHAPITRE IV

CHARROUX

La petite montagne du haut de laquelle le bourg domine ses voisins offrait un excellent emplacement pour la construction d'une ville. Le vaste plateau qui en couronne le sommet donnait un large espace pour édifier des maisons, les entourer de jardins et de champs ; partout, à la surface de la terre, ou en creusant à une faible profondeur, existaient les couches d'un calcaire excellent pour la bâtisse ; dans le voisinage, le sol était fertile pour les grains, les coteaux étaient ensoleillés pour la vigne, et un peu plus loin de grandes forêts fournissaient aussi le bois de construction et de chauffage.

Une chose essentielle manquait : il n'y avait pas de sources ou de ruisseaux pour fournir l'eau indispensable aux usages journaliers et pour remplir les fossés de l'enceinte défendant la cité ; les habitants eurent à forer des puits.

Le plateau de Charroux avait encore l'avantage de se trouver à proximité des chemins qui devaient relier une partie considérable du Bourbonnais à l'Auvergne. Nous avons lu quelque part qu'une voie romaine, celle de Brest à Clermont, passait par Charroux ou au pied de sa colline ; on a dit aussi, ce qui n'est nullement établi, qu'un oppidum gaulois, centre fortifié, y fut construit.

Aucun texte ne laisse entrevoir, même approximativement, à quelle époque a pu naître la ville de Charroux, et on n'a jamais fait, sur son emplacement ou dans ses environs, de découvertes importantes. Les objets en bronze (1) : une hache, un pendant, une plaque ronde, deux agrafes, une armille et trente et un bracelets, qui proviendraient de la localité, constituaient le mobilier d'une tombe ou les vestiges d'une habitation isolée, et non ceux d'une agglomération.

Nous commençons l'histoire de Charroux au XIIIe siècle, alors que le lieu était une des villes du Bourbonnais. En 1245, il obtint d'Archambaud VII, sire de Bourbon, une charte de franchise (2) à peu près semblable à celles données à Gannat, en 1236, et à Montluçon, en 1242. Il y a toutefois, entre les privilèges accordés à ces deux villes et ceux de Charroux, une différence concernant l'administration de cette localité. A Charroux, les bourgeois ne délibèrent pas sans le clerc du seigneur, son prévôt ou son châtelain, qu'il s'agisse de fixer le droit de bourgeoisie à payer par tête, ou d'interdire, au nom de tous, de faire telle ou telle chose. A Gannat et à Montluçon, les bourgeois pouvaient élire quatre d'entre eux, « pour le fait de gouverner la ville », qui se puissent « dire et nommer consuls et faire faict de consulat ». Le seigneur ou son représentant n'avaient pas à intervenir dans les affaires. A Charroux, les bourgeois étaient en tutelle, et ils étaient satisfaits du peu de concessions à eux accordées, puisque les confirmations de leur charte, dont la dernière est de 1486, n'apportèrent aucun changement, et que jusqu'au XVIIIe siècle, un représentant du roi fut présent, de temps en temps, à des réunions du consulat.

(1) Objets offerts au musée de Moulins, par M. Aumaistre des Ferneaux.

(2) La Mure, *Histoire des ducs de Bourbon*, t. III, p. 98 des pièces supplémentaires.

Eglise de Percenat (Barberier)

Eglise de Charroux

Vieille porte de Charroux

Quand on parcourt les vieux terriers des cens et rentes que les « bourgeois, manants et habitans de la ville et franchise de Charroux doyvent, ung chacun an, au duc de Bourbonnois », on constate que cette ville avait, au XVe siècle, une population qui devait être riche ; les bourgeois et marchands étaient fort nombreux.

Dans les détails de la charte de 1245, relatifs aux limites de la franchise, rien ne parle des fortifications de Charroux. La mise en état de défense résulterait de l'acte suivant : En 1418, Marie de Berry, duchesse de Bourbonnais, qui administrait le duché pendant la captivité de son mari, Jean Ier, fait prisonnier le 25 octobre 1415 à la bataille d'Azincourt, et envoyé par les vainqueurs en Angleterre, où ils le gardèrent jusqu'à sa mort, survenue en 1433, prorogea (1) pour trois ans, aux habitants, la faculté d'élever un barrage (2), c'est-à-dire un droit d'entrée, dont le produit devait leur servir à fortifier la ville et à se procurer des munitions de guerre. Cette expression « prorogea » indique qu'un premier droit de barrage avait été accordé pour les fortifications et n'avait pas été assez productif. Bien que le périmètre de l'enceinte ne fût pas considérable, il fallait dépenser beaucoup d'argent pour bâtir des murs, des tours, creuser des fossés, et les ressources provenant d'un barrage dans une petite ville ne pouvaient fournir, en un an, une somme bien grosse. Ce serait probablement avant 1418 que Charroux fut entouré de murailles.

La ville fut enveloppée de murs d'enceinte percés de portes fortifiées, protégés par des tours et précédés de fossés ; ces défenses furent insuffisantes pour assurer les

(1) *Titres de la maison de Bourbon*, n° 5096.

(2) On mettait en travers de la porte une barre de bois qui était levée après le paiement des droits ; de là le nom de barrage.

habitants contre une attaque sérieuse, et ils en firent très souvent la triste expérience.

M. de Quirielle, président de la Société d'émulation en 1900, a dit fort justement que Charroux, historiquement, fut une ville malchanceuse; son histoire se déroule, en effet, en tableaux plus douloureux que pour les autres villes bourbonnaises.

En 1440, après la révolte du dauphin et de quelques principaux seigneurs, au nombre desquels était le duc de Bourbon, les habitants, fidèles au duc, fermèrent les portes aux troupes royales qui prirent la ville d'assaut et y trouvèrent (1) « force biens et là demeurèrent par l'espace de quinze jours, bien aises et rafraischis ». Les habitants furent certainement moins aises que leurs vainqueurs.

Trente ans plus tard, en 1471 (2), Charroux eut à subir l'occupation des bandes du duc de Bourgogne.

Lorsque la guerre ne ruina pas la ville, des épidémies, celles que l'on appela la peste, sévirent sur la population, la diminuant de moitié, dit une tradition. Le seigneur dut consentir de fortes réductions d'impôts. Le 11 avril 1515 (3), Jean Ier, duc de Bourbon, accorda aux habitants une nouvelle remise d'impôts, parce que « en ceste présente année, la dicte ville a esté plus grevée et pestilencée de mortalité qu'elle n'avoit oncques esté ».

En 1569, Nicolay a constaté que c'était « ville close de murailles et de fossés », sans dire, il est vrai, dans quel état se trouvaient les défenses.

Le récit des malheurs de Charroux est loin d'être clos. En 1576, les reîtres, bandes de Suisses, de Flamands, de

(1) La Mure, t. II, p. 180 n.

(2) *Ancien Bourbonnais*, t. II, p. 145.

(3) Flament: Rapport au conseil général, 1906; note relative aux archives de Charroux.

routiers français, marchant sous la bannière de Jean Casimir (1), ayant passé l'Allier, avaient envahi une partie de l'Auvergne et ravagé impitoyablement Gannat et Aigueperse. La résistance que leur opposa Charroux fut inutile; le prince renversa à coups de canon les portes et les murailles, et imposa aux habitants l'excessive rançon de 2.000 écus d'or, à laquelle s'ajoutèrent les dépenses de vivres et autres frais de séjour des soudards.

Dix ans après le passage de ces reîtres, en 1586 (2), à la suite de la bataille de Cognat, gagnée par elle sur les catholiques, l'armée des religionnaires se dirigea sur le Berry, conduite par Bruniquel et Mouvans. Sur sa route, elle ruina Chantelle, Le Montet, La Bruyère-Laubespin, Cérilly, les châteaux et les villages; elle prit Charroux qui voulut se défendre, passa au fil de l'épée la garnison, renversa les murailles, les tours et rasa des maisons. Une légende dit que, à l'approche des farouches vainqueurs, les femmes du pays qui étaient, paraît-il, aussi belles que chastes, se lacérèrent le visage et se couvrirent le corps de suie, de lie de vin et d'immondices, afin d'inspirer du dégoût et d'échapper aux outrages des soldats. On croit que le stratagème eut plein succès, mais les pillards, vexés, mirent la ville à feu et à sang (3).

En 1576, Charroux avait réparé ses ruines; il fit de même en 1586.

---

(1) *Archives historiques du Bourbonnais*, t. 1er, p. 90 : Vayssière, *les Allemands sur les rives de l'Allier.*

(2) Voir *Assises scientifiques du Bourbonnais* : E. Bouchard, *les Guerres de Religion.* Le souvenir de Bruniquel a survécu aux siècles, et on nous dit que son nom, transformé en Bourniquet, Brunequet, est une des grosses injures qu'échangent, à l'occasion, les habitants de Charroux, quand ils ont trop humé le pot.

(3) J. Bonneton, *Légendes bourbonnaises.*

En 1593, pendant la Ligue, le sieur de Chazeron, gouverneur pour le roi en Bourbonnais, s'installa à Chantelle, avec ses officiers, pour protéger le pays. Ce qu'il fit surtout, ce fut de le frapper de très grosses réquisitions pour nourrir ses troupes et remplir sa bourse; il agit comme le faisaient les ligueurs, dans les campagnes autour de Charroux, et défendit assez mal les habitants qui eurent à souffrir autant de son parti que de l'autre. La légende ne dit pas si les femmes, toujours belles et chastes, eurent recours aux mutilations, à la suie et à la lie de vin pour déplaire aux soldats.

Quand les habitants n'avaient pas à fournir à Chazeron, sans aucun délai, de l'argent, du bétail, des vivres et du vin « et du meilleur », ils étaient obligés d'en donner aux ligueurs, se tenant près des troupes royales.

Le 9 mars 1593 (1), la ville fut mise en demeure d'envoyer à Chantelle deux délégués pour recevoir le commandement du gouverneur; Jehan Richard, un des consuls, Annet Bonnelat, gouverneur de la ville, et Michel Bonnelat, lieutenant de la ville, furent chargés de se rendre à Chantelle, auprès de Chazeron, pour connaître ses ordres et « les apporter par escript sy faire ce peult ».

Cette recommandation montre que les habitants n'avaient pas une confiance absolue dans les paroles du gouverneur. Avaient-ils été trompés par lui, et voulaient-ils, cette fois, des garanties ?... Les trois ambassadeurs revinrent, annonçant seulement à leurs concitoyens que le gouverneur viendrait à Charroux, le 29 mars, et qu'il les avait invités à se tenir à ses ordres.

---

(1) Archives de l'Allier, registres des délibérations du consulat et corps commun de Charroux (du 9 mars 1593 au 4 octobre 1629) ; un autre petit registre va de 1773 à 1779.

De Chazeron descendit chez Michel Bonnelat, et, après avoir pris un bon repas, payé, bien entendu, par la ville, retourna à Chantelle, laissant à Charroux son lieutenant « Tallon » (1) et une troupe se composant de dix-huit hommes cuirassés, d'un trompette, et de vingt-sept arquebusiers à cheval. De Chazeron avait dû faire largement honneur au vin de son hôte, car il imposa une fantastique fourniture de trois milliers cinq cents de mitraille ; ce faisant, le gouverneur Chazeron savait certainement que la ville, même en sacrifiant tout ce qu'elle avait d'ustensiles de métal, était dans l'impossibilité de lui donner satisfaction, mais il comptait que les habitants chercheraient à transiger, et que, par ce moyen, la ferraille se transformerait en écus bien sonnants dont une partie lui resterait. C'est ce qui arriva : les habitants offrirent, pour conserver leurs marmites et poêlons, 150 écus, une jolie somme, qui furent acceptés avec empressement. La Motte-Tallon, qui n'avait pas été, dans ses expéditions, sans faire des économies, servit de banquier et prêta 100 écus ; on s'engagea à payer le reste, le jour des Rameaux. Avec les frais du rôle et de recouvrement, les habitants payèrent 210 écus 30 sols.

La Motte fut installé chez Bonnelat, bonne maison bourgeoise ; sa troupe de cuirassiers et d'arquebusiers fut logée chez les habitants, la ville ayant à leur fournir « ustanciles, maisons, estables de chevaux, boy, chandelle, vins, sel, vinaigre, lict et linge ».

Pendant plus de trois ans, Charroux n'eut qu'à se préoccuper de satisfaire aux exigences des troupes royales ; il fallait continuellement de l'argent, des cadeaux de vin, et du bon, à 7 écus 30 sols le poinçon pour La Motte. En ce qui concernait de Chazeron, un tonneau de vin et un quin-

(1) La Motte-Tallon.

tal de chandelle qui, à cette époque, était rare et chère et valait 8 écus 3 sols, étaient nécessaires ; mais les transactions étaient faciles avec lui et il accepta, pour remplacer la chandelle, un deuxième tonneau de vin « de la meilleure marque ».

En décembre 1594, menacés, malgré leur garnison si coûteuse, et si peu utile, d'avoir affaire aux troupes de La Boullaye, commandant ligueur de la garnison de Montpensier et du fort de Chaptuzat, les habitants firent, avec ce chef, une trêve de quatre mois, moyennant le paiement de 150 écus. Cette suspension d'armes étant finie, les soldats de La Boullaye et de Ragonnière revinrent aux environs de Charroux « pour prendre prisonniers, prendre le bestaille et les draps des buches, bref de randre auxditz habitants toutes incommoditez de pouvoir negoscier, voires de pouvoir faire mourdre pour menaige les moulins et emporter toutes les farines et qui pis est ce fectent et vantent quilz tueront desquels habitans ou ils en attraperon ».

Charroux acheta aux deux chefs une nouvelle trêve finissant au mois d'octobre, moyennant le paiement de 200 écus, payables 150 de suite, et 50 dans le délai d'un mois.

Les habitants furent encore menacés, en octobre 1595, de subir le passage de nouvelles bandes armées ; en déliant toujours les cordons de la bourse, on l'évita.

Le 8 juin 1596, la petite cité est effrayée lorsqu'elle apprend ce que font à ses portes les soldats conduits par de Nérestand, un lieutenant de Chazeron : ses seize compagnies se sont installées dans les faubourgs, « y ravage et ruynent tout et font de grands dégatz tant aux bleds, prez, que aux maisons, bruslent les portes, rompent les meubles de boy, et bref ils font de grandes indicgnitez ».

Deux consuls, Gilbert Lamoreultz et Toussaint Mighon, allèrent parlementer, après avoir obtenu du corps commun

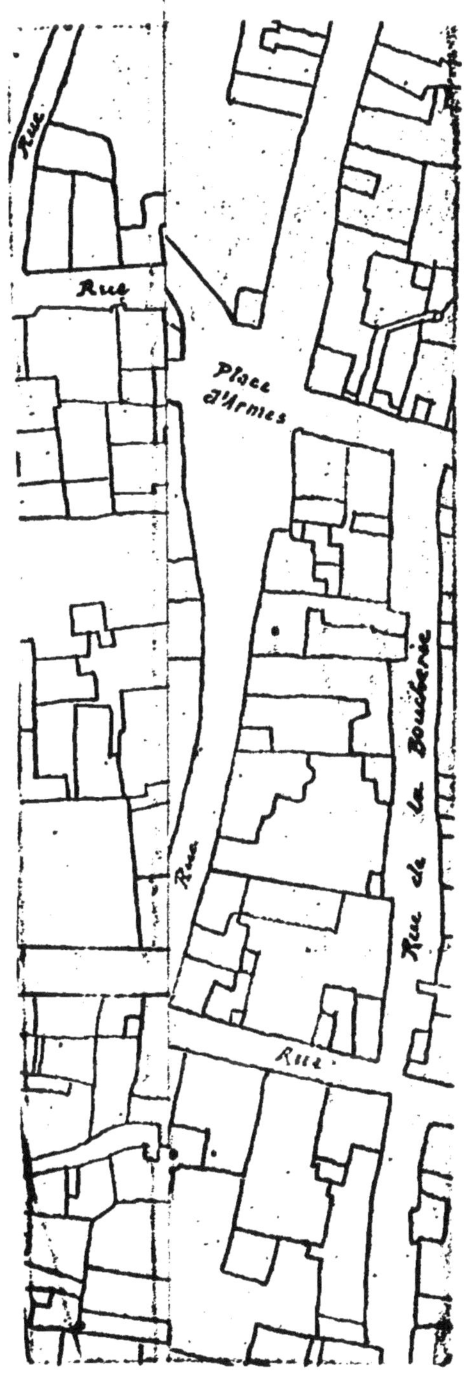

Rue
Rue
Place d'Armes
Rue
Rue de la Boucherie
Rue

Plan de Charroux (XVIIIe siècle)

qu'il les garantirait s'ils étaient pris par l'ennemi, ce qui montre le peu de sécurité du pays; moyennant 110 écus, payés comptant, les compagnies s'éloignèrent. La ville avait le moyen de se soustraire, à prix d'argent, aux violences des soldats, les campagnes ne pouvaient le faire, et ce fut sur leurs malheureux habitants que se rejetèrent les bandes armées, amis ou ennemis, dévastant les récoltes, pillant et brûlant les maisons.

Les rançons que payaient si facilement les habitants de Charroux excitaient la cupidité des troupes battant le pays. Le 25 juin 1596, ce n'étaient plus celles de Nérestand qui dévastaient la région; le sieur de le Viston, ligueur, commandant de la garnison de Montaigu, envoyait ordinairement ses soldats dans les paroisses voisines de Charroux, pour prendre le bétail et l'emmener à Montaigu; il menaçait les habitants de Charroux « de faire semblable et de prendre et emmener leur bestail et hommes pour leur faire outre au paiement laditte attribution ». Comme toujours, on envoya des délégués pour demander au chef des troupes de ne pas mettre ses menaces à exécution; on lui donnerait « quatre, cinq ou six tonneaultz de vin et à meilleure marque que l'on pourra ». On s'arrangea pour six tonneaux de vin rouge qui coûtèrent 72 écus.

Nous omettions de dire que, en août 1589, Charroux avait eu à envoyer, comme Saint-Pourçain et beaucoup de paroisses, aux troupes royales assiégeant Montfand et Vichy, des munitions, des vivres et du vin.

Enfin, le 5 mars 1598, de Chazeron invita les habitants de Charroux à lui payer 40 écus, à lui donner cinquante septiers de froment, dix tonneaux de vin, dix septiers de pois, quatre de fèves, du lard, six pots d'huile. Comme cette réquisition excessive ne se faisait pas assez vite, les soldats enlevèrent quatre-vingts à cent bêtes à cornes, les

8, 9 et 10 mars, et les emmenèrent à Chantelle, à l'auberge du *Cheval-Blanc*, chez la veuve Jugnet-Bouat. Les consuls de Charroux, Bonnelat, docteur en médecine, Charles-Pierre Bonnelat et Dupré, partirent pour Chantelle voir de Chazeron afin de protester. Le grand chef refusa de recevoir ces humbles ambassadeurs, et les renvoya à un de ses officiers, le sergent Lanara, qui avait des instructions. Ce fut avec lui que la transaction eut lieu : le sergent daigna accepter 3 écus, pour Mme Lanara, et, pour son ménage, un poinçon de vin vieux de Chantelle et du lard ; la ville de Charroux paya 49 écus, donna trois tonneaux de vin, vingt-cinq septiers de froment et eut à prendre à sa charge les frais de séjour du bétail à l'auberge et ceux du retour aux lieux où il avait été volé.

Cette réquisition est la dernière que signalent les registres de Charroux. Après ces tristes jours, les habitants eurent à liquider la situation financière créée par les exactions dont ils avaient été victimes. Il n'est pas étonnant qu'ils n'aient pu réparer, dans la suite des ans, non seulement leurs murailles, mais leurs habitations, et ce que disait Le Vayer (1), en 1686, de Charroux devait être vrai : « Aujourd'hui, ce n'est plus qu'un monceau de pierres. »

Nous ne quitterons pas les archives de la ville sans les interroger au sujet de l'ancienne administration communale. Leurs documents ne remontent qu'au 9 mars 1593 ; ceux antérieurs ont dû être anéantis pendant les pillages et les incendies. C'était l'habitude, surtout pour les religionnaires, de brûler, avant de partir, les registres et papiers des villes et villages qu'ils avaient saccagés.

Jusqu'à la fin du XVIIIe siècle, les quatre consuls bourgeois institués pour faire les affaires de la ville, par la

(1) *Mémoire de la Généralité de Moulins.*

charte de 1245, continuèrent leur office. En tête de chaque délibération, ces formules identiques sont écrites non sans fierté, rappelant les privilèges de la cité :

Les habitans de la ville de Charroux assemblez en consolat au son de la cloche en la maison dicelle, à la manyere acoustumée...

Les manans consuls et habitans de la ville de Charroux assemblés par consollat et corps commungt...

Les consuls et habitans...

On ne trouve que très rarement présent à l'assemblée un représentant du seigneur, sans lequel, aux termes de la charte, les bourgeois n'auraient pas dû délibérer.

En 1593, on chargea d'une mission un gouverneur et un lieutenant de la ville ; étaient-ils des titulaires d'offices existant alors, ou deux consuls ayant ces fonctions avec un nouveau titre ?

En 1598, le président de l'élection de Gannat assista à deux délibérations relatives à des dettes ; en 1600, ce président et le substitut du procureur du roi sont présents à deux assemblées (procès et despartement du taillon) ; en 1601, à trois réunions, il y avait le substitut du procureur du roi (réception de bourgeois) ; en 1602, apparaît un lieutenant particulier au siège de Charroux, assisté d'un prévôt, du substitut du procureur du roi ; il se trouve là lors de la confection du rôle des bourgeois, lors du despartement du sel et de la réception de bourgeois ; à sept autres réunions du consulat et corps commun, assistent les mêmes titulaires d'offices, de 1602 à 1620, (réception de bourgeois, despartement du sel, réception de bourgeois, manière de payer le cens, installation d'un gouverneur de la ville).

Dans le deuxième registre, quelques délibérations relatent la présence d'un représentant du roi.

La plupart du temps, les consuls et habitants délibéraient seuls, et si quelquefois, à de longs intervalles, le lieutenant général de la châtellenie ou d'autres officiers intervinrent, ce fut pour faire acte de présence, et ne pas laisser oublier le droit de tutelle qui appartenait au gouvernement royal.

Les affaires n'avaient qu'un caractère local et étaient de minime importance : réception de bourgeois ; un emprunt pour payer des dettes ; demandes d'un barbier-chirurgien, la ville n'ayant pas de médecin (1) ; d'un recteur pour l'école (2) ; nomination d'un clerc de ville (3) ; d'un clerc-messier (4) ; réparations à une tour où on ménagera des canonnières (5) ; mesures de garde pour la ville parce que l'ordre est arrivé de veiller, les ennemis du roi entendant lui faire la guerre ; réparations à la tour du beffroi, à son horloge et à la flèche (6).

La partie importante des attributions du consulat était surtout financière : « le despartement de la taille et du tallion, le choix des collecteurs, le despartement du sel,

(1) Le barbier ne devait que purger, saigner et panser les blessures ; mais il faisait tout ce qu'un médecin aurait pu faire ; la ville de Charroux offrait de le loger, de lui donner 10 écus de gages et l'exemption de la taille.

(2) L'école était dans une mauvaise grange ; le recteur devait recevoir 12 écus sol par année ; il était exempté de la taille, avait le logement avec un lit garni de linceulx (draps), d'une couette (lit de plume) et quelques meubles.

(3) Secrétaire du consulat.

(4) Garde-champêtre.

(5) En 1600.

(6) La maison commune était au premier étage de la tour du beffroi ; comme meuble, elle avait un coffre contenant les archives. Au XVIIIe siècle, le syndic, chef de la communauté, réunissait sans façon le corps commun en plein air, quelle que fût la saison ; les habitants protestèrent auprès de l'intendant pour que les réunions eussent lieu dans la maison commune (archives de Charroux, non classées).

le despartement d'impositions extraordinaires (de crues, comme on dit, par exemple, pour la réparation aux faubourgs de Moulins, pour les fortifications des villes frontières du royaume), les dépenses de l'armée, la construction du canal de la Loire à la Seine. Ce qui résulte des procès-verbaux d'assemblées, c'est que les habitants étaient accablés d'impôts, se plaignaient et sollicitaient en vain des diminutions (1).

Aux XVII° et XVIII° siècles, on voit apparaître des administrateurs ayant le titre d'échevins ou d'anciens échevins, offices créés pour procurer de l'argent au trésor royal ; ces titulaires d'offices figurent dans les délibérations avec les élus du peuple ; on trouve aussi un syndic. Les consuls ne sont plus seulement, comme autrefois, des marchands ou des cultivateurs ; la population compte de riches bourgeois et des notaires qui obtiennent le mandat. Suivant l'ancienne coutume, les consuls étaient nommés, dans les deux derniers mois de l'année de l'exercice, dans une assemblée générale annoncée, au son de la cloche du beffroi, trois dimanches avant l'élection.

En 1596, les habitants se plaignirent des consuls qui, à

(1) Nous signalons, à propos d'une demande de remise, la curieuse salutation par laquelle M. de Caumartin, personnage dont les fonctions financières nous sont inconnues, terminait, le 8 décembre 1599, la lettre qu'il écrivait « aux consuls, manants et habitants de Charroux » pour leur dire que s'ils payaient de suite les deux tiers de leur imposition de 140 écus sur les villes closes, le roi leur accorderait remise du reste : « attendant surement de vos bonnes nouvelles, je me recommande de bien bon cœur à vos bonnes graces et suys, messieurs, votre bien affectionné et plus parfaict ami à vous servir ». Il est évident que les habitants ne purent refuser d'avaler une pilule aussi bien présentée ; les contribuables du XX° siècle accepteraient certainement aussi de payer « de suite » les deux tiers de leurs impôts pour avoir remise du reste, mais aucun trésorier payeur général n'a encore eu cette bonne idée.

l'expiration de leur mandat, ne laissaient pas une situation financière bien nette, et ils leur adjoignirent « six notables bourgeois, pour mettre ordre à tous affaires qui sont de présent et surviendront ». Rien n'indique, dans les registres, le fonctionnement de ce conseil de surveillance nommé probablement dans un moment de mauvaise humeur ou de défiance.

Pour être reçu bourgeois de Charroux, il fallait présenter requête verbale aux consuls et habitants, qui constataient en assemblée générale que le postulant était homme de bien, de bonne vie et mœurs, de la religion catholique, apostolique et romaine, qu'il habitait la ville depuis une ou plusieurs années. Au XVIIe siècle, on ajoute cette constatation : « convaincu d'aulcun crime, sans avoir esté soumys d'aulcune servitude de seigneur, sans être suite d'aulcun seigneur ». Quand le postulant avait été reçu bourgeois, on l'inscrivait au rôle de la bourgeoisie pour payer redevance au roi.

Les registres qui comprennent une période de vingt années ne donnent pas de nombreuses réceptions. Etait-on difficile pour les admissions? Les habitants hésitaient-ils à ajouter à leurs autres impôts celui du droit de bourgeoisie? Généralement, dans les registres, il y a une réception dans l'année, exceptionnellement deux ou trois ; les admis sont des marchands, des vignerons, l'apothicaire, un homme de labour, des tanneurs, le lieutenant particulier de Charroux, un marchand mercier du Dauphiné fixé dans la ville, depuis dix ans.

En 1602, lorsque fut refait le rôle de la bourgeoisie, ce qui devait avoir lieu tous les dix ans et ne se faisait pas régulièrement, le maximum de la taxe était de 6 sols, le minimum de 18 deniers ; il y avait cent quatre-vingt-dix-neuf bourgeois, payant : quatre, 5 sols ; six, 3 sols ; trente-neuf, 2 sols ; tous les autres payaient 18 deniers. La ville comptait soixante-seize bourgeois, il y en avait trente-trois à la Marche, quarante-quatre à Maulpertuis; les autres étaient de la campagne.

Dans la liste des consuls, nous trouvons quelques noms de familles intéressant encore le pays: Bonnelat, Delesvaux, Esmonnet, Ponthenier, Desrosiers.

En 1620, par une de ces mesures fiscales qu'avait inventées le gouvernement toujours à court d'argent, un gouverneur fut donné à Charroux; c'était un de ses voisins, noble Jehan Barrin (1), écuyer, sieur de Rulliers (2). La lettre concernant sa nomination est signée par de Saint-Gérand, gouverneur du Bourbonnais, qui fit installer le nouveau titulaire le 6 juillet; le 12, les habitants lui jurèrent obéissance.

Les registres ont quelques notes curieuses concernant le prix des denrées :

En 1596, le froment vaut 2 écus 40 sols, ou 3 écus le septier. Les boulangers spéculaient effrontément et vendaient le pain comme s'ils avaient payé le grain 5 ou 6 écus le septier; de plus, ils ne faisaient pas le poids. L'assemblée consulaire n'hésita pas à taxer le pain à 12 deniers la livre, se réservant d'élever le prix si le grain augmentait. Les dix boulangers furent menacés de poursuites s'ils contrevenaient à la taxe et faisaient faux poids.

En 1602, le septier de froment vaut de 40 à 45 sols; celui de blé méteil, de 30 à 40; celui d'orge de mars, de 25 à 30, et celui d'avoine, de 20 à 25. Le tonneau de vin

(1) C'était le descendant de ces Barrin que les habitants poursuivaient, en 1597, pour leur faire payer la taille dont ils se prétendaient exempts comme nobles; le corps commun leur contestait vivement le titre d'écuyer qu'ils prenaient. (Reg. de Charroux.)

(2) Sur Saint-Bonnet-de-Rochefort.

rouge se vend de 6 à 7 écus; celui de clairet, de 4 à 5, et celui de vin blanc, de 3 à 4.

A ce début du XVIIe siècle, le pays était malheureux. Les consuls et habitants gémissaient ensemble sur les charges excessives de la taille et du taillon, les impôts extraordinaires qui s'y ajoutent, et aussi « sur la villeté des denrées ».

La ville, qui avait eu un petit domaine, en avait aliéné la plus grande partie dans les temps de misère; il ne lui restait que le Max de Charroux, grevé de dîmes considérables. Son marché devant l'église donnait à peine 15 écus de ferme par an.

La population, aux époques dont nous pouvons parler, a bien varié.

En 1569, Nicolay donnait, à la ville et aux faubourgs, 300 feux, ou environ 1.500 âmes; en 1614, Férault-Dagnet a évalué la population à 60 ou 80 feux seulement, soit 300 à 400 habitants au plus. Si on accepte ces données statistiques, on voit que, en quarante-cinq ans, les événements dont le pays fut le théâtre auraient amené une diminution des quatre cinquièmes. Soixante-douze ans après Nicolay, Le Vayer parle de 600 habitants et il ajoute : « Charroux a été autrefois une ville assez peuplée et jolie » ; on peut interpréter cette réflexion ainsi : en 1698, la ville avait perdu une notable partie de ses habitants, et ses édifices avaient bien souffert.

D'après Nicolay et Férault-Dagnet (1569-1614), Charroux était alors un des sièges particuliers de la châtellenie de Chantelle, et tous les quinze jours les officiers de ce siège capital venaient à Charroux juger les affaires pour les habitants; un auditoire était loué 100 sols par an.

En 1698, d'après Le Vayer, la ville avait le siège d'une châtellenie. Rien ne confirme l'existence même temporaire de cette juridiction centrale, mais il y eut, depuis 1602 au moins, un changement qui, sans transformer en châtellenie le siège particulier de Charroux, créa dans la ville, toujours par mesure fiscale, les offices nécessaires pour un siège annexe de justice, et supprima ainsi le transport des officiers de Chantelle.

Les registres du consulat constatent souvent, depuis les premières années du XVIIe siècle, la présence, aux assemblées municipales (1), d'un lieutenant de la ville, que quelques documents appellent à tort le lieutenant général, et l'existence d'un procureur du roi, de son substitut, d'un greffier et d'avocats : c'était le tribunal du siège annexe.

En 1790, Charroux devint un chef-lieu de canton du district de Gannat ayant huit communes : Charroux, 1.300 âmes ; Ussel, 500 ; Saint-Germain-de-Salles, 212 ; Saint-Cyprien, 134 ; Salles, 256 ; Naves et Lajonchère, 800 ; Senat, 280 ; Taxat, 340 ; soit un total de 3.822 âmes.

L'organisation de l'an VIII supprima la division de 1790, et rattacha les communes du canton de Charroux à ceux de Chantelle ou d'Ebreuil.

L'*Armorial du Bourbonnais* donne à Charroux de charmantes armoiries : *de sinople à un char d'argent*. Sont-elles véritablement celles que la ville avait, ou sont-elles dues à l'imagination coutumière d'un commis travaillant à l'enregistrement d'office des armoiries en 1696? Nous le croyons, mais Charroux a eu des armoiries qui sont inconnues. Un article des comptes de l'église, que nous reproduisons plus loin, dit que, en 1633, le curé faisait peindre un tableau sur lequel elles devaient figurer.

Les registres paroissiaux ne donnent pas d'autres rensei-

(1) 1602, 1605, 1614, 1615, Bonnelat, lieutenant au siège présidial de Charroux ; de la Chaussée ; Maussant, substitut du procureur du roi ; 1620-1627, Philippe Charles, avocat, faisant fonction de procureur du roi et de prévôt ; Maussant, substitut du procureur du roi au siège de Charroux.

gnements intéressants ; on y voit que la ville avait des drapiers, des marchands, des vignerons, des tanneurs ; ces tanneurs ne sont pas toutefois en nombre justifiant ce que l'on a raconté sur l'importance de cette industrie locale.

Au XVIe siècle, il y a un recteur des écoles ; au XVIIe, le barbier-chirurgien était remplacé par un médecin et un apothicaire. Les familles bourgeoises des Delavauvre, Boyron, Ponthenier, Desroziers, Donat, Richard, Rouer, Delesvaux, Bonnelat, médecins, notaires, occupaient aussi les places de consuls, d'échevins, d'avocats, de procureurs, et se préparaient à de plus hautes situations.

Des familles nobles, possessionnées dans les paroisses voisines, faisaient visite à la ville : les Chauvigny de Blot, de Rollat, d'Arfeuilles de Douzon, du Buysson de Mons, de Brinon, Martin de Frémont. Au XVIIIe siècle, la ville, un des quinze lieux d'étape de la province, était animée et pressurée par le passage ou le séjour de troupes : régiments de Normandie, de la Couronne, de Piémont, dont plusieurs officiers et sergents servaient galamment de parrains aux enfants de leurs hôtes.

Promenons-nous maintenant vers l'église, autour des restes des tours et des murs d'enceinte, à la commanderie de la Marche, et voyons ce qui rappelle le passé de la vieille ville.

De l'époque où Charroux figurait au nombre des villes closes du Bourbonnais, ce qui lui faisait payer spécialement 140 écus d'imposition annuelle, il n'y a que des constructions peu importantes : des tours d'enceinte mutilées, deux vieilles portes réparées ou reconstruites après les assauts de l'ennemi, quelques épais pans de murs que démolit un peu chaque jour la pioche du maçon (1), une église antique,

(1) Les habitants ont contribué largement à la ruine des remparts. En 1776, ils transformaient en carrière les murs et les tours et y pre-

dont le clocher, sans flèche et mal coiffé, frappe désagréablement les regards du voyageur.

Les fossés sont comblés depuis longtemps, mais les chemins établis sur leur emplacement et de profondes et larges excavations que l'on remarque dans quelques jardins jalonnent la limite du terrain qu'occupait la ville close. Il ne reste aucun autre vestige du château que l'emplacement circulaire délimité par les rues de la Mairie, de la Ferraillerie, des Tanneries, Hennequin; une rue dite du Château coupe cet emplacement et doit fixer les places où se trouvaient les portes. Près de ces rues il y a celle de l'Auditoire, où la ville avait le local dans lequel siégeait le juge.

L'intérieur du bourg, qui est loin d'avoir l'aspect propret et riant des villages bourbonnais, est percé de petites rues étroites et souvent tortueuses aboutissant aux voies menant autrefois des portes au château et à l'église. Quelques maisons ont des fragments antérieurs au XVIe siècle; c'est cette époque que rappellent surtout quelques vieux logis, par leurs encadrements de portes et de fenêtres.

Dans une ferme du faubourg de la Marche, appartenant à la famille Pouillen, on nous a montré une porte de grange, surmontée d'un panneau formé de trois pierres sculptées représentant l'alliance de Bacchus avec Cérès et Vénus; au centre, le fils de Jupiter, couronné de pampres, est à cheval sur un tonneau, le verre en main; à droite, Vénus est couchée tenant un miroir; à gauche, Cérès est étendue sur une gerbe d'épis, un bouquet de fleurs à la main; au-dessous des trois personnages est gravé l'adage antique:

SINE CERERE ET BACCHO FRIGET VENUS (1)

naient les pierres dont ils avaient besoin, pensant qu'elles étaient à eux; aux observations des consuls, ils répondirent qu'ils enlèveraient encore des pierres, s'ils en avaient besoin.

(1) Le pain et le vin sont les stimulants de l'amour.

Cette sculpture, curieuse et décorative, est d'une exécution assez inhabile et ne nous paraît pas antérieure au XVIe siècle ; on n'a pu nous dire de quel édifice elle provient ; elle a été fort endommagée, le Bacchus a surtout souffert.

Charroux eut deux paroisses (1) : celle de la ville, desservie par l'église de « Mgr saint Jehan », encore existante, et la paroisse de « Mgr saint Sébastien », sanctuaire situé en dehors des murs, près de l'enceinte circulaire plantée d'arbres, que l'on prend souvent pour les vestiges d'une vieille tour (2). De ce petit square, le promeneur jouit d'une belle vue au Nord, à l'Est et à l'Ouest, sur les environs. Saint-Sébastien dépendait du diocèse de Bourges et le curé était à la nomination du prieur de Saint-Germain de Sales.

A la Révolution (3), l'église, le cimetière et les propriétés de Saint-Sébastien : vieille maison, dix œuvres de vignes, terres, le pré du pâturail des Bassot et celui de Chirat furent vendus : l'église et le cimetière à Boirat, le reste à divers. Il ne reste de l'église que de gros murs sur lesquels a été construite la maison voisine du square.

Eglise Saint-Jean

Elle dépendait du diocèse de Clermont et de la commanderie de la Marche ; c'est un édifice de l'époque romane : le portail intéresse, bien qu'il ait été dégradé ; plusieurs des colonnes qui le décorent sur les côtés ont été brisées, et des

(1) Nicolay, t. II, p. 131.
(2) Petit square fait, en 1848, pour donner du travail aux ouvriers.
(3) Archives de l'Allier, Q. 88.

panneaux de bois remplacent le tympan en pierre sculptée, sur lequel se détachait une archivolte découpée en quatre lobes en tiers-point encore en place, mais fragmentée.

Intérieurement, l'église est en bon état; elle a une nef romane flanquée de deux bas-côtés, appartenant au style de transition; les colonnes sont surmontées de chapiteaux petits, mais décorés d'ornements ou de feuillages artistement fouillés; un seul chapiteau montre deux personnages assis, un livre à la main.

La jolie tour du clocher est assise sur le transept; c'est une construction très soignée, qui est percée de hautes et larges baies ogivales coupées d'arcades secondaires trilobées, d'un dessin savant; la flèche a été coupée presque au ras de la tour et n'a plus que quelques assises de pierre portant un vilain toit en forme d'appentis.

L'abbé Boudant a raconté (1) que l'église fut détruite jusqu'aux voûtes, en 1568, par les Protestants, et que, selon la tradition locale, elle fut réparée avec le produit d'une souscription; que la flèche fut abattue, en 1777, par la foudre, et qu'elle aurait été reconstruite aux frais de quatre tanneurs de Charroux, dont les têtes sculptées figurent aux quatre angles de la voûte du clocher; ces tanneurs étaient bien laids. La grosse cloche porte la date de 1518.

La flèche fut abattue en 1793, dit toujours la tradition.

Sauf un vieux bénitier, bloc de pierre rond, que l'on trouve dans l'église, en entrant, il n'y a rien à remarquer.

Après les dernières guerres, l'édifice était en ruines; en 1698, Le Vayer (2) mentionne que l'on n'y pouvait entrer

(1) Dans sa brochure sur Charroux, et dans des notes que nous avons achetées chez le brocanteur Béchu.

(2) P. 57 n.

sans péril ; il était d'avis, pour les réparations urgentes, d'imposer, sur tous les habitants de la ville, une somme de 1.600 livres, à consacrer à la nef, le clocher sur le chœur devant être rétabli aux frais des gros décimateurs. Les habitants consentirent, la même année, à l'imposition, mais le commandeur de la Marche, Antoine de Fougères, protesta contre les 164 livres auxquelles il était taxé, prétendant n'être soumis qu'aux réparations du chœur.

Un petit cahier des recettes des deniers de l'église de « monseigneur sainct Jehan de Charroux », allant de 1607 à 1635 (1), contient quelques menus détails sur le mobilier et les réparations. Le mobilier ne pouvait être riche, après tous les pillages que Charroux avait subis ; les Protestants et ceux qui ne l'étaient pas n'avaient certainement pas dédaigné les objets précieux, et respecté les tableaux et statues. Voici ce que nous détachons de ces comptes :

Les dépenses montrent que le mobilier et les ornements étaient sans valeur : lampes de verre, chandeliers de cuivre et de bois, vêtements sacerdotaux de peu de prix. On relève quelques achats coûteux : en 1616, étoffes pour le grand autel ; en 1624, chappe de velours noir, bâton de croix, falot pour le feu lorsqu'on porte le Saint-Sacrement ; en 1629, peinture du devant du grand autel, des piliers de l'impériale, avec un semis de L couronnées et de fleurs de lys ; en 1633, un tableau ayant le crucifix, « l'imaige de la Vierge et de sainct Jehan l'évangéliste d'ung cousté et de l'aultre les imaiges de sainct Jehan-Batiste, sainct Anthoine et sainct Sébastien, de l'aultre aussy les armoiries de la ville ».

On fit souvent des réparations aux cloches, aux portes, au carrelage de l'église, aux vitres ; en 1627, un ouvrier

(1) Archives de l'Allier.

fournit des losanges de verre, parce que les vitraux avaient été détruits.

En 1626, la pointe du clocher tomba sur la voûte de l'église, au-dessus de la lampe de Notre-Dame.

Il y avait les autels Saint-Luc, Saint-Etienne, Sainte-Barbe, Sainte-Marguerite et celui d'une confrérie du Corps de Dieu.

En 1616, on plaça une croix au devant du portail.

Des amendes infligées à des délinquants, probablement des marchands, et à « un coquetier de Molins », furent attribuées à l'église. C'était le curé qui faisait réparer la Maison-Dieu ou Hôtel-Dieu.

Les annales paroissiales relatent deux baptêmes de cloches : 1676, une sonneuse, appelée Françoise, eut pour parrain messire Morand (1), conseiller du roi au siège présidial de Moulins, accompagnant la damoiselle Françoise Martin, épouse de François Barrin, écuyer, sieur des Ruliers ; une autre cloche, appelée Gabrielle, eut pour parrain et marraine Simon Bougarel, avocat en parlement, et Gabrielle Bonnelat, veuve de Aligier, sieur de Garnin.

En 1770, une quatrième cloche, nommée Saint-Michel, fut baptisée ; elle eut pour parrain Gilbert-Antoine Bonnelat, bourgeois, premier échevin de Charroux, assisté de Michel Poulot, notaire, deuxième échevin, et pour marraine Procule Chartier, épouse de J.-B. Delan, un des trois notaires royaux de Charroux. Pour la cérémonie, la cloche fut habillée d'une très belle mousseline (2) décorée de son nom ; l'étoffe servit ensuite de devant d'autel. A la Révolution, les biens de l'église Saint-Jean (3) furent vendus : la

(1) François Morand, conseiller depuis 1654.
(2) Etoffes venant de l'étranger et alors d'un prix élevé.
(3) Archives de l'Allier, Q. 89.

cure et un enclos de terre près la Chaume du Vent, le tout pour 37.500 livres. Les biens de la vicairie de Sainte-Barbe : vignes, terres, une chapelle en la ville, près le cimetière, produisirent 11.050 livres.

Un domaine appartenant aux communalistes de l'église Saint-Jean fut également aliéné.

Commanderie de Saint-Antoine

Cet établissement était situé en dehors de l'enceinte de la ville ; les bâtiments qui en restent sont, à gauche, en arrivant à Charroux, après avoir passé l'école et le champ de foire ; il y a encore de curieuses fenêtres du XVe siècle. La commanderie appartenait à l'ordre de Saint-Antoine du Viennois et était appelé l'Hôpital ; ce nom était donné aussi au faubourg le touchant.

Pour s'éviter les soucis d'administration, le commandeur de Saint-Antoine (1) affermait son revenu aux curés de Saint-Jean et de Saint-Antoine, et en tirait une cinquantaine de livres ; on avait stipulé, dans le contrat, qu'il serait fourni chaque année, au commandeur, « six jambons de pourceaux bons et raisonnables ». Les fermiers étaient tenus de faire dire la messe dans l'église de la commanderie les jours de grande fête, d'y faire l'eau bénite tous les dimanches, d'y recevoir les processions et d'y faire chanter tous les jours, à l'heure accoutumée, un salut et d'autres antiennes à l'intention des bienfaiteurs.

En 1637, Jacques Haure, commandeur de Saint-Antoine de Montferrand, céda les bâtiments de la commanderie de Charroux à dame Philippe de Thianges, religieuse de

(1) *Archives historiques du Bourbonnais*, t. 1er, p. 124 et 226.

l'abbaye de Charenton, pour en faire un monastère de dames de l'ordre de Saint-Benoît. A cet établissement furent annexés plus tard un pensionnat où étaient élevées les jeunes filles des familles notables du pays, et une maison dans laquelle pouvaient se retirer des dames renonçant au monde. Les registres paroissiaux donnent des noms de ces pensionnaires ; cette maison d'instruction n'existait plus au moment de la Révolution (1), et les bâtiments servaient alors à enfermer les femmes de mauvaise conduite.

Ce couvent possédait un corps de logis, une église, cour, boulangerie, etc., un domaine au quartier de Moirnal, une grange, des terres et vignes aux terroirs de Clérat, Poulignat, du Féroux, de Liambardon, des Vignaux, du clos Saint-Antoine. Le tout, aliéné en 1792 et 1793, produisit plus de 38.000 livres (2).

Commanderie de la Marche

Bien plus importante que celle de Saint-Antoine, au point de vue du revenu, elle était située à deux kilomètres de Charroux, le long de la route qui va à Chantelle, à l'extrémité du plateau qui domine tout le territoire compris entre la localité et son chef-lieu de canton.

Le touriste y trouve aujourd'hui le mur de fond d'une chapelle et une vieille église transformée en grange ; autour, il y a des bâtiments ruraux : c'est tout ce qui a survécu de la commanderie établie là, depuis le XIe siècle au moins, par l'ordre du Temple. Elle se composait d'une église et de bâtiments assez vastes entourés en partie de galeries, défendus par de hautes murailles, avec un portail

(1) Coiffier-Demoret, t. II, p. 69.
(2) Archives de l'Allier, Q. 51, 98, 121.

de pierre muni d'une porte de bois. Un petit domaine formé de terres, de prés, de vignes, de bois et de dîmes assez considérables sur les paroisses de Charroux, d'Ussel, d'Etroussat, de Salles, de Saint-Germain-de-Salles, de Bellenaves et de Naves, constituait le revenu. L'établissement avait le pacage dans la forêt de « Paguers », l'usage au bois pour le chauffage et les constructions.

Le titulaire de la commanderie devait faire distribuer aux pauvres, à la Marche, le dimanche gras, trente septiers de grain et fournir dix livres, destinées à acheter un bœuf dont la viande était répartie entre les malheureux.

Après la suppression de l'ordre du Temple, la Marche passa aux Hospitaliers; la commanderie partagea, au XVIe siècle, la mauvaise fortune de Charroux, et l'armée protestante ne la ménagea pas plus que sa voisine. Ses bâtiments furent complètement ruinés et les réparations, entreprises après les troubles, n'eurent pas pour but de rétablir les anciennes constructions; on fit les quelques travaux strictement nécessaires pour se servir des bâtiments.

Les revenus, mal surveillés par les fermiers, diminuèrent d'année en année; les dîmes cessèrent d'être exigées conformément aux titres, dont une partie n'avait pas été renouvelée, et on n'arriva qu'à recevoir peu de grains, du vin et quelques poules.

Le 30 septembre 1793, le domaine de la Marche appartenant à la commanderie, estimé 36.900 livres par Petit, de Chantelle, le 12 juillet précédent, fut acquis par Pierre Boirot, tanneur à Charroux, pour 50.000 livres.

Le Pérou

En ce lieu, situé au Nord de Charroux, exista un couvent qui fut détruit de fond en comble par les Protestants, en

1586, quand ils saccagèrent la ville et la commanderie de la Marche.

*
* *

La situation de Charroux, à l'époque actuelle, peut se résumer en quelques lignes : 1.042 hectares sont travaillés par la petite culture et donnent abondamment du blé, du vin et des fourrages ; beaucoup de ses habitants sont dans une situation fortunée ; un commerce spécial de beurre fait au loin de sérieux envois. On ne parle plus de la succulente moutarde de Charroux, ni de ses escargots qui eurent autrefois une grande réputation, si cette renommée n'est pas une plaisanterie des voisins qui paraissent n'avoir pas eu toujours une grande sympathie pour ses habitants.

La population tend à diminuer tous les ans ; d'après le recensement de 1906, il y a 392 ménages représentant 1.061 habitants et 415 maisons, soit 239 âmes de moins qu'en 1790. La ligne d'intérêt local de Chantelle à Ebreuil a une station au bas de Charroux.

CHAPITRE V

CHEZELLE

A UNE époque très ancienne, le lieu qui s'appelait *Casella,* synonyme de chaumière, était un très petit hameau ; les siècles s'écoulèrent et la situation du village ne changea guère : en 1836, il n'avait comme agglomération que sept maisons. Chezelle a, autour de ses 726 hectares : au Nord, Monestier ; à l'Est, Taxat-Senat ; Chantelle au Nord-Ouest ; au Sud, Saint-Bonnet-de-Rochefort. Le nombre des maisons a augmenté ; il y a aujourd'hui un véritable bourg, qui a un bon aspect ; ce sont des habitations de cultivateurs, deux ou trois auberges, de petits magasins ; tout est groupé sur la place, aux alentours de l'église et du cimetière, près de la mairie et des écoles.

L'église est un monument du XIIe ou XIIIe siècle, qui n'eut primitivement qu'un campanile ; vers 1867, on l'a dotée d'un clocher en pierre blanche, couvert en ardoises ; cette adjonction n'est pas heureuse. A l'intérieur, l'édifice se compose de la nef étroite et des deux petits collatéraux des églises romanes ; au fond, l'autel principal est entouré de deux chapelles ; aucune sculpture n'est à remarquer, et le mobilier n'a pas d'intérêt. On a conservé à peu près les anciennes dispositions de la couverture en tuiles creuses ; l'abside et les chapelles sont voûtées en cul-de-four ; les murs ont encore les anciennes ouvertures.

L'église de Chezelle, *ecclesia de Casellis,* l'église des chaumières, a été mentionnée en 1154, dans une bulle d'Adrien IV, parmi les possessions des chanoines réguliers d'Evaux, dans le diocèse de Bourges ; elle eut successivement pour patron saint Pierre et saint Jean-Baptiste (1).

Voici des noms d'anciens chapelains ou prieurs-curés (2): 1296, Jean Pichanin; 1448, du Tremblay; 1569, Louis Bourgoin ; 1639-1672, Louis Rouher ; 1675, Pierre Rouher dit Montroignon.

« Chezelle, prieuré et cure, 59 feux », dit Nicolay en 1569 ; le prieuré-cure valait 60 livres.

En 1686, d'Argouges cite uniquement Pierre du Buysson, qui avait le fief de Montchoisy ; le terroir était à froment, seigle et vigne, et la paroisse avait 35 feux (3).

C'est à la terre de Montchoisy que tiennent les souvenirs qui peuvent nous intéresser.

Montchoisy

Ce fief n'aurait pas eu de château, mais un simple logis, grande maison devenue un logement de fermiers. Le lieu fut habité bien avant le XIVe siècle (4) ; deux Roger de Montchory, Montchosit, le père et le fils, avouèrent, l'un en 1322, l'autre en 1352, cens, rentes et droits d'usage en la forêt de Tronceon (ce qui ne se donnait pas au premier venu), partie du bois appelé Chassenhet et le moulin de Crochepaul, sur les paroisses de Bellenaves, Chazelle et de Saint-Bonit (Chantelle) ; cet article doit se rapporter à Montchoisy ; il y a, pour le nom des déclarants, une de

(1) Abbé Moret, *les Paroisses bourbonnaises.*

(2) Archives de l'Allier, Q. 54, 84, 91, 112, 113.

(3) 295 et 175 âmes ; la diminution entre les deux époques est considérable, comme dans toute la région.

(4) *Noms féodaux.*

ces déformations très fréquentes dans les *Noms féodaux*; dans le même article, Chazelle est mis pour Chezelle, et Saint-Bonit pour Saint-Bonnet.

Dans le courant du XVIIe siècle, Montchoisy avait le logis dont nous avons parlé, et il était à un du Buysson. Nous ne constatons que deux fois, dans les registres paroissiaux, le séjour de gentilshommes, sieurs du lieu; en 1629, Antoine du Buisson (1), sieur de Fougnat ou Fognat, trésorier général des finances au bureau de Moulins, était parrain avec noble dame Marie de Bellenaves; en 1633-1636, Charlotte Millet, femme de Gilbert Dubuisson (2), sieur de la Cave, conseiller du roy en la sénéchaussée de Bourbonnais, fut marraine à Chezelle.

Pour un du Buysson, de Montchoisy, des renseignements biographiques de 1664 (3) mettent ce personnage en relief. André du Buisson, seigneur de Montchoisy, fils de Philibert et de Charlotte Millet, né en 1633, était en 1652 lieutenant au régiment de Mercœur, et capitaine au régiment de Normandie, en 1658; il alla à Cayenne avec M. de la Barre. Il avait peu de biens. Après une brillante carrière, il devint brigadier des armées du roi, fut tué au siège de Philippsbourg en 1688. Il mourut sans alliance, et la terre resta dans sa famille, car, dans les dernières années du XVIIIe siècle, un Joseph Dubuisson, ancien capitaine au régiment de Normandie, époux de Madeleine Janet, était sieur de Montchoisy.

(1) Devait avoir le prénom de Nicolas; un autre du Buisson, Jean, était trésorier en 1627.

(2) André et non Gilbert, fils de Jean et de Jeanne Verne du Fraigne; remplaça son père comme trésorier, le 25 avril 1658.

(3) Du Broc, *Noblesse militaire sous Louis XIV. (Bulletin de la Société d'émulation*, 1898, p. 76.)

Malgré nos recherches, cette notice ne peut être développée davantage.

*
* *

Chezelle est actuellement un pays de vignobles que le phylloxéra a ravagés. Sur les coteaux, on est en train de reconstituer les vignes ; on récolte d'assez bon vin, des céréales, des noix, des pommes de terre. Le pays plat est arrosé par le Boublon ; il y a aussi un petit ruisselet dit du Moulin-Neuf.

La population n'a pas sensiblement augmenté depuis le XVIe siècle, où elle était de 295 âmes ; au XVIIe, il y avait 175 habitants ; fin du XVIIIe, 250 ; en 1810, 300 ; puis, en 1836, 503 ; en 1851, 545 ; en 1886, 442 ; en 1907, 454.

Il n'y a aucune industrie.

Chezelle dépend, depuis 1790, du canton de Chantelle.

CHAPITRE VI

DENEUILLE

Le nom du pays vient de *Donolium*, qui veut dire lieu planté de chênes ; le sol de cette vieille paroisse aurait donc été jadis couvert par des bois, formant un tènement considérable, dont il ne reste, aujourd'hui, que la partie constituant la forêt de Giverzat, et, plus loin, les taillis dits bois de Chantelle. Il fut un temps où ces massifs forestiers devaient se réunir à la forêt de Vacheresse et aux autres bois s'étendant sur Fleuriel, Bransat et Lafeline.

Le territoire de la commune est si peu éloigné de celui de Chantelle, que la création d'un village à Deneuille n'aurait pas eu lieu, si les communications entre les deux terroirs n'avaient pas été coupées par la Bouble, aux eaux souvent torrentueuses, et surtout par les ravins, si larges et si profonds, dans lesquels coule la rivière. Les habitants de la rive gauche du cours d'eau, entre Monestier et Fleuriel, devaient forcément s'écarter de Chantelle et construire des habitations vers leurs champs, dans un endroit qui leur permît de les cultiver sans difficulté. Cette installation remonte à une époque très ancienne, bien avant le XIIIe siècle, date à laquelle on trouve le nom de la paroisse de *Donolio*. Ce fut à l'origine, et depuis, un petit hameau, au sol ingrat pour la culture.

En 1569, Nicolay a dit de Deneuille :

Prieuré-cure contre Chantelle, Bouble entre deux, contient 34 feux [170 habitants au plus].

Le prieur-curé s'appelait Jacques Guillouet et son bénéfice valait 60 livres. Le géographe ne signale aucun possesseur de terre ; nous croyons que les terres dépendaient des fiefs voisins.

D'Argouges écrit, en 1686 :

Deneuille, seigneur le roi et M. le Duc ; terroir à seigle, 30 feux [150 habitants] ; la rivière de Bouble très rapide y passe.

Le chiffre de la taille, de 1683 à 1689, n'a pas dépassé 184 livres. Comme Nicolay, l'intendant ne note aucun possesseur de marque. A tous les points de vue, la paroisse de Deneuille était une des plus petites de la châtellenie de Chantelle, et il faut arriver aux premières années du XIXe siècle pour que la création de vignobles vienne apporter au pays la source de quelque prospérité.

Jadis il y eut, à Deneuille, une très petite agglomération composée de quelques maisons plus ou moins groupées à proximité de l'église et de la cure ; quand le bourg grandit, les constructions ne se firent pas à cet endroit, et elles s'éparpillèrent le long du seul chemin qui traversait et traverse encore la localité, allant de la route de Saint-Pourçain à Target par Monestier ; le centre du village peut être placé vers la mairie et les écoles. C'est près de là que se trouvent les restes de la vieille église romane, de la cure et de l'ancien cimetière, aliénés à la Révolution et achetés par Jean-Baptiste Desenne, pour 5.214 livres. L'acquéreur (1) était le ci-devant curé de la paroisse ; il épousa, le 4 ventôse an II, Jeanne-Marie-Félicité Ponthenier, ex-supérieure du couvent de Chantelle, la fille du notaire de

(1) Ces renseignements et quelques-uns de ceux qui suivent nous ont été fournis obligeamment par M. Charret, instituteur.

Charroux. L'une de leurs deux filles, Claudine, se maria avec Jacques-Etienne Baudet, de Gannat, grand-père de M. Baudet-Varennes, sous-préfet de Saint-Giron, le propriétaire actuel de l'ancienne église et de la cure ; celle-ci est sa maison d'habitation et le sanctuaire a été transformé en grange. De cet édifice il ne reste que le chœur, et sous les couches de badigeon recouvrant les murs on aperçoit quelques traces de peintures.

Des écoles et de tous les champs de Deneuille, on a une vue réellement curieuse de la ville de Chantelle, du prieuré et des ravins dans lesquels on descend par des sentiers assez difficiles. Ces bords de la rivière sont très pittoresques, et les excursionnistes qui s'arrêtent au chef-lieu de canton feront bien de consacrer quelques heures à une promenade sur les bords de la Bouble.

Quelques jolies maisons de campagne s'élèvent un peu plus loin que les écoles, aux flancs des ravins.

Nous ne connaissons que deux vieilles familles ayant vécu à Deneuille, celles du Cluzier et de Chambort.

Le Cluzier

Ce petit manoir avait été édifié, paraît-il, au XVIIe siècle, par un membre d'une famille Cluzier qui lui donna son nom : on trouve (1), en 1630, 1654 et 1662, un Pierre du Cluzier, seigneur du lieu ; en 1714, Jean du Cluzier, garde du roi, et son frère Robert-François, fils de Jean-Pierre, qui fut inhumé dans l'église de Deneuille. Jean, à cause de Marie Blein, sa femme, veuve d'Annet Pelisson, avouait, comme tuteur des enfants Pelisson, le fief et seigneurie de Tignat (Fleuriel).

(1) *Noms féodaux.*

Le manoir du Cluzier a été démoli, dans le milieu du XIXe siècle, pour faire place à une maison bourgeoise.

Chambort

Cette habitation, dont le nom veut dire champ de la métairie, de la ferme, domine les ravins de la Bouble, rive gauche, derrière le prieuré ; c'est une construction rectangulaire, assez importante, dont une façade est coupée d'une tour carrée. Sauf la grande hauteur de l'habitation, on retrouve le plan habituel du logis du XVIe siècle, et il est plus que probable que la reconstruction a utilisé les murs existant autrefois. Le rez-de-chaussée (1) seul est ancien, ainsi que deux étages de la tour ; une fenêtre a encore des restes de sculpture du XVIe siècle, et il y avait, lors des travaux de transformation, vers 1858, d'autres ouvertures de la même époque ; une salle du bas était pourvue d'une grande cheminée sculptée qui a disparu. On a, plusieurs fois, découvert, dans les terrains voisins de Chambort, des ossements en assez grande quantité, sans doute les restes de quelques victimes des guerres de religion ou de la Ligue.

Nous n'avons aucun renseignement sur les possesseurs de Chambort avant ceux que nous indiquent les registres paroissiaux de Deneuille. Ils apparaissent dans les actes, assistant à des baptêmes comme parrains ou marraines : Philippe de Chambort, écuyer, et Péronnelle Regnault de Chandiaux, sa femme, eurent deux filles, Eléonore et Charlotte. La statistique nobiliaire de 1664, à laquelle nous avons déjà eu recours, parle, croyons-nous, de ce

(1) Renseignements donnés par M. Charrière, avocat, fils de la propriétaire du château.

Chambort, de Deneuille, qui avait fait quelques campagnes et avait 2.000 livres de rentes.

Eléonore épousa, le 12 novembre 1662, Marc de Vallezergue, sieur de la Chassaigne. Charlotte se maria avec Louis Mareschal de Franchesse, fils de Claude, seigneur de Franchesse, Bouquetraud, la Chapelle, les Quatre-Vents, et de Charlotte du Chasteau.

Philippe de Chambort mourut le 14 septembre 1666, dans son château de Deneuille, et la terre passa à son gendre Mareschal. Sa famille l'avait encore à la fin du XVIIIe siècle; elle fut ensuite aux Guillomet, et, par leurs filles, aux Mathivon et à Mme Charrière.

***

Les registres paroissiaux nous ont donné peu de choses, en dehors des renseignements concernant les deux familles dont nous avons parlé. On voit que des tanneries existaient en 1662, que la paroisse avait un chirurgien en 1683, et que les Lomet étaient possessionnés sur Deneuille, en 1667, à Champfort (Champforêt). On trouve aussi, assistant à des baptêmes: en 1662, Jean Combarad, écuyer, sieur de la Roche, capitaine de la garnison de Chantelle-la-Vieille (poste de gabelle); en 1672 et à d'autres époques, Guillaume Meige, contrôleur des droits forains et capitaine de la compagnie ambulante de Chantelle (toujours de la gabelle). Pour faire honneur à sa commère, Louise du Cluzier, le contrôleur Meige mobilisa, pour un baptême, toute sa compagnie.

Un acte assez curieux est daté du 2 mars 1671 et concerne le mariage de Jean-François Fraisse, apothicaire à Chantelle, avec Marie Robillard. Ces deux amoureux avaient sans doute trop souvent flirté le long de la Bouble, car, à la cérémonie nuptiale, ils confessèrent naïvement que,

« pour avoir eu une trop grande familiarité l'un avec l'autre, il s'en était suivi les effects et que la dite demoiselle estoit grosse de six à sept mois ».

Une autre note signale que la Bouble eut une crue extraordinaire, le 29 avril 1750.

*
* *

La commune de Deneuille a une superficie de 820 hectares, limitée au Nord par Fleuriel ; à l'Ouest, par Monestier ; au Sud et à l'Est, par Chantelle ; le point le plus élevé a une altitude de 366 mètres. Le terrain est presque totalement granitique ; au Nord-Est se trouvent des sables et galets quartzeux mélangés d'argile. C'est dans cette partie que la vigne était cultivée et que se font les nouvelles plantations.

La population était : au XVIe siècle, de 170 habitants ; au XVIIe, de 150 ; en 1710, de 325 ; en 1823, de 410 ; en 1851, de 450 ; depuis cette époque, elle a baissé considérablement : 306 habitants en 1901 et 282 au dernier recensement. C'est le sort qui attend toutes les communes qui n'ont aucune industrie.

Deneuille n'a ni foire, ni marché ; il profite de ses vins, céréales et animaux de ferme ; le moulin de Couvier est surtout une usine fournissant aux besoins locaux.

La commune a passé, en 1790, de la châtellenie de Chantelle au canton dont cette ville fut le chef-lieu.

CHAPITRE VII

ETROUSSAT

Son nom antique, *Extrociacus* (1), est encore un de ceux qui indiquent l'existence d'une villa gallo-romaine. Aucune découverte archéologique n'a eu lieu, même lorsque les terrains ont été remués à une grande profondeur, un peu partout, pour la construction et les défonçages exigés par la culture de la vigne.

L'histoire du chef-lieu de l'ancienne paroisse se résume dans les faits suivants :

A la fin du XIIe siècle, le 30 mai 1190 (2), le pape Clément III confirma Guillaume, évêque de Clermont, dans la possession d'un grand nombre d'églises, au nombre desquelles figurait celle d'Etroussat. C'était peut-être le sanctuaire dédié à saint Georges, qui a été démoli à la fin du siècle dernier pour faire place à l'église actuelle, construite en partie, nous a-t-on dit, avec les matériaux de deux vieux édifices voisins : l'église de Cintrat et le château de Nades.

C'est un vaste édifice, dont la longue nef est encadrée de deux élégants collatéraux. L'architecte a eu l'heureuse idée de donner au sculpteur chargé de décorer les chapiteaux surmontant les colonnes de la nef et des collatéraux, des modèles anciens des XIIe et XIIIe siècles. L'église a quelques vieilles statues en bois, du XVIIe siècle, par exemple une

---

(1) *Noms féodaux;* Chazaud, *Dictionnaire des noms de lieux habités.*
(2) Abbé Morel, *Paroisses bourbonnaises*, p. 508-575.

« Pieta », avec sa dorure du temps, et un saint Georges à cheval terrassant le dragon ; cette dernière image devrait être débarrassée de la vilaine couche de vert « poireau » qui la recouvre.

En 1357, Jean de Châtelus, damoiseau, avoua pour Alise de Sauzet, sa femme, cens, tailles et rentes situés en la paroisse d'Etroussat.

Au xve siècle, un chevalier, François d'Auberchicourt (1), chambellan du roi et du duc de Bourbon, seigneur de Rochefort, avait des fiefs et des dîmes sur Etroussat et dans le voisinage, le château d'Ecole et autres biens dont s'était dessaisi, en sa faveur, Guillaume Flotte (2), sieur de Revel, oncle de sa femme.

Pour le xvie, la *Description* de Nicolay mentionne longuement Etroussat, dépendant alors de la châtellenie d'Ussel :

La paroisse d'Etroussat (3), dans laquelle sont les maisons seigneuriales de Charbonnières et du Rosay, appartenant à messire Jean de Marconnay, chevalier de l'ordre du Roi, capitaine de cinquante hommes d'armes, gouverneur du Bour-

(1) D'après M. des Gozis, le véritable nom serait Beaubicourt. On trouve ce nom écrit de maintes manières : Ambuchecourt, Aubrichourt, Aubrichecourt, Ambrecourt et même Brichcourt (*Titres de la Maison de Bourbon*, n° 4374). Un François d'Auberthicourt (encore une déformation du nom) est cité au nombre des seigneurs les plus marquants qui faisaient, en 1411, cortège à la duchesse Anne Dauphine. (La Mure, t. II, p. 109 n.).

(2) *Noms féodaux*. Guillaume Flotte, seigneur de Revel, chevalier, chambellan du roi ; il donna, en mars 1400, la châtellenie d'Ecole, les dîmes de Troussac (Etroussat) et les vignes de Luchy (Louchy), en territoire de Saint-Pourçain (Bourbonnais), aux époux d'Auberchicourt. Jeanne de Revel était veuve vers 1420 ; elle avait donné ses biens à son frère germain, André de Chauvigny, se réservant, pendant sa vie, la jouissance des terres de Rochefort, Ecole, Jenzat et Louchy.

(3) T. Ier, p. 147-158 ; t. II, p. 129-133.

Vue de l'Eglise de Senat (Taxat-Senat)

Tour du Donjon

Château de Douzon vu des jardins

Vieille tour de l'ancienne enceinte

bonnais et capitaine de ladite chastellenie [Ussel]; et contient ladite paroisse le nombre de 129 feux. — En ladite paroisse est encore la maison seigneuriale de la Mothe (1), appartenant à Gilbert Mareschal, escuyer, seigneur des Noix, et la maison noble de Jean d'Emery, escuyer.

La cure, diocèse de Clermont, était à Pierre Martin et valait 50 livres.

En 1569, Etroussat, ayant environ 645 habitants, était la paroisse la plus peuplée de sa châtellenie.

Nicolay ne dit rien de Douzon et de son château-fort qui existait cependant bien avant son temps, à moins qu'il ne fût cette maison noble de Jean d'Emery qu'il cite; c'est douteux, car Douzon était une de ces habitations que le géographe devait appeler forts châteaux, ou maisons fortes.

Au XVIIe siècle (2), Etroussat et Cuillat, son annexe, avaient été ajoutés à la châtellenie de Chantelle, avec les autres paroisses de la châtellenie d'Ussel supprimée, et l'intendant en dit :

Seigneur le Roi; il y a le fief et le château de Douzon en justice, les fiefs de Charbonnières (3), du Rosé, de la Motte et de Saint-Julien; gouvernement du Bourbonnais, évêché de Clermont, 100 feux [environ 500 âmes], terroir à froment, seigle et vignes.

C'était un des bons pays de la région; le chiffre de la population mettait Etroussat au sixième rang des quarante-huit paroisses de la châtellenie.

Férault-Dagnet, qui n'abuse jamais de détails, cite seulement le nom d'Etroussat, sans autre renseignement.

---

(1) Voir Barberier.
(2) D'Argouges, p. 150.
(3) Voir Barberier.

Pour cette paroisse, il n'y a rien de connu au sujet des événements qui ont dû s'y passer, pendant les guerres dont le Bourbonnais fut si souvent le théâtre, et c'est sur les terres seigneuriales que se concentre tout l'intérêt du passé ; la plus importante fut celle de Douzon.

Douzon

Le manoir et la majeure partie de la terre de ce nom sont situés sur un plateau que couvraient jadis de grands bois, dont il reste plusieurs taillis respectés par les défrichements. A peu près à la même place que le château actuel a existé anciennement « l'hôtel-fort », dont quelques parties, curieux débris de la vieille forteresse féodale, ont été intelligemment conservés à côté de la demeure seigneuriale qui la remplaça. A droite du chemin allant de Saint-Pourçain à Etroussat, apparaissent des pans de murs, débris de l'enceinte, et une tour ronde enveloppée de lierre ; à gauche, enclos dans les communs, se dresse majestueusement le vieux donjon carré à quatre étages. En prenant pour point de repère ces deux tours, on constate que l'enceinte du château ancien devait avoir une étendue considérable. On ne trouve pas de vestiges des fossés.

Ce fut en 1730 (1) que le comte du Buysson de Douzon, richissime seigneur, fit bâtir par l'architecte parisien Clément la belle demeure dont la façade fut ornée des armoiries de sa famille, *d'or au buisson arraché de sinople,* et de sa devise : *qui s'y frotte s'y pique.*

Il avait un grand talent, l'architecte qui a dessiné le

(1) D'après une note de l'abbé Boudant, un incendie aurait détruit en partie l'ancien château.

projet; tout est bien conçu dans cette habitation grandiose dans sa simplicité, précédée d'une large cour, encadrée de vastes dépendances en rapport avec elle, de jardins bordés de magnifiques charmilles centenaires, aux branches entrelacées, formant, autour d'immenses pelouses dessinées à la française, une voûte de verdure que traversent difficilement les rayons du soleil. Avec quelques statues, de grands vases qui mettraient dans ce parc luxueusement entretenu une note artistique, les jardins de Douzon rappelleraient certains coins d'anciennes résidences royales.

Notre vieux compatriote Dufour, artiste et archéologue distingué, allant à Chantelle, en 1820, admira au passage Douzon et ses charmilles; il avait consacré une page de son carnet de voyage aux ruines du vieux château, qui lui paraissaient dater du XIIe siècle; il en avait pris un croquis qui, à notre grand regret, ne s'est pas trouvé joint aux feuillets que nous avons publiés (1). Les tours qui restent laissent croire que l'ancien château était du XIVe siècle, et on a plaisir à retrouver ces antiques défenses.

D'après M. des Gozis, si bien documenté sur les familles bourbonnaises, et dont la mort est une perte sérieuse pour l'histoire de notre province, Douzon aurait appartenu aux Rochedragon ou Rochedagon *(de rupe Dagulphi)*, et aux Chaussecourte *(de Caliga curte)*; ceux-ci l'auraient eu, par alliance, vers 1440-1450. Nous croyons découvrir, avant ces familles, d'autres possesseurs :

En 1301, 1322 (2), Jean d'Avenières, chevalier, est indiqué, dans un aveu, pour la maison de Donjon et de Crottes, paroisse de Bayet, relevant de Frans d'Avenières; il y a certainement une erreur de nom : Donjon pour

(1) *Bulletin de la Société d'émulation*, 1896, p. 840.
(2) *Noms féodaux*.

Douzon. Elle se reproduit (1) dans un aveu de Frans d'Avenières, en 1322 ; mais, dans cette déclaration, les terres de Donjon et de Crottes sont situées paroisses de Barberier, Nérignet, Fourilles et autres. Pour nous, ce serait bien Douzon *(Etroussat)* et Crottes (Bayet). Un aveu de 1417 (2) concerne la moitié des seigneuries de Donezon ; il émanait de Dinet de Chastelneuf, seigneur de Pierrebrune et d'Issard, veuf de Marguerite d'Avenières, comme tuteur de leurs enfants Guillaume et Alips. Un aveu fut fait en 1443 (3), par Louis de Chaussecourte, chevalier, au nom de Catherine de Rochedragon, sa femme, pour l'hôtel-fort et terre seigneuriale de Douzon.

Il résulte de ces renseignements que, jusqu'à cette date de 1443, Douzon, en partie ou en entier, fut aux d'Avenières, aux Rochedragon et aux Chaussecourte. Cette dernière famille était encore à Douzon, en 1488 (4), avec François de Chaussecourte, scutifer (écuyer).

En 1506 (5), Douzon était possédé par Jeanne de Saint-Adin, veuve de François de Chaussecourte.

Le 30 septembre 1591 (6), un seigneur de Douzon reçut de Henri IV une commission pour lever une compagnie de cent hommes d'armes « françoys, des meilleurs et plus aguerys soldats que vous pourrez eslire et choisir ».

A qui était confiée cette mission ? Nous la donnons, sous réserve, à Jean de Buxière, époux de Gasparde de Chaussecourte, sieur de Douzon, de Leux, etc., qui mourut avant octobre 1592 (7).

(1) *Noms féodaux.*
(2) *Ibid.*
(3) *Ibid.*
(4) *Ibid.*
(5) *Ibid.*
(6) Archives de l'Allier, B. 733.
(7) *Ibid.*, B. 734.

A la fin du XVIIe siècle (1), un Audier d'Arfeuilles, famille originaire de la Marche, avait Douzon : c'était François Audier d'Arfeuilles, né en 1634 ou 1635 ; écuyer du duc d'Enghien, il commanda cent hommes d'armes en 1662 et fit les guerres de Flandre et de Franche-Comté. Blessé au siège de Gand, en 1678, retraité après la prise de Mons et de Namur, il revint à Douzon et épousa, en 1694, sa voisine, Jeanne ou Anne de Breschard, veuve de Claude de la Roche, écuyer, sieur du Mousseau (Murat). En 1698 (2), François Audier d'Arfeuilles, écuyer, fit un aveu pour le fief de Douzon ; il était fils aîné de Magdeleine-Esmée Audier, veuve en premières noces de Symphorien Audier d'Arfeuilles, écuyer, et en deuxièmes, du sieur Massenon. Il mourut en 1700.

Après la mort d'Esmée Audier, le fief se partagea : une partie passa (3) à Gilbert Barton ou Berton (4), écuyer, sieur de Massenon, et à Léonard Barton, écuyer, sieur de la Chazotte, comme héritiers de cette dame, leur mère ; l'autre partie (5) fut à leur sœur qui, en 1695, avait épousé Philibert du Buysson, chevalier, lieutenant en la sénéchaussée du Bourbonnais (6) ; ils eurent pour fils François-

(1) *Bulletin de la Société d'émulation*, 1897 : du Broc, *Noblesse militaire sous Louis XIV*, p. 368.

(2) *Noms féodaux.*

(3) *Ibid.*

(4) D'après le terrier de Verneuil, en 1677-1682, cette famille s'appelait Berton : le seigneur de Douzon était Philibert Berton, chevalier, seigneur de La Roche-Noizy, Massenon, La Chazotte, Douzon, Saint-Martial. *(Bulletin de la Société d'émulation*, 1907, p. 371 : P. Tiersonnier, *Excursion.)*

(5) *Noms féodaux.*

(6) Voir, pour le comte de Douzon, Audiat, *la Terreur en Bourbonnais*, t. II, p. 91 à 122 ; Cornillon, *le Bourbonnais sous la Révolution française*, t. Ier, p. 114. — Audier est le nom de la mère du comte, Jeanne-Marie Audier d'Arfeuilles.

Senetaire Audier du Buysson, capitaine de dragons, chevalier de Saint-Louis, en faveur de qui la terre de Douzon-Poncenat fut érigée en comté. Il épousa, le 9 janvier 1731, Marguerite-Mayeule-Alexandre de Beausson. L'aîné de leurs six enfants fut Louis-Michel-Philibert, né le 20 septembre 1736, le dernier de sa famille à Douzon (1); il fut lieutenant-colonel de dragons, maître de camp, gouverneur des troupes de Moulins, brigadier général de dragons, chevalier de Saint-Louis. Aux assemblées du Bourbonnais pour les Etats généraux, il avait été désigné comme secrétaire au premier tour de scrutin; élu représentant de la noblesse aux mêmes Etats, le 27 mars 1789, démissionnaire le 25 juillet suivant. Cette démission, mal interprétée, servit plus tard de base aux attaques des terroristes qui lui donnèrent cette « fiche » en le faisant arrêter :

Douzon, ci-devant comte, ex-constituant, ayant déserté l'Assemblée nationale, lors de la réunion des trois ordres; retiré et mécontent de son district, où il a été reconnu suspect, mais trop tard.

Le comte partit avec le convoi emmenant à Lyon les trente-deux Bourbonnais qui furent condamnés à mort par la commission révolutionnaire de Commune Affranchie, et exécutés le 11 nivôse an II (31 décembre 1793).

Le comte de Douzon était surtout trop riche ; il avait une immense fortune : on parle du chiffre de 300.000 livres de rente, qui représenteraient au moins 1.200.000 francs de notre monnaie. Tous ses biens furent aliénés au profit de la Nation. La terre de Douzon ne lui appartenait plus depuis 1774; nous savons qu'il l'avait vendue, pour

(1) *Noms féodaux.*

273.000 livres, à Girard, son régisseur, demeurant au Rozet, paroisse de Barberier-Percenat.

Douzon fut acheté, le 2 nivôse an XI, de Gérard de Charbonnières, secrétaire de la 27e division militaire à Turin, par Jacques-Marie-Pierre Loisel-Guilloie. En 1818, la terre était à M. Loizel, grand-père de M. Loizel, décédé il y a quelques années, qui restaura si bien le manoir et ses annexes; Mme veuve Loizel de Douzon, née de Barante, ne néglige rien pour assurer avec soin l'entretien de sa demeure, une des plus belles du département.

Une chapelle existait jadis dans le château (1).

Les armoiries des Loizel de Douzon étaient: *d'azur au chevron d'or, chargé d'une tour de gueules, surmonté d'un soleil de gueules et accompagné en chef de trois merlettes affrontées aussi d'or; en pointe* [adjonction de la Restauration] *un lys au naturel feuillé d'or.*

Cueillat

Cuillat, Culhat, Cueillat est un fort hameau près d'Etroussat, et au Sud, qui s'étend après le gros village de la

(1) Reg. par. d'Etroussat. 20 décembre 1753. — Mariage en la chapelle de Douzon de Joseph Colin de Gévaudan, écuyer, seigneur de la Poirière, Saint-Prié, du Bouchet, capitaine au régiment de Bussy-Lamoth-Cavalerie, chevalier de Saint-Louis, fils de Gaspard Colin de Gévaudan, écuyer, et de Marguerite de Badier de Verseilles, avec Marie-Françoise-Victorine-Euphrasie, fille de Dubuysson-Audier, chevalier, seigneur de Douzon, et de Marguerite-Mayeule-Alexandre de Beausson.

20 mars 1790. — Mariage dans la chapelle de Douzon, de Guillaume Barbat du Clozel, chevalier, fils mineur de Jacques-Antoine, chevalier, seigneur de Bladre, l'Esclose, Boutefaud, Solages et autres terres, conseiller du roi honoraire en la sénéchaussée d'Auvergne et siège présidial de Riom, et de dame Magdeleine Roudeau de Loubart, avec Marguerite Girard du Rozet, fille de Louis-Antoine Girard du Rozet, chevalier de Saint-Louis, seigneur de Douzon, Leux, Charbonnières, Salles, et de dame Françoise Montanier.

Jonchère, des deux côtés du chemin allant à Saint-Germain-de-Salles. Depuis une époque très ancienne et jusqu'à la fin du XVIIIe siècle, on y trouvait une grange destinée à recevoir les dîmes recueillies en ce lieu par l'ordre de Malte, qui y avait aussi un petit domaine ; le tout fut vendu à la Révolution, et la grange tomba en ruines.

L'ordre de Malte n'était pas seul possessionné en ce lieu. Dès 1300 (1), Cueillat avait comme seigneur par indivis avec le sire Beraude de Marcuge, Etienne dit Brandis ; une famille (2) prit ensuite le nom de Cueillat, et y eut une maison forte et des terres.

En 1341-1342 (3), Jean de Cullat, *alias* Cuyllat, damoiseau, jouissait de maisons à Cullat et à Ussel, motte, fossés, terres, cens et autres profits à cause de ses baillies et prévôtés d'Ussel et d'*Extroci* (4). Perrin de Moyen-Puy, damoiseau, était son héritier universel, en 1351 (5).

En 1346 (6), Odin Eschaloux, damoiseau, avait maison de Culhat, domaines, garenne, cens et tailles ; le même probablement, mais désigné seulement par le nom d'Odin ou Audin, céda, cette même année 1346 (7), au comte de Forez, la moitié, par indivis, de la justice haute, moyenne et basse qu'il avait au village de Cuilhat.

En 1380 (8), Huguonat Odin des Echaloux, écuyer, avoua tour, maisons, fossés, dîmes, rentes, au village de Cullat ; cette déclaration et la cession de 1346 montrent que le fief était important.

(1) *Noms féodaux.*
(2) *Ibid.*
(3) *Ibid.*
(4) *Extroci, Extrociacus* (Etroussat).
(5) *Noms féodaux.*
(6) *Ibid.* Les Eschaloux, fief sur Bayet.
(7) *Titres de la maison de Bourbon*, n° 2441.
(8) *Noms féodaux.*

Nous avons vu plus haut qu'en 1506, les de Chaussecourte, seigneurs de Douzon, possédaient Cuillat. Dans les siècles suivants, la terre semble se diviser au moins en deux parties : il y a un fief à Cueillat et un autre à la Tour, et cette division se continuera. Le premier fief appartenait, avant 1618, aux de Rollat ; à cette date, c'était Gaspard, à qui succéda, en 1632, Claude, époux de Claude Lebel. En 1675, la terre était à Charles-François de la Boulaye. Cette famille nous paraît l'avoir conservée jusqu'à la fin du XVIIIe siècle. En 1738 (1), le seigneur de Cueillat était Gilbert de la Boulaye, époux de Marguerite-Pourcine Vernoy de Beauverger.

La Tour, appelée aussi la Tour de Cueillat, ce qui indiquerait que, dans ses murs, était le siège du fief, fut, avant 1687, aux Genin ; le 27 septembre 1687, Etienne Genin et sa sœur Thereze vendirent leur terre à Marguerite Bonnelat (2), de cette ancienne famille de la châtellenie de Chantelle, qui eut de nombreux représentants en cette ville et surtout à Charroux. Marguerite Bonnelat possédait des terres à Cueillat, avant 1657 ; elle se maria avec Jean Martin, écuyer, sieur de Frémont, avocat en parlement, demeurant à Gannat.

Après Jean Martin de Frémont, la Tour fut à Jean-Joseph Martin de Frémont, écuyer, sieur de la Tour, chevalier de Saint-Louis, porte-étendard des gardes du corps, compagnie d'Harcourt, décédé en son manoir, le 5 novembre 1751, à quatre-vingts ans. Son fils, Pierre-Joseph, écuyer, chevalier de Saint-Louis, major au régiment de

(1) Reg. par. de Bayet ; actes de Vallet, notaire à Loriges (1740).

(2) Ce renseignement et le suivant sont pris dans des notes de M. Martin de Frémont, avocat à Bordeaux, et dans les reg. par. de Bressolles et d'Etroussat.

Saintonge, lui succéda à la Tour ; il épousa, le 15 septembre 1767, en la chapelle du château d'Aigrepont (Bressolles), Marie-Gervaise Vernin d'Aigrepont, et ils eurent : 1° le 6 juin 1772, Vincent Martin, dont le parrain fut Vincent Barin, seigneur et marquis de la Galissonnière, des Ruillers (Saint-Bonnet-de-Rochefort), des Granges et des Forges (Taxat-Senat), et la marraine, Catherine Lebreton, douairière d'Aigrepont ; 2° le 8 juin 1773, Pierre Martin ; le parrain fut Pierre Vernin d'Aigrepont, écuyer, trésorier général des finances au bureau de Moulins (1), et la marraine, Marie-Josèphe Geoffroy, veuve de messire Joseph-Marie de la Boulaye de Marillat, seigneur de la Grand-Font ; 3° le 21 janvier 1777, André-Achille, les parrains et marraines furent les mêmes que ceux de son frère Pierre.

Pierre Martin de Frémont mourut à la Tour, le 23 mars 1779, à l'âge de cinquante-deux ans environ ; la Tour appartint à sa veuve et à ses deux enfants, Vincent et André-Achille. Le premier, officier à quinze ans, au régiment de Piémont-Infanterie, ayant émigré en 1791, sa part de l'héritage paternel fut saisie et vendue au profit de la Nation. En 1793, les terres de la mère furent aussi saisies et vendues, quand cette dame fut condamnée à mort pour avoir correspondu avec son fils émigré.

Une partie des biens fut rachetée par des intermédiaires dévoués et fidèles pour le compte du second fils de Frémont, notamment par Jean Roy, qui avait remplacé comme tuteur Amable de Fontanges de la Faulconnière, émigré. André-Achille, ayant sauvé des débris de son patrimoine, épousa, en l'an IV, Marie-Rose Secrétain de Neuville, fille de Jean et de Catherine de Châteaubodeau. Il en eut trois

(1) Avait succédé dans cette charge, le 19 août 1754, à son père, Jacques, seigneur d'Aigrepont, époux de Catherine Lebreton.

enfants, nés à Cueillat, dont un seul survécut, Marguerite-Julie, qui se maria avec un cousin, Achille-Pierre Vernin d'Aigrepont. Ce sont les grands-parents de la propriétaire actuelle de Cueillat, Mme Durieu de la Carelle.

Vincent rentra en France, en 1801, après avoir été lieutenant au régiment d'Enghien. Il épousa Marie-Magdeleine Seguin du Bouchat, et mourut à Sèvres (Seine-et-Oise), le 18 septembre 1817; il était capitaine aux chasseurs de l'Orne. C'est l'arrière-grand-père de notre confrère, M. Martin de Frémont.

Saint-Julien

D'Argouges a trouvé un fief de ce nom sur Etroussat. Nous pouvons avoir été mal renseigné, mais nous ne découvrons aucun lieu s'appelant ainsi aujourd'hui sur le territoire de la commune, et nous nous demandons si l'intendant n'a pas vu, à tort, deux fiefs, un de la Motte et un de Saint-Julien, alors qu'il n'en existait qu'un seul, celui de la Motte, pouvant être dit de Saint-Julien, resté la Motte (Barberier) (1), au bas du Rozet.

Beauregard

Les *Noms féodaux* mettent sur Etroussat (Chantelle), au XVIIe siècle, la terre seigneuriale de Beauregard. Où faut-il chercher ce lieu que ne portent, aujourd'hui, ni les cartes, ni le *Dictionnaire* de Chazaud?

Nous avons eu l'occasion de remarquer ailleurs que, aux XVIIe et XVIIIe siècles, la fantaisie de certains propriétaires

(1) Voir cette commune.

substitua le nom de Beauregard, synonyme de belle vue, à l'ancien nom des terres ; il en fut peut-être ainsi pour le lieu dont nous parlons, où le manoir existant a disparu. Nous ne voyons pas de quelle habitation il s'agit. Aux XVIIe, XVIIIe et XIXe siècles, les châteaux de cette région : Charbonnières, le Rozet et les Peyrets sont signalés avec ces noms. Beauregard n'est pas l'un d'eux. En 1604 (1), Thomas de Gardaigne, chevalier des deux ordres du roy, époux de Hilaire de Marconnay, était qualifié seigneur de Beauregard ; c'était peut-être une terre lui venant de sa femme, un démembrement de Charbonnières.

En 1628, Beauregard était déjà avec Charbonnières (Etroussat) et la Brosse (Saint-Didier-en-Rollat), à Eléonore de Colligny ; en 1686 (2), 1697 (3), 1699 (4), il était à Jean Astier des Torrents, garde du corps du roi, qui avait épousé Alphonse de Jardou (5).

Charbonnières

On appelait généralement ainsi les endroits où le charbon fut exploité. Il n'y a jamais eu, à notre connaissance, de découverte de cette nature à Charbonnières (Barberier), et cette dénomination ne pourrait venir que de la fabrication du charbon de bois, lorsque des taillis existaient dans cette région.

Charbonnières est un bâtiment du XVIIIe siècle, très remanié, encadré de deux petites tours et de grands bâti-

(1) Reg. par. de Saint-Pourçain-sur-Sioule.
(2) *Ibid.*
(3) Reg. par. de Target.
(4) *Noms féodaux.*
(5) Voir Target.

ments ruraux ; un parc vallonné s'étend autour de lui. Ce château est situé derrière Etroussat, à l'Est, sur une colline dominant la plaine de Barberier et la vallée de la Sioule, et doit occuper la place d'une habitation bien plus ancienne.

Fin du XIVe siècle (1), 1377, un Jean de Charbonnières, fils de feu Rauffet de Charbonnières, damoiseau, faisait aveu pour arrière-fief et droits d'aide sur les grains vendus à Gannat. Il est possible que ce fût un possesseur du lieu.

En 1569, Jean de Marconnay avait Charbonnières et le Rozet ; en 1663 (2), Denis Nardeau de Champré était seigneur de Charbonnières et de la Brosse (Saint-Didier-en-Rollat ?). En 1674 (3), Eléonore de Colligny fut dame de Beauregard, de Charbonnières et de la Brosse.

Puis vient, avant 1640, François-Louis de Lostanges, chevalier, marquis de Béduire, époux de Renée de Menardeau, dame de Jarnieux ; veuve en 1717 (4), elle avouait la terre de Charbonnières, paroisse de Percenat (Ussel).

En 1751 (5), Charbonnières était habité par Antoine Girard, écuyer, seigneur de Charbonnières et du Rozet, gentilhomme servant ordinaire du roi ; un moulin dépendait de la terre. Girard (6) avait obtenu la concession de partie du marais de Launay, et eut, à ce sujet, à lutter avec les habitants d'Etroussat, habitués à jouir de ces terres.

A la fin du XVIIIe siècle, les Girard avaient toujours Charbonnières, et l'un des trois fils Girard, le poète, en porte le nom ; ce serait de sa succession que les Barbat du Clozel eurent la terre, Marguerite Girard du Rozet, sœur

(1) *Noms féodaux.*
(2) Reg. par. de Barberier.
(3) *Ibid.*
(4) *Noms féodaux.*
(5) Voir Douzon.
(6) Archives de l'Allier, A. 146.

de « Monsieur de Charbonnières », ayant épousé (1), le 20 mars 1790, Guillaume Barbat du Clozel.

Une autre alliance a fait passer le château et son domaine au possesseur actuel, M. Aymar Barbat du Clozel, comte de Rochefort d'Ally.

*
* *

Nous avons encore à dépouiller certains des actes de baptêmes, de mariages et de décès des registres paroissiaux, à cause des noms de membres de familles du pays ou des localités voisines, par exemple ceux des de Marcassat, de la Chaussée, de Louan, de Veytard, des Monamy de Cintrat, des Revanger, des Badier de Verseilles, des Colin de Gévaudan et des Bougarel.

Les actes montrent que les cultivateurs et quelques artisans composaient la masse de la population du pays.

*
* *

A la Révolution, la paix du village ne fut pas troublée, et les habitants se préoccupèrent principalement de la vente des communaux; quant à l'église et au presbytère, ils furent acquis par des gens d'Ussel, Verd et Jutier, l'une pour 1.008 livres, l'autre pour 4.800. Lorsque l'église fut rachetée par la commune, elle était en ruines, et on dut faire alors de sérieuses dépenses pour la réparer.

De la châtellenie de Chantelle, Etroussat passa, en 1790, dans le district de Gannat, canton de Chantelle, circonscription dont elle dépend encore.

Quelques renseignements statistiques peuvent clore ce chapitre. Etroussat est actuellement une commune essentiel-

(1) Etude Hedde (fonds Vallet, de Loriges).

lement agricole, soudée par de bons chemins à Fourilles, Ussel, Saint-Germain-de-Salles et Barberier. Elle compte 1.304 habitants pour 1.167 hectares, dont plus de 300 plantés en vignes donnant de bons vins. Sauf deux grandes terres, Douzon, aux Loizel, et Sainte-Marie, au comte de Durat, Etroussat est un pays de petite culture.

Ruines du château de la Coux (Target)

Tombe du chevalier Aubert à Ussel

Portail de l'Eglise de Fleuriel

CHAPITRE VIII

FLEURIEL

En quittant Chantelle, par la route de Saint-Pourçain, on aperçoit presque aussitôt, à gauche, sur une haute colline, l'église de Fleuriel dominant son village ; le chemin qui y conduit est une longue côte sur les abords de laquelle se succèdent plusieurs maisons modernes, avec parcs et jardins, le château dit de Fleuriel, à Mme Hutteau d'Origny, et la villa de Corgenay.

Le bourg occupa primitivement le sommet de la colline ; aujourd'hui, il déborde peu à peu sur les flancs. De la hauteur, on découvre une étendue de pays considérable : sur un point, se développe un grand paysage, avec, dans le bas, les châteaux de Chareil, des deux Blanzat, de la Borde, le village de Fourilles ; viennent ensuite, plus haut perchés, Chantelle, son église aux toits rouges et ses vignobles épars autour de la ville ; plus à l'Ouest, se montrent d'autres bourgs, des champs, des prairies, la vallée de la Bouble, les taillis des forêts domaniales de Giverzat et de Vacheresse. Au Nord et à l'Est, apparaissent le territoire de Lafeline, des bois, la forte tour carrée du château féodal des Le Long de Chenillat, les communes de Cesset, Montord, d'autres encore, et enfin, jusque aux abords de Saint-Pourçain, quelques-unes des plaines qu'arrosent la Bouble et la Sioule.

L'antiquité de Fleuriel ressort évidemment de son ancien

14

nom de *Floriacus*, indiquant que ce lieu fut (1), comme Barberier, Bayet, Bransat, Cintrat, Voussac et beaucoup d'autres localités voisines, créé par un propriétaire gallo-romain. A Fleuriel, ce fut Florius qui eut une villa et une grande exploitation rurale, auxquelles succéda le village. Au XIIIe siècle, l'église existait, et ses proportions, aussi bien que sa riche ornementation, attestent l'importance que ce centre de paroisse avait alors ; c'est l'unique monument de son passé qu'il possède.

Pour Fleuriel, comme pour le plus grand nombre des communes, une monographie ne réunit guère, avant le XVIe siècle, autre chose que des noms et quelques faits.

En 1158, les papes confirmèrent la possession de l'église de Sainte-Marie de Fleuriel *(de Floriaco)* au monastère d'Evaux, communauté de clercs ou chanoines réguliers, remontant au IXe siècle, amplement dotée dans la région de Chantelle. L'église leur appartenait donc antérieurement.

M. F. Pérot a signalé une autre bulle relative à une église de Fleuriel, en 1179. Le *Floriaco* dont il parle n'est pas notre Fleuriel, mais Fleuriet (Floret, sur Trezelles), et les mots qui suivent sa citation le montrent : *cum capella de Cavarocha,* la chapelle de Chavroches.

L'église de Fleuriel est un édifice d'un ensemble remarquable, avec divers détails artistiques qui justifiaient, depuis longtemps, le classement au nombre des monuments historiques qui a été décidé ; il mériterait qu'une plume compétente lui consacrât une description minutieuse. N'étant pas en mesure de la faire, nous chercherons à signaler l'église aux archéologues, aux artistes et à tous ceux qui aiment à trouver, sur leur route, autrement que sur une carte postale, nos anciens et beaux monuments.

---

(1) *Floriacus*, dérivé de Florius (d'Arbois de Jubainville, ouvrage cité, p. 163).

Ce monument appartiendrait à trois époques : au XIe siècle, pour le sanctuaire et le transsept ; le reste serait du XIIe, moins une abside et le clocher datant du XIVe.

Le portail est un morceau d'architecture et de sculpture des plus soignés. Une belle rosace perce la façade ; au-dessous court un joli entablement, supporté par des médaillons ornés de têtes ou de petites rosaces ; la porte s'enfonce sous quatre voussures régulièrement disposées et portant sur des colonnettes surmontées de chapiteaux largement traités. Sous le tympan s'élèvent deux colonnettes ayant aussi des chapiteaux très artistiques. La lourde porte a encore quelques-unes de ses antiques pentures en fer forgé.

Nous pensons avec bien d'autres visiteurs que ce portail est un dés plus remarquables exemples que l'on puisse voir de la riche ornementation bourguignonne du XIIe siècle (1) ; nous n'en connaissons pas d'autre en Bourbonnais, et il devait être encore plus curieux lorsqu'il fut, comme on le croit, décoré de vives couleurs rehaussées de dorures.

Le tympan de cette entrée a un écusson que l'on reconstitue ainsi : *d'azur au chevron d'or, accompagné de trois étoiles d'argent, deux en chef, une en pointe,* surmonté d'une couronne de marquis. Ce seraient les armes des Le Long de Chenillac (2), seigneurs de la terre de ce nom, commune de Cesset.

Une petite porte, ouvrant dans le collatéral gauche, a aussi, sculptés dans son linteau à accolade, trois tiercefeuilles et un cœur, armoiries des Châteauneuf-Marcillat (Ebreuil), qui rappellent sans doute quelques travaux exécutés à l'église par cette famille.

---

(1) *Congrès archéologique de Moulins*, 1854, p. 75.
(2) *Armorial du Bourbonnais.*

La nef est divisée par trois travées à arcatures plein-cintre ; les colonnes demi-circulaires portent des ornements empruntés aux règnes animal et végétal, surtout à ce dernier ; les chapiteaux n'ont pas de relief, mais les contours des ornements, profondément creusés, les mettent en valeur. L'habile ornemaniste a varié ses sujets, en prenant des feuilles de vigne, des plantes aquatiques, des rinceaux et des volutes, ou en taillant plus ou moins artistement quelques têtes, un personnage, des animaux ou des oiseaux. A remarquer surtout, vers la porte d'entrée, la première colonne, qui a un chapiteau fort curieux : sur une face, un vieillard appuie une main sur un bâton et élève l'autre comme s'il voulait soutenir la voûte. Le démon, représenté par un serpent, est à gauche du bonhomme et le mord à l'épaule, espérant lui faire abandonner la voûte. Sur une autre face, est encore représenté le démon, sous la forme d'un dragon vaincu par une colombe qui se dresse en chantant sur la tête du monstre ; un autre chapiteau représente la gourmandise, avec un chat avalant des saucisses ; sur un troisième, un homme vomit des fleurs : ce serait la volupté.

Dans deux chapelles apparaissent sur les murs quelques vestiges de peintures, de grandes roses, des feuillages ; un panneau, à moitié effacé, semble représenter les obsèques d'un riche personnage, d'un patron de l'église. Sous le cintre d'une voûte, on distingue vaguement de petites scènes consacrées aux produits agricoles du pays : fabrication du pain et vendanges.

Avant les dernières réparations de l'édifice, tout le tour des bas-côtés était décoré d'une litre funèbre dans laquelle alternaient des ornements et des armoiries. Elle a disparu récemment sous un badigeon, et nous le regrettons. La litre n'avait pas une valeur artistique réelle, mais nous sommes de ceux qui pensent que tout ce qui existe dans une église, ancien, artistique ou non, devrait être conservé, à moins d'inconvénients sérieux.

D'après les archives du château d'Avrilly (1), l'église de Fleuriel et ses chapelles auraient été fondées par une dame de Guize, qui se serait ruinée dans ses travaux. Il est probable que les largesses de la pauvre et imprévoyante dame n'eurent pour but que des réparations importantes à l'édifice, des embellissements et des agrandissements, par exemple la construction de deux chapelles et du portail.

Les Allots, vieille famille tenant le fief de ce nom sur Monestier et des terres sur Fleuriel, avaient, en 1629, la chapelle de Saint-Jean ou de Coursonne, près du chœur, côté bise. Jean des Allots l'avait achetée de Gabrielle de Sainct-Bonnet, veuve de Antoine Rouher ou Rouer, seigneur de Coursonne (2), et de ses filles, Catherine et Eléonore. C'est dans cette chapelle que Gilberte de Lestrade, veuve d'un Allot, décédé vers 1635, demanda à être enterrée; la litre a pu être peinte pour cette inhumation, mais plutôt en 1757, pour la mort de Jean de Louan.

Après la dame de Guize, l'église de Fleuriel aurait eu pour patron le seigneur de Châteauneuf-Marcillac, dont les armes décorent le dessus d'une porte (3).

Nous avons recueilli les noms de quelques curés de Fleuriel, du XVe siècle à la fin de la Révolution; les dates ne sont pas très sûres : 1430, Pierre de Taxat; 1450, Loys de Givry, Pierre de la Porte; 1569, Gilbert Rouher, dit Montrognon; Pierre Auvergnat; 1701, Aunet Augier; 1714 et avant, de Villiers; 1728, Saublet; 1759, Bayon;

(1) Commandant du Broc, *les de Chauvigny de Blot*. (*Bulletin de la Société d'émulation*, 1900, p. 195.)

(2) Nous croyons à une erreur de nom : Coursonne pour Courjonnet, (Corgenai, sur Fleuriel). Voir plus loin.

(3) Archives de l'Allier, Q. 50 et 102.

1770 (?), Malsang Nicolas; après le Concordat, Loubens de Verdalle et Boudonnat.

Une large pierre, avec encadrement du XVIIe siècle, était encastrée dans le mur de la chapelle des Allots; elle a, au centre, un écusson très compliqué, dans lequel on distingue une croix et un lion passant. M. le curé l'a fait transporter au presbytère, où les héraldistes pourront l'étudier et se prononcer.

A côté de l'église existe encore le petit manoir qui logea le prieur-curé; cette habitation peut dater du XVIe siècle.

A la Révolution, le clocher fut démoli et l'édifice fut vendu pour 21.000 livres en assignats à Raynaud; le presbytère (prieuré) fut acquis pour 2.520 livres par Bonnet-Ferrandon.

En 1791 et 1792 (1), on vendit à divers les terres du prieuré: pré Prieur, bois, vignes, champ de la Croix, etc.; elles produisirent environ 10.000 livres.

La flèche primitive du clocher a été remplacée par une petite pointe qui n'est pas trop disgracieuse.

Pour la paroisse, Nicolay indique, en 1569, sept fiefs appartenant aux sieurs de la Bougalerie, du Plaix, de la Vauvre, de Boys, de Vernelle, des Allots, de Marcy, entre lesquels se divise la plus grande partie du sol. Nous découvrirons les noms de famille de ses possesseurs en visitant les terres.

D'après les indications du géographe, on constate que Fleuriel était, de son temps, une paroisse importante; sa population, de 845 habitants, était supérieure à celle de Chantelle, la capitale de la châtellenie, et la plaçait au quatrième rang des quarante paroisses de la circonscription.

(1) Archives de l'Allier, Q. 50 et 102.

Au XVIIe siècle, d'Argouges ne donne pas le nombre de feux ; ses notes administratives indiquent des changements dans les fiefs : Boys, Vernelle, Marcy ne sont plus cités ; la paroisse est la sixième pour la taille sur quarante-huit, huit de plus qu'en 1569, à cause de l'annexion de celles de la châtellenie d'Ussel supprimée.

Le Plex ou le Pleix

Tous les fiefs dont parle Nicolay étaient fort anciens, et la plupart pouvaient remonter à l'époque où les chefs, qui avaient protégé le pays au moment des invasions, s'étaient rendus les maîtres du sol. Nous avons trouvé, avant le nom de Pleix, celui de *Plesiacus*, dont l'origine gallo-romaine ou mérovingienne apparaît. Au début du XIVe siècle, 1301 (1), un hôtel et la terre seigneuriale du Plex appartenaient à Jean d'Avenières (2). Longtemps avant cette date, en 1245, un d'Avenières, sire Frans, fut témoin de la charte de franchise de Charroux.

En 1322 (3), les biens étaient au même Jean d'Avenières ou à son fils, aussi prénommé Jean. D'autres Avenières leur succèdent encore dans ce fief : en 1357 (4), Guillaume et Hugonin d'Avenières ; en 1366, Hugues d'Avenières. A cette famille appartenait alors, près du Plex, le fief consi-

---

(1) *Noms féodaux.*

(2) Cette famille d'Avenières fut possessionnée dans une grande partie du Bourbonnais, aux XIVe et XVe siècles : à Fleuriel, Chirat, Bellenaves, Charcil, Louchy, Montfan, La Feline, Le Theil, Meillard, Contigni, Paray-sous-Briailles, Bayet, Deux-Chaises, Saulcet, Mazerier, Barberier, Fourilles, Nérignet, Buxières, Chappes, Bizeneuille, Cosnes, Hérisson, Estivareilles, Givarlais (voir Voussac).

(3) *Noms féodaux.*

(4) *Ibid.*

dérable de Chirat-Guérin (Voussac) (1). Au Plex, à la suite d'une alliance, les Saint-Aubin remplacèrent les Avenières. En 1393-1399 (2), l'hôtel-fort du Plex de Pérassat (Fleuriel) était à Jean de Saint-Aubin (3), damoiseau, seigneur de Sarragousse (Buxières), après son mariage avec Marguerite d'Avenières. Le château fut, en 1468, 1488 et 1493 (4), à Pérollet de Saint-Aubin, échanson du sire de Bourbon ; il était encore, en 1538, à Gilbert de Saint-Aubin (5).

Avant de suivre les autres seigneurs du fief, nous ouvrons une parenthèse pour signaler, au XIVe siècle, une famille originaire de Fleuriel, désignée sous le nom de Prévôt du Plex ; elle ne possédait pas le fief qui était aux Avenières et aux Saint-Aubin. Pour quelle raison ces personnages avaient-ils le nom de Prévôt du Plex ? Une note de Bétencourt, au mot « Prévôt », l'explique ainsi :

> Les prévôts, dit-elle, favorisés par l'habitude du peuple, attachèrent à leur famille, non seulement le titre de leur office, mais souvent encore le nom du territoire qui leur était subordonné.

Un prévôt du Plex, officier des Bourbon ou des Avenières, fut connu sous le nom de Prévôt du Plex, qui resta

(1) Voir Voussac.
(2) *Noms féodaux.*
(3) Les Saint-Aubin ont, depuis le commencement du XIVe siècle, le fief de Sarragousse (Buxières) ; ils partent de cette terre pour être possessionnés à Saint-Plaisir, à Ygrande, à Limoise, au Veurdre, à Saint-Sornin, à Chirat, aux Deux-Aigues, à Louroux-de-Bouble, à Saint-Aubin, à Bellenaves. On constate leurs alliances avec les d'Avenières, de Saligny, des Moulins, de Beaucaire.
(4) *Bulletin de la Société d'émulation*, 1907, p. 383 : *Excursion à Verneuil.*
(5) *Bulletin de la Société d'émulation*, 1901 : Commandant du Broc, *la Famille de Dornes*, p. 240 n.

à sa famille. En 1354-1357, un Prévôt du Plex, damoiseau, avouait hôtel, domaines, bois, garenne et baillie du Plex. Il s'agissait d'un hôtel, mais non de l'hôtel-fort, château seigneurial des d'Avenières ; il ne déclarait probablement que ce qui constituait sa prévôté (1).

A ce sujet, reproduisons une autre observation de Bétencourt : « Tantôt l'office de prévôt était fieffé, c'est-à-dire attaché à une certaine terre ou fief. » L'office de 1354-1357 était fieffé.

Ce fut peut-être le même fief prévôtal qu'avoua, en 1443, le prévôt Huguet de Maugibert, ou plutôt de Montgilbert, car, en 1486 (2), Jacques de Montgilbert, écuyer, était au Pleix ; Huguet déclarait : « hôtel, motte, fossés, domaines, cens, rentes, arrière-fiefs ».

Après les Saint-Aubin, en 1538 environ, une lacune s'ouvre dans notre liste des seigneurs du Plex.

En 1569, Nicolay parle du sieur du Plex et de son château-fort, sans mettre le nom du possesseur ; avant 1677, le Plex était aux de Louan, richement possessionnés sur beaucoup de paroisses du pays (3). Pierre-Gilbert de Louan était seigneur du Plex ; il habitait Moulins, où il se maria en l'église Saint-Jean, le 26 février 1691, avec Anne-Antoinette Aumaistre de Chirat, fille de feu Pierre et de Marie-Odette Rapine. Ils acquirent Montfan, en 1699 (4). Leur fils, Pierre, page de la grande écurie du roi, fut seigneur de Montfan, le Plex et la Jolivette ; il épousa, le 6 juin 1727, Louise Prisey de Curty, fille de feu Philippe,

(1) Avant 1354, en 1352, existaient maison et baillie de Fleuriel, avouées par Guillaume du Cortil, chevalier, à cause de sa femme Catherine, fille de feu Guillaume de Blanzat. (*Noms féodaux*, Chareil.)

(2) Archives de l'Allier, E. suppl., p. 445.

(3) *Noms féodaux ; Bulletin de la Société d'émulation*, 1907, p. 372.

(4) Archives de l'Allier, D. 94.

élu en l'élection de Nevers, et de Claude Moquot, et avoua, le 3 septembre 1700, les terres du Pleix et de la Jolivette (1). La terre serait restée aux de Louan (2) jusque vers la fin du XVIIIe siècle. L'un d'eux ayant eu de nombreux rejetons, les domaines se divisèrent entre eux; ce fut ainsi qu'une branche eut la Jolivette et une autre le fief de Persat (Fleuriel). Tous les registres paroissiaux de Fleuriel, antérieurs à 1714, ayant disparu, il est impossible de recueillir des renseignements sur les de Louan avant cette date; après leur dernier acte, on ne relève rien, ni pour des mariages, inhumations, parrainages; cela indiquerait que les de Louan du Plex avaient établi ailleurs leur demeure habituelle; il n'est alors question que de leurs fermiers.

Vers la fin du XVIIIe siècle, les Guy (3) sont au Plex, et après eux viennent les Fournier et les Royet, à qui la terre arriva par alliance.

La vieille forteresse du Pleix a été remplacée par un château moderne construit par les Royet, et qui leur appartient toujours. Il est placé sur le haut d'une colline et domine un paysage admirable; son empiacement occupe une grande partie du vaste espace que couvraient jadis le vieux manoir et ses dépendances; il ne reste d'ancien qu'une chapelle romane et les débris d'une tour.

(1) Archives nationales, P. 476[1], n° 1083.

(2) Pour une branche des de Louan, celle de Coursay, qui fut la plus illustre, voir *le Canton d'Huriel*, par G. Bourgougnon, 1895. Maugenest et Mitterand, à Montluçon.

(3) Famille connue aux XVIe et XVIIe siècles à Montluçon, où elle a tenu un rang honorable dans la bourgeoisie de la ville. Transplantée vers 1730 à Tortezais, puis fixée vers 1786 à Fleuriel, à la Vauvre; alliances à Tortezais, avec les Daubertès; à Montmaraud, avec les Michelon.

La Bougalerie

Ce domaine est situé au Sud du bourg de Fleuriel, au-dessus d'un ravin qui le sépare de la forêt de Vacheresse. Les cartes modernes ont substitué à cet ancien nom de la Bougalerie celui de la Galerie; leurs dessinateurs, trop confiants dans les renseignements des indigènes, ont cru voir en ce lieu l'emplacement de quelque industrie minière, et, dans cet ordre d'idées, ont pensé qu'ils devaient aussi appeler les deux terres voisines de la Teillée-d'en-Haut et de la Teillée-du-Bas, l'Atelier-du-Haut et l'Atelier-du-Bas. Le dessinateur dut être content de sa trouvaille, car il est incontestable que galerie et atelier se complètent fort bien. Ce sont des erreurs qu'un examen du plan cadastral et du *Dictionnaire des noms de lieux*, de Chazaud, aurait évitées.

La Bougalerie, à laquelle il est honnête de restituer son vieux et véritable nom, le reçut de ses premiers maîtres, les Bougarel, ancienne famille de la châtellenie de Chantelle, qui habita la terre, peut-être avant le xve siècle.

Ces Bougarel furent aussi possessionnés à Verneuil, au xve siècle, et plusieurs de leurs descendants exercèrent à Chantelle les fonctions de notaires, à cette époque et plus tard. En 1443 (1), Rougier Bougarel, le premier que nous connaissions, était riche; d'après son aveu, il possédait la maison importante de la Bougalerie, « motte, fossés, garennes, terres, bois, cens, rentes, tenus en fief franc, lige et hommage de main et de bouche ». Il avait aussi la moitié d'un hôtel en la ville de Chantelle.

Les Bougarel furent très nombreux, non seulement à Chantelle, mais encore dans toute la région environnante,

(1) *Noms féodaux.*

notamment à Saint-Pourçain, Charroux, Verneuil, Fourilles et Saint-Germain-de-Salles. Ceux que nous avons rencontrés dans cette dernière paroisse se disaient sieurs de Marmagne (Deux-Chaises) ; une branche vint à Moulins et ses membres y furent notaires pendant plus de deux cent soixante ans (1).

Après Rougier Bougarel, la Bougalerie nous paraît être l'hôtel, baillie et prévôté de Fleuriel (2), qu'avait Philippon Jacquet, écuyer, époux d'Agnès Bouguerelle (Bougarel), en 1443.

Au XVIIe siècle, la Bougalerie était aux Bouchet, encore une famille bourgeoise qui s'éleva rapidement, de 1657 à 1687. Jacques Bouchet, qualifié sieur de la Bougalerie, était fils d'Antoine et époux de Marie Marchand ; il fut pourvu de l'office de lieutenant de la châtellenie de Chantelle. Un de leurs enfants (3), Hyacinthe, sieur de Larras, épousa Marie Delacodre, fille de Jean, sieur des Héraux, châtelain du Theil, et de Catherine Panay ; ils eurent trois fils, dont Jean Bouchet, probablement l'époux de Jeanne Tourtelle (4), qui était possesseur de la Bougalerie en 1724. En 1776, Gilbert Thévenet, époux de Gilbert Chillot, était sieur de la Bougalerie.

Le vieux manoir de la Bougalerie a disparu et sa terre, démembrée, s'est divisée entre plusieurs propriétaires : MM. Bonnamour, Delaras, Gaulmyn, Mmes Dupieux et Mercier.

---

(1) La dernière descendante de cette vieille famille bourbonnaise, Mme Corne, est décédée à Moulins il y a plusieurs années.

(2) *Noms féodaux.*

(3) Archives de l'Allier, B. 168, 175, 206, 360 ; *Noms féodaux ;* reg. par. de Saint-Pourçain-sur-Sioule.

(4) Reg. par. de Fleuriel, 1724.

La Teillée-du-Haut

Ce nom vient du latin *Tilietum*, *Tilia* (1), et veut dire lieu planté de tilleuls. Ce fut un fief contemporain du Pleix ; il devait réunir primitivement les deux terres, qui devinrent plus tard la Teillée-du-Haut et la Teillée-du-Bas, ou, pour se conformer à la géographie moderne, les Ateliers du Haut et du Bas.

Au commencement du XIVe siècle, 1300 (2), Guillaume de la Thellye, ou de Thellya, possédait l'hôtel et la seigneurie de ce nom (Fleuriel). En 1354 (3), il y eut la demoiselle Agnès de Tilia, veuve de Parot Bricadel. En 1444 (4), Jean de Forges, écuyer, seigneur de Fretèze, veuf de Guillette Gasteaume, faisait aveu pour l'hôtel et la terre seigneuriale de la Teillée (Chantelle), comme tuteur de ses enfants, Bleynet, Jean et Agnès.

Après ce possesseur, les renseignements nous manquent jusqu'au XVIe siècle, où nous trouvons les Allots à la Teillée (5) : 1546, Françoise de Bert, veuve de Michel des Allots, archer ; 1590, Pierre des Allots, époux de Jeanne Moreau ; puis un fils, Jean, qui épousa, en 1621, Gilberte de Lestrade, fille de François, seigneur de Chateauvert (Paray-sous-Briailles), et de Marie Dinet. Jean des Allots mourut en 1635, et sa veuve se remaria avec Pierre de Masse, seigneur du Goutet, et en troisièmes noces avec Claude de la Barge, seigneur de Montclar. Ses deux derniers mariages

(1) D'Arbois de Jubainville, ouvrage cité, p. 373.
(2) *Noms féodaux.*
(3) *Ibid.*
(4) *Ibid.*
(5) *Bulletin de la Société d'émulation*, 1900, p. 194-195 : commandant du Broc, *les Chauvigny de Blot.*

la consolèrent peut-être, mais ne l'enrichirent pas; elle aliéna une partie de ses terres : ce serait le moment de la division du fief.

Une partie passa à une nièce, Claudine Mallet; en 1688, ce qui restait de la terre appartenait à Jean-François-Claude de Sarrieu ou de Sarriou, écuyer; de 1702 à 1752, au moins, la Teillée fut aux Bouchet (1), dont la mère était veuve de Jean-François de Sarrieu. Son fils, Hyacinthe Bouchet, sieur de Larras (Langy), chevalier de Saint-Louis, capitaine au régiment de Limousin, avait épousé Marie Delacodre, et nous lui connaissons trois fils :

1° Jean, aussi capitaine au régiment de Limousin, qui épousa, le 1er mai 1729, à Louchy, Catherine Desrolines (2), de la Motte et du Fé, fille de feu Jean Desrolines, juge-lieutenant au baillage de Saint-Pourçain, et de Geneviève Fouet. Ils eurent, le 21 juillet 1730, une fille, Marie, qui se maria, le 30 juin 1752 (3), à Saint-Pourçain, avec Nicolas-Toussaint Le Tanneur, fils de Jacques, chevalier de Saint-Louis, ancien brigadier en chef des chevau-légers du roy, capitaine d'infanterie au bataillon d'Amiens, et de Louise Chevalier. Catherine Desrolines était veuve en 1752 et portait le titre de dame de Larras et de l'Athelier. A cette date (4), Marie n'était pas encore mariée ; Catherine mourut le 11 septembre 1768 (5).

2° Jean, lieutenant au régiment de Berry.

3° Gilbert, gendarme du roy.

La veuve Bouchet aurait épousé, en troisièmes noces, Gilbert Morand, conseiller du roi, châtelain de Chantelle.

(1) Archives de l'Allier, A. 73 ; *Noms féodaux* ; reg. par. de Bayet.
(2) Reg. par. de Louchy.
(3) Reg. par. de Saint-Pourçain-sur-Sioule.
(4) *Ibid.*
(5) *Ibid.*

Fin du XVIIIe siècle, la Teillée était à Jean-Baptiste de Chauvigny de Blot, fils de Joseph-Eléonore et de Louise de Rollat de Puyguillon.

Les mauvais jours devaient commencer bientôt pour cette famille. Sa fortune fondit peu à peu, et ses alliances ne purent la relever.

Le 29 brumaire an IV, Jean-Baptiste Chauvigny (1) épousa à Mont-sur-Sioule (Saint-Pourçain-sur-Sioule), Françoise Blanc-Dumont, fille d'Antoine Blanc-Dumont et de dame Ardouin. Il vendit la Teillée et vint habiter Fleuriel. Après sa mort, sa veuve et ses enfants (nous n'avons trouvé de renseignements que sur l'un d'eux, Gilbert-Amable, né à Mont-sur-Sioule, le 6 vendémiaire an V) (2) se trouvèrent dans une situation des plus précaires.

Un autre Chauvigny de Blot, Gilbert-Michel-Joseph, un cousin de feu Jean-Baptiste, fils de Sébastien et d'Anne de la Boulaye, croyons-nous, épousa, le 25 pluviôse an II (3), à Mont-sur-Sioule, Marie Chapelant, fille de Claude, vigneron de Montoldre. Son frère, Charles-Joseph Chauvigny-Blot, citoyen de Paray-sous-Briailles, témoin du mariage, habitait cette commune.

Il n'y a aucune vieille habitation à la Teillée-du-Haut, terre appartenant à M. Besson et à Mme Hutteau d'Origny.

La Teillée-du-Bas

Les bâtiments de ce domaine ont une tour, vestige du château qui a pu être construit, au XVIe siècle, par les Allot.

(1) Reg. de l'état civil de Mont-sur-Sioule.
(2) *Ibid.*
(3) *Ibid.*

En 1562, la terre était aux de Vieure ; en 1614 (1), aux de Vellard. Le 26 septembre de cette année, Charlotte de Vellard, femme de Jean Fradel, écuyer, sieur de Sanssat, donna à son cousin Pierre de Bayard, seigneur et baron de Ferrières, la seigneurie de la Teillée-du-Bas, qui, en 1636, était aux Rouer ou Rouher, que nous connaîtrons à Corgenay et à Blanzat. En 1717 vinrent les Morand de Chaulme, et, en 1785, les Guy, qui eurent en même temps le Pleix.

La Teillée-du-Bas est à M. Delesvaux, de Charroux.

Il est possible que la tour ait seule échappé à l'attaque que dirigea contre le manoir, le 10 décembre 1589 (2), un chef ligueur qui « attendait de Saint-Pourçain treize livres de poudre pour charger des pétardz pour attaquer le château ». Ces pétards ont bien travaillé, mais il est présumable que les propriétaires ont dû achever la ruine.

La Jolivette

Ce fut une terre importante qui a pu provenir d'un démembrement de celle du Pleix. Les de Louan la possédaient avant 1652 (3), et leur famille la conserva aussi longtemps que leur domaine du Pleix.

En 1657, le possesseur était Pierre de Louan, écuyer, fils de Pierre et d'Antoinette Aumaitre ; il eut aussi Montfan et le Pleix. Pierre de Louan avait épousé en premières noces Marie de Fontis, et, en deuxièmes, Geneviève Heulhard. Une fille du premier lit, Marie, se maria, le 7 mars 1684, avec Marin de Château-Bodeau, fils de Jean et de

(1) Archives de l'Allier, B. 368, 736.
(2) Reg. des comptes de Saint-Pourçain.
(3) Archives de l'Allier, B. 743 ; *Bulletin de la Société d'émulation*, 1907, *Excursion à Verneuil*, p. 374 ; reg. par. du Theil.

Péronnelle de la Souche (la Celle), et un fils du deuxième lit, Pierre-Gilbert, épousa Anne-Antoinette Aumaistre, fille de feu Pierre, seigneur de Chirat, et de Marie Rapine (1); il eut un frère, Denis, qui devint seigneur de Goutière et de la Forest-Mauvoisin, par son mariage avec Anne de Mauvoisin, fille de Pierre et de Germaine de Saignes.

En 1664, de Louan, seigneur de la Jolivette, vit paisiblement « chez lui dans le repos, ayant deux fils qui suivent ses vestiges; ils sont sans considération et ont tous ensemble 4.000 livres de rente » (2).

En 1681, les fils, seigneurs de la Jolivette et de la Motte-Vergier (Voussac), qui n'avaient pas de considération, si on en croit leurs contemporains, mais avaient bon cœur, donnèrent (3) « comme preuves d'amitié, le grand vignoble de Barbery (Bransat) et les deux domaines de la Velatte » (Theil), à Jean, Louis, Marc, François, Radegonde et Théelle de Saulnyer, les six enfants de François de Saulnyer et de Jeanne de Neufchaises, qui en avaient besoin.

En 1720, la Jolivette était à un Pierre de Louan, écuyer, aussi sieur de Persat (Fleuriel); il était décédé avant 1732. A cette date (4), Jean-Baptiste de Louan, son fils, sieur de la Jolivette, épousa, à Fleuriel, Françoise d'Alexandre d'Andelot, fille de d'Alexandre, sieur d'Andelot, et de Gabrielle Bouchet. Ils eurent à Fleuriel: 1° le 17 juillet 1735, Marie-Magdeleine; 2° le 5 mai 1737, Marie-Françoise.

Nous voyons d'autres enfants de Louan comme parrains et marraines, sans être sûrs qu'ils étaient ceux de Jean;

(1) Archives de l'Allier, B. 746.

(2) *Annales bourbonnaises*, 1893: de Quirielle, *Statistique nobiliaire*, p. 363.

(3) Etude Hedde, notaire à Saint-Pourçain: fonds Delaire, acte du 16 novembre 1681.

(4) Reg. par. de Fleuriel, pour ce renseignement et ceux qui suivent.

nous trouvons aussi une Geneviève de Louan, fille d'un de Louan, seigneur de Fontariol (le Theil), mari de Marguerite Renault, qui épousa à quarante-six ans, en 1748, Jean de Panevinon (1), seigneur de Marzat (Marche).

Deux frères Panevinon habitèrent Moulins à la fin du XVIIIe siècle ; ils étaient officiers peu fortunés et émigrèrent. L'un d'eux eut un procès très sérieux avec Bichon, horloger à Moulins, au sujet de bijoux précieux qu'il avait mis en gage entre ses mains, sans recevoir un reçu en règle.

Jean-Baptiste de Louan mourut le 19 avril 1757 et fut inhumé dans l'église de Fleuriel, en présence de Jean-François de Bonnefoy et de Jean-Baptiste de Biotières.

Les de Louan avaient encore la Jolivette bien après 1798. Le 7 septembre 1762, Louise-Magdeleine de Louan de la Jolivette, âgée de vingt-sept ans, fille de feu Jean et de feu d'Alexandre d'Andelot, se maria avec Charles Barathon, sieur de Senant et de la Chapelle, receveur des consignations de la châtellenie de Verneuil ; elle mourut le 12 février 1774 et fut enterrée dans l'église de Fleuriel. Marie-Françoise de Louan, sœur de Louise-Madeleine, épousa Jean-Baptiste Bayon, bourgeois de Fleuriel, le 10 novembre 1762.

Un autre Charles de Louan est signalé par les registres ; décédé en 1766, il avait épousé Marie Belin et était qualifié seigneur des Maitres (Fleuriel) et de Vaumont. Une de leurs filles, Françoise, avait épousé François-Senectaire de Dreuille, capitaine des chasses du prince de Bourbon-Condé, seigneur de Chéry (Souvigny). Une autre, Marie-Magdeleine, se maria à Fleuriel, le 6 février 1766, avec Gilbert Lebel, officier réformé au bataillon de Moulins, chevalier, seigneur de Bellechassaigne, fils de feu Jacques

(1) Famille très ancienne de la Marche, dont le nom exact s'écrivait primitivement « Panem Vinum ».

Lebel, chevalier, seigneur de la Voreille, et de Gilberte Maquet de Barbaudière (Mazirat).

Fin du XVIIIe siècle, les Guy, de la Vauvre, eurent aussi la Jolivette ; les Fournier la possédèrent ensuite par alliance. Actuellement, elle est à MM. Fournier, de Voussac.

La Vauvre

Au XVIe siècle, la Vauvre avait une habitation que Nicolay (1) appelle assez dédaigneusement « maison basse » ; elle était occupée par le sieur de l'endroit.

Au XVe siècle, elle logeait un prévôt. Dès 1666, la Vauvre était à la famille Guy ; en 1699 (2), nous présentons, sous toutes réserves, comme possesseur, Charles Hennequin, sieur de la Roussille (Bellenaves), qui affermait la Vauvre, sa propriété.

En 1754 (3), une partie aurait dépendu de la terre de Chenillat, appartenant aux seigneurs de Chirat ; elle leur venait de l'abbé Brisson, un grand-oncle, héritier des Brisson, de Moulins ; il n'y avait pas de château.

En 1709, le procès-verbal de bénédiction d'une cloche à Monestier mentionne Marie-Amable de Chauvigny de Blot, épouse de Jean Lebel, écuyer, sieur de la Vauvre. Suivant nous, il y a, dans cette note, une erreur pour le nom de la terre : il faut lire la Voreille. Ce qui est sûr, c'est que, avant 1773 (4), le sieur de la Vauvre était un Gilbert-François Guy, conseiller du roi, receveur des amendes et confiscations en la maîtrise des eaux et forêts de Montma-

(1) P. 158.
(2) Etude Hedde : fonds Delaire.
(3) Archives de Chirat ; *Noms féodaux*.
(4) Reg. par. de Fleuriel.

raud, époux d'Anne Rouderon ou Roudemont. Nous leur connaissons deux filles : Madeleine, morte en 1773, et Louise, dont le sort nous est inconnu.

Dans les premières années du XIXe siècle, une alliance avec les Guy apporta la Vauvre aux Thonier, qui la possèdent encore. M. Gilbert Thonnier y a fait construire un château à la fin du XIXe siècle.

Les Allots

Cet ancien domaine de l'archer Allot est à proximité de la route allant de la forêt de Vacheresse à celle de Giverzat et à Monestier, près du ruisseau de la Vauvre, territoire de Monestier.

Nicolay a mis le sieur des Allots à Fleuriel, sans doute parce qu'il résidait non aux Allots, mais à la Teillée, qui était de cette paroisse. D'Argouges a dû parler des Allots sur Fleuriel, à cause des terres dont la majeure partie s'étendait sur cette paroisse, à moins qu'en 1791 une des nombreuses modifications de limites alors arrêtées, entre municipalités, n'ait enlevé les Allots à la commune de Fleuriel.

Nous mettons cette terre à la notice de Monestier.

Taxat-sous-Fleuriel

Ce lieu se trouve près de la forêt de Giverzat, au Sud de Fleuriel, et son nom peut, comme origine, le rattacher au domaine gallo-romain de Taxat-sous-Charroux. Pour le distinguer de cette terre, avant qu'à cette paroisse fût réunie celle de Senat, on mettait dans les documents : pour l'un, Taxat ou Tassat-sous-Fleuriel, et pour l'autre Taxat-sous-Charroux.

Taxat-sous-Fleuriel, propriété assez étendue, est divisé aujourd'hui entre MM. Melin, Jard, Lacarin, Merat, Buvat et F. Gaulmin.

Au XIVe siècle, il y avait la tour d'Amourette, vieille fortification ayant appartenu au prieuré de Chantelle, possessionné en ce lieu.

Taxat-sous-Fleuriel fut un hameau assez fort, si on attache quelque importance à l'existence, en 1652, dans l'endroit, d'un apothicaire et d'un notaire. Pour le notaire, il pouvait faire quelques contrats, et, à l'exemple de certains de ses confrères de l'époque, avoir une deuxième corde à son arc ; nous en connaissons un, à Cosne-sur-l'Œil, qui fut aubergiste et ménétrier, rédigeant les contrats de mariage, préparant le repas de noce et faisant danser les époux et leurs invités aux sons de la vielle. Mais pour l'apothicaire, il fallait qu'il y eût une agglomération assez considérable pour alimenter son officine, à moins qu'il ne sût, lui aussi, jouer de la musette et bien se tenir à un fourneau.

Corgenay

Terre située à gauche de la route, avant d'arriver à Fleuriel, omise dans le *Dictionnaire* de Chazaud et sur les cartes ; ces documents ne portent que le Corgenais de Neuvy, et c'est à ce lieu que se rattache celui de Fleuriel.

En 1452 (1), Michel de Corgenat (Corgenay), écuyer, et Hérarde du Luz, sa femme, fille d'Etienne Le Clerc, dit du Luz, bourgeois de Souvigny, avouait maison, terres et cens en la paroisse de Neufvy, domaine venant de sa femme (2). Le procureur du roi prétendait que la qualité

(1) *Noms féodaux ;* voir aux mots « Clerc » et « Luzy ».
(2) *Ibid.*

d'écuyer devait être prouvée, l'avouant étant étranger ; elle le fut, car, en 1505, Jacques de Corgenay, écuyer, fils probable de Michel, faisait aveu pour la seigneurie de Corgenay, celle de Fleuriet (Fleuriel) et autres (Chantelle, Moulins). Son titre d'écuyer ne fut pas contesté. Quant au nom de la seigneurie de Fleuriet, la désignation de l'aveu paraît claire : « la seigneurie de Corgenay, celle de Fleuriet » ; cette dernière s'appelait Corgenay, comme l'autre, Jacques étant venu se fixer dans le lieu et lui ayant donné le nom du manoir paternel de Neuvy. C'était son logis qui appartenait, au XVIIe siècle, aux Rouher ou Rouer, qualifiés sieurs de Corgenat (1), — Courjeunet, dans le langage du pays.

En 1606, Eléonore Rouer, fille d'Antoine, sieur de Courjonnet, et de Gabrielle de Saint-Bonnet, baptisée à Fleuriel, eut pour marraine Eléonore de Cavalque, dame de Chenillat (Cesset) (2).

Dans les registres paroissiaux on ne remarque, au XVIIIe siècle, que la présence de fermiers à Corgenay ; les possesseurs habitaient ailleurs.

La vieille gentilhommière a disparu il y a de longues années.

Corgenay appartenait, en 1763, aux Fournier des Corats ; un de leurs descendants y fit construire, en 1860, près de l'emplacement de l'ancien manoir, le chalet que l'on y trouve aujourd'hui. M. Le Brun en devint propriétaire en 1873, à la suite de son mariage avec Mlle Fournier des Corats, et leur fille a apporté la terre à M. René Bonneton.

---

(1) Reg. par. de Fleuriel.

(2) Avait épousé, en 1605, Pierre Le Long, seigneur de Chenillat ; fille de Paul-Camille de Cavalque, chevalier des ordres du roy, et de Madeleine d'Urfé.

Bry

Dans ce lieu est actuellement une ferme. Nous croyons devoir la signaler parce que, au XVIIIe siècle, dans plusieurs actes des registres paroissiaux, il est question du château de Bry, appartenant aux Daubeil ou Dobeil. Ce château a disparu.

Nous notons aussi, au bas de Fleuriel, une espèce de motte entourée d'eau. L'endroit est dit les Bransat, et ce nom, qui ne rappelle rien d'antique, doit être celui d'une de ces communautés de cultivateurs, association familiale, qui l'a habité assez longtemps, pour que la dénomination de ce lieu se substituât à l'ancienne.

Tignat

Ce petit fief dépendit de la terre de Chenillat et en fut séparé en 1700, au moment où commença la mauvaise fortune des Chauvigny. Tignat, fief et domaine, furent achetés d'Eléonore Le Long, veuve de Gilbert de Chauvigny, par Jean Pellisson, marchand-fermier à la Réau (Lariau) (Cesset); son fils, Annet, l'avait encore en 1717.

Ces Pellisson, qui débutèrent comme fermiers, marchands-fermiers, devinrent régisseurs de grandes terres et surent se faire une situation fortunée. Marie Blein ou Belin, veuve d'Annet Pellisson, épousa en secondes noces, avant 1723, Jean du Cluzier, écuyer, garde du corps, de la famille des Cluzier, de Deneuille. Tignat appartint alors aux enfants d'Annet et de Marie Blein, dont Jean du Cluzier fut le tuteur.

***

Achevons le dépouillement des registres paroissiaux qui

nous laissent prendre encore quelques renseignements supplémentaires :

En 1722, une demoiselle d'Alexandre de Rouzat épousa Pierre Prugnol, sieur de Montgacher ; elle était fille de feu d'Alexandre et de Françoise Bouchet.

En 1722, on choisit comme sage-femme la femme Touret, âgée de quarante-cinq ans.

En 1716-1718, le syndic de la paroisse était Jean Donet ; c'est le seul représentant de la communauté qui apparaît.

Fleuriel avait quelques familles bourgeoises : les Fournier, Desternes et Hennequin.

Le 31 mai 1765 eut lieu la bénédiction d'une cloche qui fut appelée Jean-Marie ; parrain, Jean de Louan, de Persat, écuyer, fils de Charles, sieur de Persat, et de Marie de Murat ; marraine, Marie d'Alexandre d'Andelot, fille de Claude, sieur de Fourillat (1), Fourillettes (Fleuriel), et de Magdeleine Prugnol de Clavelles.

*
* *

D'après d'Argouges, 1686, la paroisse de Fleuriel était « bon pays de froment et de seigle ; il y avait la forêt de Troncée au roy, 30 arpents ». Aujourd'hui, c'est encore un bon pays qui a profité des améliorations agricoles ; il a, de plus qu'au XVIIe siècle, un certain nombre de vignobles. Les défrichements ont laissé quelques taillis entre Fleuriel, Lafeline, Valbois, Chenillat et les Teillées ; ces bois, dits de Mozière, de Chenillat, peuvent être les restes de la forêt de Tronceon ou de Troncay, dans laquelle tous les seigneurs du pays et des environs eurent jadis les droits de faire pa-

(1) Cette terre était habitée par les Prugnol ou les d'Alexandre ; ces derniers furent parrains quelquefois à Fleuriel, et une de leurs filles épousa un Boutet de Tancart (Chareil) en 1773.

cager leurs bestiaux, de prendre du bois pour leur chauffage et leurs constructions. Il est possible que cette exploitation abusive de la forêt ait amené sa disparition. Un lieu situé dans le bois de Mazières s'appelle encore la Tronchais.

Le sol de Fleuriel est assez vallonné; dans deux petits ravins coulent le ruisseau de la Vauvre et celui des Bordes, affluents de la Bouble. Nicolay les appelle la Doulaine et le Sorent.

Fleuriel est, depuis 1790, du canton de Chantelle, et la commune compte près de 1.000 habitants; elle n'a pas d'industrie.

CHAPITRE IX

FOURILLES

Ce village est à peine à trois kilomètres de Chantelle, dans une grande plaine qu'arrose la Bouble, aidée quelquefois par son petit affluent le Boublon ; des collines arrivent près du bourg, et plus loin apparaissent les coteaux courant de Chantelle vers Lafeline.

Fourilles, *Forellas, parrochia de Foregliz*, au XIIIe siècle, noms dont l'étymologie nous échappe, est un bourg dont l'aspect plaît au visiteur. Au centre, a été ménagée une grande place ombragée de vieux arbres, sur laquelle est l'église, en majeure partie moderne ; le reste vient d'un antique sanctuaire. A côté ont été bâties la mairie et les écoles. Autour de ces édifices, et le long des chemins conduisant aux localités des environs, se trouvent des maisons de cultivateurs, des auberges, des boutiques, des cafés entourés de frais jardinets ; une autre agglomération, — l'inévitable quartier de la gare, avec l'indispensable « auberge de la gare », — a été créée sur les bords de l'avenue menant à la halte de la ligne départementale de Varennes à Chantelle.

Fourilles est neuf et a perdu toute trace d'anciennes constructions ; aucune découverte archéologique n'y a eu lieu.

En 1245 (1), Archambaud VII, sire de Bourbon, recevait l'hommage du comte de Forez, qui reconnaissait tenir de

(1) Chazaud, *Chronologie des sires de Bourbon*, p. 220.

lui, son seigneur, les terres de Saint-Loup, Bridor ou Brudior, Fourilles, sises entre la Sioule et la Bouble. Cette délimitation nous a fait chercher en vain où se trouvaient Saint-Loup et Brudior ; aucun nom de terres n'a de rapport, même éloigné, avec eux. Fourilles est bien la localité où nous sommes.

En 1265 (1), ces terres, avec les mêmes noms, plus celles connues, de Blanzat et de Salles, situées entre Sioule et Bouble, furent acquises de Renaud de Forez par Jean de Bourgogne, époux d'Agnès de Bourbon.

Au XIVe siècle (2), 1321, Guillaume de Chastenay (Chantelle), autrement dit de Montfan, chevalier, avoua domaines, cens, rentes et tailles ès paroisses d'Ussel et de Fourilles.

Au XVe (3), on constate l'existence d'un château à Fourilles. En 1443, Luques Boyrotte, veuve de Hugonin le Long, seigneur de Chenillat ; Peyronnelle Boyrotte, veuve de Jean de Saint-Quentin, et leurs enfants : Roger, Jean et Antoine ; Marguerite Boyrotte, femme de Louis Aubert, qui pourrait être le chevalier inhumé à Ussel, avouaient l'hôtel, terre seigneuriale de Fourilles, dîme, bois, cens, rentes et tailles.

Le passé du village se découvre un peu au XVIe siècle, lorsque Nicolay (4) écrivait :

> Fourilles [châtellenie d'Ussel], paroisse et prieuré, qui a justice par moitié avec monseigneur le duc, à cause de Chantelle, et contient 47 feux.

Ce prieuré valait 80 livres, et au XVIIe siècle, quand Fou-

---

(1) Chazaud, *Chronologie des sires de Bourbon*, p. 234.
(2) *Ibid.*, p. 220.
(3) *Noms féodaux.*
(4) T. I, p. 147 ; t. II, p. 129.

rilles était rattaché à la châtellenie de Chantelle, d'Argouges (1) disait :

Seigneur, la dame Le Lièvre, marquise de Fourilles. Terroir à froment, seigle et vigne ; 52 feux.

On voit que de 1569 à 1686 la population avait augmenté : de 235 âmes, elle était arrivée à 260 ; c'est un fait exceptionnel dans cette région, où la population diminuait notablement.

C'est tout ce que comprendrait notre notice, en y ajoutant plus loin quelques petits détails empruntés aux registres paroissiaux, si nous n'avions les souvenirs appartenant à deux châteaux qui existent encore, l'un à Fourilles même, et l'autre, en ruines, à la Borde.

Château de Fourilles

En face de la station du chemin de fer apparaît un groupe de vieux bâtiments qu'un voyageur (2) a, en 1903, décrit de la manière suivante :

Un joli colombier à toiture conique, surmontée d'une lanterne, près d'un gros bâtiment rural flanqué d'une tour et d'un élégant pavillon.

Ce n'est guère exact, mais en passant en chemin de fer on se renseigne mal. Le château — car il y a un château — se compose d'un corps de logis assez élégant, dont la façade Sud s'appuie sur une grosse tour ronde. Au Nord, sur la

(1) D'Argouges, p. 149-150.
(2) Ardouin-Dumazet, *Voyage en Bourbonnais.*

cour, existe une tour carrée d'escalier, en grande partie reconstruite lors de récentes réparations. A cinquante mètres environ du logis, au Sud-Ouest, une très forte tour, au toit trop élevé pour la hauteur des murs, ce qui indique une modification peu ancienne, marque probablement un des angles de la primitive enceinte : c'est le pigeonnier du voyageur de 1903. A ses pieds s'ouvrent encore des restes de fossés que remplissaient les eaux amenées du ruisselet voisin, le Boublon.

Le manoir de Fourilles a été restauré et remanié, au siècle dernier, avec l'intention de bien faire, et l'on retrouve quelques encadrements peut-être anciens aux fenêtres des combles. Tous ses abords ont été modernisés, et dans un parc tracé autour de l'édifice, les arbres, qui poussent vigoureusement, encadrent l'habitation. En examinant l'emplacement des constructions et des tours, on voit que le château a eu jadis beaucoup plus d'ampleur.

A la même date que les possesseurs du xve siècle, les le Long, Boyrotte et Aubert, vivaient, en 1443, Marie de Givry, veuve de Jean des Guénégauds, écuyer, et Anthonie, sa fille, femme de Rollet ou Raoulet de la Salle (1) ; ce dernier est qualifié écuyer, sieur de Bellenaves, des Guénégauds (2) et de Fourilles. Les La Roche-Dragon ont (3) ensuite le titre de sieurs de Fourilles. Ce fut peut-être d'eux que les Chaumejean (4) acquirent la terre ; ils aimaient la bâtisse et firent reconstruire le château.

Quand la terre fut saisie, en 1642, le procès-verbal (5)

(1) *Noms féodaux.*
(2) C'est la famille des Guénégauds, Guénégaus, qui eurent le château et la terre des Guénégauds, paroisse de Souitte (Saint-Pourçain-sur-Sioule).
(3) Archives de l'Allier, D. 73, B. 732.
(4) Voir Chareil.
(5) Archives de l'Allier, D. 79, B. 732.

décrivit sommairement l'édifice neuf et inachevé : maison forte de Fourilles, motte, fossés, pont-levis, grand portail en forme de pavillon, trois grosses tours, dont deux étaient découvertes, cour fermée de murailles. C'était, au point de vue du bâtiment, un grand château réduit depuis aux dimensions d'un petit manoir.

Les lettres patentes de 1610 érigeant la terre en marquisat, en faveur de Blaise-Antoine de Chaumejean, s'attachèrent à faire ressortir que la seigneurie était noble, ancienne et de haut renom.

La terre de Fourilles fut acquise des Chaumejean par Thomas le Lièvre de la Grange, en 1647, et, ce qui n'est pas ordinaire pour les terres de notre pays, resta dans sa famille jusqu'en 1888 (1). A cette époque, le château et ses dépendances furent achetés successivement par MM. Bouquet des Chaux, Chardon du Ranquet et, en dernier lieu, Claude Allier.

Château de la Borde

Borde, mot de basse latinité, signifie maison d'habitation, métairie. Telle était sans doute la description du lieu avant qu'un possesseur, un fils des seigneurs de Chareil ou de la Rivière, désirant ne pas s'éloigner de sa famille, reçût le domaine et y fit construire un petit logis fortifié, dont il ne reste qu'une tour carrée et quelques bâtiments fort dégradés. Dans cette tour s'ouvrait la porte d'entrée dont le large cintre est aujourd'hui muré ; son fronton extérieur a un écusson sculpté peu connu, timbré d'un casque de chevalier : il porte trois pals et, au haut de l'un d'eux, une tortue la tête en bas. On n'a pas déterminé ces armoiries.

(1) Voir p. 109.

Intérieurement, sur l'autre façade de la tour, qui est aujourd'hui le mur de fond d'un grenier, on aperçoit le blason des Chareil : *d'or au chevron de gueules*. Le premier des deux écus serait-il celui des la Borde, prédécesseurs des Chareil et alliés avec eux ?

Une maison de fermiers, adossée en partie à la tour, contient deux grandes et anciennes cheminées de pierre, sans sculpture ; autour des bâtiments se dessinent des mouvements de terrain, vestiges d'anciens fossés.

La Borde dépendait de la terre de Blanzat lorsqu'elle fut vendue nationalement, comme bien de l'émigré d'Ussel.

*
* *

Les registres paroissiaux, dans lesquels nous pensions trouver quelques notes curieuses, ne sont pas très anciens ; on y voit que, au XVIIe siècle, la vieille famille des Bougarel, de Chantelle, était possessionnée à Fourilles ; on trouve aussi la trace des Lapelin dans un domaine portant ce nom ; cette terre appartenait, en 1448, à Jean Lapelin, clerc et notaire de Bourbonnais.

Au XVIIIe siècle, le prieur-curé Pounhet, bon vieillard qui passa à Fourilles cinquante ans de sa vie et avait pu voir se renouveler une grande partie de ses paroissiens, fit exécuter des travaux à la cure et à l'église, et il lui en coûta gros. C'était peut-être pour que les générations futures n'oubliassent pas ces sacrifices qu'il a rédigé sa note ; il a noté aussi une inondation causée, en 1787, par une crue extraordinaire du petit Boublon, devenu, un jour, à l'étonnement de tous, un torrent dangereux.

Le terroir à froment, seigle et vignes, signalé par d'Argouges en 1686, est aujourd'hui des plus fertiles, et il y a plaisir à voir les fourrages, céréales et bons vins que donnent ses 698 hectares ; le sol nourrit, en outre, un grand nombre de bêtes à cornes. Les produits des basses-cours s'écoulent plus qu'avantageusement sur les marchés de Saint-Pourçain et de Chantelle, d'où ils vont alimenter les hôtels des grandes villes d'eaux de l'Allier et de l'Auvergne. Trois tuileries et un moulin sont les industries de la commune, qui compte 473 habitants, population presque toute agricole.

En 1790, Fourilles, ci-devant paroisse de la châtellenie de Chantelle, devint une commune du canton créé dans cette ville, district de Gannat, et lui est resté fidèle.

Les archives communales n'ont aucun document de la période révolutionnaire. L'église et le presbytère furent alors vendus et achetés par Munier, pour 3.460 livres; l'église fut rendue au culte en 1803.

CHAPITRE X

MONESTIER

Cette commune a à l'Est, au Nord et à l'Ouest, Deneuille, Fleuriel et Target. Son territoire va finir, au Sud, vers Chirat-l'Eglise, sur les bords pittoresques de la Bouble, au-dessous de la route de Chantelle à Montmaraud. Le sol est peu mouvementé, excepté vers Deneuille, où commencent à se creuser les profonds ravins dans lesquels coulera la rivière jusqu'au-dessous de Chantelle-le-Château ; il est traversé par de bonnes routes et couvert, sur une partie, par le taillis de la forêt domaniale de Giverzat.

En arrivant de Chantelle, on pénètre sur Monestier par le gros hameau de Chantelle-la-Vieille, dont les maisons, toutes modernes ou à peu près, s'alignent longuement et symétriquement des deux côtés du chemin. En passant à Chantelle-le-Château, nous avons rappelé que c'est en ce lieu de Chantelle-la-Vieille que divers auteurs ont placé le *vicus* existant encore au IVe siècle, *vicus de Cantelia*, que signale la Carte de Peutinger. Avec son imagination quelquefois excessive, Boudant (1) a vu autre chose qu'un village :

Chantelle-la-Vieille, dit-il, se perd dans la nuit des temps ; elle avait de bonne heure pris rang parmi les bonnes villes de

---

(1) *Histoire de Chantelle*, p. 8.

la Gaule ; aux jours de sa splendeur, la population s'élevait, dit-on, au chiffre de 8.000 âmes.

Encore une fois, l'abbé a accepté facilement les textes les plus fantaisistes, car rien ne prouve l'existence d'une cité antique de telle importance à Chantelle-la-Vieille. Aucune découverte remarquable n'a eu lieu, et le *vicus* pouvait bien n'être qu'un hameau signalé par un voyageur, au cours de ses étapes.

La situation de ce village était bonne, le long d'un vieux chemin gaulois transformé en une voie romaine dont les vestiges auraient été relevés dans la forêt de Giverzat, et qui débouchait à l'actuelle Chantelle-la-Vieille ; ce tracé avait évidemment pour lui des avantages sérieux : il évitait les précipices de la Bouble et trouvait à franchir aisément cette rivière, à gué ou sur un pont.

Pour le passé de la localité, et faute de pouvoir faire autrement, nous débuterons prudemment au XIIe siècle, quand une bulle du pape Adrien IV parlera de l'église de Chantelle-la-Vieille, dédiée à saint Hippolyte (1).

Au XVIe siècle, Nicolay nous dira que Chantelle-la-Vieille était un « bourg et parroisse sur Bouble qui lui passe à travers, 29 feux » (2) ; en 1686, d'Argouges parlera du seigneur, le Roi, du terrain à seigle et de quelques bois, 12 feux (3), du pont qu'il faudrait rétablir et de la brigade des gabelles.

Pour le XVIIIe siècle, nous écouterons avec plus de plaisir les confidences d'un ancien prieur-curé de Monestier. Quelle heureuse idée a eue, en 1712, ce prêtre, J.-F. Mallat, de se servir de quelques feuillets de ses registres paroissiaux (4),

(1) Abbé Moret, *les Paroisses bourbonnaises*, p. 484.
(2) Environ 145 âmes.
(3) Environ 60 âmes.
(4) Archives de Monestier.

sur lesquels il ne devait plus rédiger les actes, par suite du changement de timbre, pour « laisser à ses successeurs des mémoires curieux et instructifs sur le prieuré-cure de Monestier et de son annexe Chantelle-la-Vieille ». Nous analysons ces « mémoires curieux et instructifs » en ce qui concerne l'annexe, en attendant que nous les utilisions pour la paroisse :

Il y a [à Monestier] une annexe ou plutost un membre dépendant de tems immémorial qui est Chantelle-la-Vieille. L'églize ou plutost chapelle dudit Chantelle-la-Vieille a esté bastie l'année 1210, ainsy qu'il appert par le testament en latin d'un seigneur de Chirat-Guérin, qui lègue pour aider à bastir l'églize de Chantelle-la-Vieille quinze livres, et dix livres pour le pont du même endroit. Le dit testament est dans les archives du prieuré du dit Monestier. Anciennement mes prédécesseurs prieurs y envoyoient dire la saincte messe les dimanches et les festes, et ce dans le tems que le pont de Chantelle-la-Vieille estoit sur pied... Le pont dudit Chantelle-la-Vieille facilitoit un grand passage du Languedoc, des Scevenes et de la haute et basse Auvergne à Paris, qui a cessé depuis l'écroulement du dit pont (1). Dans le tems du dit passage, il y avoit quatre ou cinq logis à enseigne au dict Chantelle-la-Vieille, ce qui augmentoit beaucoup le nombre des habitants du village du dict Chantelle-la-Vieille et obligeoit mes prédécesseurs de ce tems là de leur donner la messe, ce qui na pas esté continüé depuis la chute dudit pont, de manière que, depuis plus d'un siècle, mes dits prédécesseurs nont point donné aux habitants dudit village d'autre messe les dimanches et festes que celle qui se dit en l'églize de Monestier...

On voit que la chute du pont dut être la cause principale de la décadence du village. En effet, elle eut pour consé-

(1) Depuis 1686, le pont manquait.

quence d'intercepter la route et de la rendre très difficile en tout temps et impossible à la moindre crue.

Le village périclitant, les ressources manquant, la chapelle, abandonnée par le culte, tomba en ruines et fut démolie avant le XIXe siècle. Ce n'était pas un édifice important, puisque les registres paroissiaux, de même que Mallat, l'appellent la chapelle. Quelques paroissiaux notables furent inhumés sous ses dalles; à côté il y avait le cimetière du village.

Des familles bourgeoises de l'endroit, les Demongeot, les Chevalier, et des bourgeois de Chantelle, avaient des maisons et des terres à Chantelle-la-Vieille. Jusqu'à la Révolution, un poste de gabelles, commandé par un capitaine, était chargé de surveiller le passage de la Bouble et la sortie des bois, lieux très favorables au faux saunage, auquel les bûcherons et sabotiers des forêts s'associaient avec empressement. Le village était habité surtout par des cultivateurs.

A quelques centaines de mètres après Chantelle-la-Vieille, on arrive à Monestier — encore un bourg moderne, — dont les maisons s'élèvent: les unes sur les deux côtés de la route, d'autres entourant la place de l'église, vers la mairie et les écoles. De loin, en arrivant du chemin de fer, le bourg se groupe assez pittoresquement, et cette vue a eu les honneurs d'une carte postale.

On peut croire, d'après l'ancien nom du bourg, *Monasterium* (1), que le village se forma à côté d'un monastère (ou d'une villa habitée par des religieux), qui fut détruit et non reconstruit; c'est, du reste, conforme à la tradition. Un prieuré-cure succéda au monastère et était doté, encore en

(1) Cocheris.

1791, d'un patrimoine assez considérable (1), débris de celui de l'ancien établissement.

Un document dit qu'en 1169 (2), au château de Varzy, Louis VII, roi de France, prit sous sa protection la ville de Monestier *(villam monasteriorum)*, sauf le droit d'Archimbaud de Bourbon, et confirma les coutumes que le dit Archimbaud y avait établies.

Pour les XIVe et XVe siècles, on ne recueille que des noms de familles possessionnées dans le pays :

En 1300 (3), Jean de Murat, damoiseau, seigneur d'Avenères, eut le péage de Chantelle-la-Vieille, des cens, tailles et autres devoirs sur la paroisse de Monestier ; ce péage était encore, en 1417 (4), aux d'Avenères.

En 1322 (5), Jean de Montassieger, fils de Guillaume, avait terres et cens ; non noble.

En 1350 (6), Marguerite de Montassieger, veuve de Vincent Buchard, avoua rentes ès paroisses d'Ussel, Bayet, Châtelus, pour Agnès et Philippe, ses enfants.

En 1352 (7), Jean de Montassieger avait la quatrième partie de la grande dîme de Monestier, domaine, cens et rentes, paroisse de Chantelle ; il se qualifiait *domicellus*

(1) On vendit, le 18 octobre 1791, 246 boisselées de terre, les prés Barecant, du Rif, du Roc, de la Place, du Cimetière, les bâtiments de la locaterie, les bâtiments du domaine de la cure et des dépendances ; le tout produisait plus de 18.000 livres. (Archives de l'Allier, Q. 66.)

(2) *Titres de la maison de Bourbon*, n° 11^A.

(3) *Noms féodaux*.

(4) *Ibid.*

(5) *Ibid.* Les Montassieger étaient surtout possessionnés à Néris et Saint-Angel ; leur château exista sur la première de ces paroisses. En 1717, un Gabriel de Montassieger, chevalier, avouait le fief seigneurial de ce nom (Néris).

(6) *Noms féodaux*.

(7) *Ibid.*

(damoiseau). Cette qualité fut rayée par l'officier royal, qui ajouta : « non noble ».

En 1443 (1), Gilbert et Mathieu frères, bourgeois de Chantelle-le-Château, et Lorette de Thoury, écuyer, femme de Gilbert, avaient la huitième partie de la grande dîme sur la paroisse de Monestier-le-Comte (2) (Chantelle).

Au XVIe siècle, en 1569, Nicolay décrit ainsi Monestier :

Prieuré-cure, contient 89 feux (3).

Le prieuré-cure de Monestier, au diocèse de Bourges, duquel est pourvu Me Priam Barbier, vaut 120 livres.

En 1686, d'Argouges signale le terrier à seigle et à bois, les 50 feux (4) et les bois du roi (5) : vente Méchin, 203 arpents ; vente Rebot, 361 ; taille Paquet, 196 ; Garnazat, 186 ; grande et petite Vignolle, 174 ; au total, 1.117 arpents.

J.-F. Mallat nous apprend, en 1712, une situation certainement exceptionnelle en Bourbonnais, peut-être unique : il n'y avait pas de malheureux dans sa paroisse. Le curé met, dans un passage du « nécrologe », cette observation relative aux dépenses faites par lui pour son logement :

J'ay cru que je ne pouvois pas faire un meilleur usage de mon bien dans ce temps singulièrement qu'il n'y avoit pas de pauvres dans la paroisse.

Mallat avait peur qu'on lui reprochât plus tard de n'avoir pas songé à des paroissiens malheureux, avant d'exécuter

(1) *Noms féodaux.*

(2) Dès le XVe siècle, on voit le nom de Monestier-le-Comble (de *comba*, vallée).

(3) Environ 445 âmes.

(4) Environ 200 âmes.

(5) Ces mots : ventes, tailles, indiquent que la forêt était exploitée en grand.

des travaux coûteux, et, prudemment, il répondait d'avance aux critiques.

Notre prieur-curé devait avoir une bonne situation ; sa paroisse lui assurait un sérieux revenu, et il avait quelque fortune, car il appartenait à une famille bourgeoise. Son frère demeurait en sa terre de Villedieu (1), et il est appelé, dans les actes, sieur de Villedieu ; il oublia souvent son nom de Mallat et signa Villedieu tout court. En 1709, son fils, René Mallat de Villedieu, était lieutenant au régiment de Mirabeau.

D'autres notables habitants, propriétaires de petits domaines, résidaient sur Monestier : les Chartier, sieurs de Mallignat (2), alliés aux Mallat ; les Meige.

Quelques villages, dont on retrouve les noms sur les cartes modernes, sont nommés dans les actes anciens : la Piraube, Gratteloup et son moulin, Labbaye et Barbignat.

Nous aurons épuisé les menus détails à signaler, après avoir donné une note concernant l'élection d'une matrone par le peuple, assemblé au son de la cloche. La femme Triboyau — qui avait heureusement le joli prénom de Colombe, — épouse de Philippe Dujon, maréchal-ferrant, âgée de quarante ans, fut pourvue de l'office, et le curé lui fit prêter publiquement le serment.

Passons maintenant à l'église, petit édifice de l'époque romane, dédié à saint Pourçain, qui n'a plus qu'un faible intérêt. Que de chocs il avait dû subir, avant que le maçon de 1793 jetât à bas la flèche du clocher que remplaça un étrange toit rond en zinc, œuvre d'un ferblantier du pays, qui trouva facilement un modèle en quelque couvercle de vase de sa boutique !

(1) Reg. par. de Monestier.
(2) *Ibid.*

Sous ce titre : *Nécrologe des prieurs-curés de Monestier-le-Comble et de son annexe Chantelle-la-Vieille, successivement depuis 1553*, Jean-François Mallat, avec qui nous avons déjà fait utilement connaissance, a laissé des renseignements assez copieux sur ses prédécesseurs, sur leur administration, les propriétés et recettes du prieuré-cure, l'église et le presbytère.

Ecoutons de nouveau ses confidences : le premier des prieurs-curés fut, à sa connaissance, Priant Barbier (1), qui exerça de 1553 à 1585 ; après lui vint Gilbert Burlaud, de 1585 au 17 février 1610 ; puis Nicolas Sevin, chanoine régulier des Prémontrés de l'abbaye de Saint-Gilbert (2), de 1610 à 1622 ; il résigna le bénéfice à Jean Meunier, aussi chanoine régulier des Prémontrés, à qui succéda, en 1632, Annet du Chambon, simple clerc tonsuré, « qui usurpa les revenus dudit prieuré », depuis 1632 jusqu'au 14 mai 1641 ; à cette date, Antoine Choquard, chanoine régulier de Saint-Vincent de Chantelle, remplaça Annet du Chambon, qui n'avait pu se rendre « apte et idoine à posséder le bénéfice », et avoit dérogé « à la cléricature par le mariage qu'il avait contracté » (3). Malgré l'irrégularité de sa situation, Chambon avait occupé, au moins financièrement parlant, le prieuré, et avait encaissé les revenus. Antoine Choquard en poursuivit, dit Mallat, la restitution, et l'obtint par un arrêté du Parlement du 20 août 1667. En juillet de cette année, Choquard résigna son bénéfice en faveur de François Mallat, prêtre séculier, qui fut, jusqu'au 20 mars 1706, curé de Monestier. Il fut alors remplacé par Jean-François

(1) Priam, d'après Nicolay.

(2) Etablissement religieux situé sur Saint-Didier-en-Rollat ; il y a encore quelques parties intéressantes.

(3) Nous pensons que c'était probablement Annet du Chambon, qui épousa Eloyse de la Rivière. (Voir Target.)

Reliquaire de l'Eglise de Chantelle

Reliquaire de l'Eglise de Chantelle

Eglise de Monestier

Ruines de Vignères (Monestier)

Mallat, chanoine régulier de l'église royale de Saint-Pierre d'Evaux, qui resta en fonctions jusqu'à sa mort (28 décembre 1747), soit pendant quarante et un ans. Son successeur, Bayon, était encore curé en 1790.

J.-F. Mallat a ajouté aux notes relatives à la liste de ses prédécesseurs des renseignements sur le patrimoine des prieurs et leur gestion ; en voici quelques extraits, car nous ne saurions les donner *in extenso* :

Gilbert Burlaud avait accepté la fondation Symon Jolly pour la garenne de Chantelle-la-Vieille, et il fut le dernier curé qui fit desservir le village par un vicaire.

Le chanoine Sevin ne fut pas économe : il vendit plusieurs vignes, des prés, des terres et maisons appartenant à la cure ; J.-F. Mallat se plaint amèrement de son administration.

Choquard répara l'église, le presbytère, et arriva à se faire restituer des immeubles aliénés irrégulièrement par du Chambon, et à recouvrer des dîmes que les habitants ne fournissaient plus.

Quand Antoine Choquard fut pourvu du prieuré, en mars 1641, il reçut, paraît-il, l'église « dans un pitoyable état ; il n'y trouva ni tableaux, ni ornements, ni linge, ni vases sacrés d'argent ; il fit orner l'église de tableaux, de devants d'autels, de châssis pour les devants d'autels, de balustrade ; contraignit les paroissiens de réparer le clocher, qui est tout en ruines, de luy bastir le presbytère.

« Après lui, J.-F. Mallat continua les embellissements et fit faire le tabernacle, la croix de cuivre que l'on porte à la procession, la bannière, le missel et la clôture du cimetière. »

J.-F. Mallat dépensa beaucoup pour l'église : il fit exhausser le maître-autel et peindre les murs ; il acheta à Chantelle la stalle de l'église Saint-Vincent pour le chœur, acheva la balustrade de la chapelle Saint-Joseph, plaça les fonts baptismaux, fondit la grosse cloche, fit faire « l'avant » (l'auvent) à la grande porte et acheta la chasuble partie satin partie satinade, la chasuble violette, le porte-Dieu d'argent, l'encensoir avec sa navette, le falot pour porter devant le Saint-Sacrement, deux surplis, trois aubes, le missel des morts de Bourges, etc.

J.-F. Mallat embellit aussi le presbytère, et, en présence de toutes ces dépenses, on n'est pas étonné de lui voir écrire qu'il vida souvent sa bourse. Il avoue, du reste, qu'il aimait la bâtisse :

> Je me suis plusieurs fois tout désargenté ; j'ay basti dans un tems que tous les ouvriers estoient chers, les matériaux hors de prix commun ; il m'en a coûté trois mille cinq cents livres d'argent déboursées, sans parler de la nourriture des ouvriers...

Le curé avait néanmoins beaucoup d'ordre, car il contrôla les recettes du prieuré et régularisa les recouvrements de fondations et de dîmes, de bon gré ou judiciairement.

En résumé, le prieuré-cure pouvait bon an mal an rapporter plus de 1.500 livres, au moins 4.000 francs de notre monnaie.

En dehors des notes concernant les travaux, on remarque, dans les registres paroissiaux, les relations de baptêmes de cloches : le 16 mai 1687, F. Mallat fit bénir une « sonneuse » dédiée à saint Pourçain ; elle eut pour parrain et marraine François Mallat, sieur de Villedieu, et Marie-Suzanne Mallat, sa sœur.

Le 1er mai 1709, sous l'administration de J.-F Mallat, on monta dans la tour la grosse cloche placée sous l'invocation de Notre-Dame et l'intervention de saint Abdon ; le parrain fut un voisin de Voussac, Jean Aumaistre, seigneur de Chirat-Guérin, conseiller du roy, maître des eaux et forêts à Montmaraud ; la marraine était Marie-Amable Chouvigny de Blot, épouse de Jean Lebel, écuyer, sieur de la Vauvre (la Voreille).

Deux autres « sonneuses » furent placées le 20 juillet 1777; l'une, dédiée à saint Abdon, eut pour parrain et marraine Gilbert Cachard, notaire royal, et Marie de Saint-Julien, consorte d'Antoine Jurieux, sieur de Bauvron; l'autre, dédiée à sainte Marie, eut pour parrain J.-F. Mallat et pour marraine Maria Bertrand.

Trois de ces cloches furent enlevées en 1793 et envoyées à la Charité-sur-Loire.

Comme partout, des inhumations se faisaient dans l'église. Nous citerons celles de membres des familles Lapelin, Chartier, Mallat, et celles des curés Burlaud, Chaquard et François Mallat.

Nous allions oublier un petit événement : le 14 août 1702, le tonnerre tomba sur le clocher, renversa des ardoises et des bois et tua un homme, quelque sonneur contrevenant aux ordonnances qui défendirent inutilement de sonner les cloches pendant les orages.

En 1795, l'église de Monestier fut achetée par Raynaud, qui, dans cette région, avait mis la main sur beaucoup d'églises et de presbytères. Il l'aurait revendue à la commune, lors du rétablissement du culte.

D'après Nicolay, les terres importantes de Chantelle-la-Vieille étaient, de son temps, celles de Bannassat, de la Courcelle et de Montcelat. Nous suivons ses indications pour visiter la commune.

Bannassat

Nous écartons de la monographie de Monestier ce lieu de Bannassat, rattaché à la commune de Chirat-l'Eglise lors d'une rectification des limites, en 1790. Déjà, antérieurement, au point de vue paroissial, Bannassat, un fort ancien fief, composé de Bannassat-le-Château et de Bannassat-ville *(villa)*, n'était qu'alternativement de Chantelle-la-Vieille et de Chirat-l'Eglise, comme circonscription paroissiale et pour le recouvrement de l'impôt.

Bannassat a appartenu, au moins depuis 1369, aux du Peschin, dont une descendante, mariée avec Bertrand de la Tour, l'avait encore à la fin du xve siècle.

Nous ne parlons pas plus longuement de Bannassat, mais nous recommandons aux touristes son vieux château en ruines et les sites pittoresques qui abondent dans son voisinage.

Montcelat

Ce nom, écrit souvent Moncelat, viendrait de *Monticellus*, voulant dire petite montagne. En effet, Montcelat est bâti sur une colline de plus de trois cents mètres de haut, une des plus élevées du pays, entre Chantelle-la-Vieille, Monestier et Target.

L'habitation actuelle peut couvrir l'emplacement qu'occupait, au xive siècle, celle des plus anciens possesseurs connus (1), Pierre de Moncellus (*Moncellis*), qui aurait eu la terre par son mariage avec Alice d'Ussel ; au xve siècle, 1453, l'hôtel de Moncelat appartenait à Claude le Grant, fils de feu Etienne et de Béatrix Jugière, remariée à Pierre de Bellenaves. A Monestier, comme sur les paroisses voisines éloignées, les de Bellenaves ont eu un vaste territoire.

Près de Montcelat, un lieu dit la Villefranche, déjà mentionné en 1486, peut rappeler le souvenir de quelque franchise accordé par un seigneur.

Une note de Boudant (2) donne la terre aux la Roche-Dragon, au xve siècle, et aux du Buysson, au xvie. Bien avant 1695, Montcelat dépendait de la seigneurie de Mons

(1) *Noms féodaux.*
(2) Note au crayon, sans autre détail.

(Senat), appartenant à Philibert du Buysson, ancien capitaine de vaisseau, président au présidial de Moulins, puisqu'il donna le fief et ses dépendances à son fils Antoine (1), avec la seigneurie des Hais (Treban), quand il épousa, le 16 février 1694, Françoise le Besgue, fille de feu noble Pierre, seigneur d'Ambly, secrétaire des finances du duc d'Orléans, et de Jeanne de Chalmoux. Antoine était capitaine d'une compagnie de chevau-légers au régiment de Villasson; il fit aveu pour la terre, le 7 juin 1695 (2); elle était, en 1731, à Pierre du Buisson. Montcelat fut ensuite aux le Brun, aux Roudelle, et appartient actuellement à M. Renaud de Fréminville.

Les Allots

En visitant Fleuriel, nous avons parlé de cette ferme des Allots qui se trouve sur la route de Monestier à Voussac, au-dessus de la forêt de Giverzat. On suppose qu'il y eut là, au XVe siècle, une maison-forte ou un logis appartenant à la famille des Allots, qui possédait alors, à Fleuriel, la terre de la Teillée, et avait une chapelle et un tombeau dans l'église de cette paroisse.

En 1635 (3), un Jean des Allots, époux de Gilberte de Lestrade, fut inhumé dans la sépulture de ses ancêtres. La terre des Allots était, en 1668, à Pierre des Allots; après lui, le domaine passa, par les mariages de ses filles, à des familles bourgeoises, celles des Miquereau, Fournier et Chartier.

Jean Miquereau avait épousé Marguerite des Allots; nous

(1) C. Grégoire, *le Château des Aix*.
(2) Archives nationales, P. 475¹, n° 916.
(3) *Noms féodaux*; reg. par. de Monestier; voir Fleuriel.

connaissons un Gilbert Fournier, fils d'une Gilberte des Allots, et Philippe Chartier était le mari de Jeanne Miquereau.

Avant la fin du XVIIe siècle, la terre avait été partagée : en juin 1695 (1), Marie Pelletier, veuve de Gilbert Fournier, remariée en deuxièmes noces avec Doriat Denis, n'avait qu'une partie des Allots ; en 1716, Gilbert Chavenon ou plutôt Charenon, sieur de Lorme, avait le fief du petit domaine des Allots, que son fils Jacques eut en 1728.

Nous ne connaissons pas la suite des possesseurs depuis 1728 ; les derniers sont MM. Perrin, Gaulmin et Mme veuve Barbarat.

Barbignat

Nous augmentons la liste des terres notées par Nicolay de celle de Barbignat, que ses indicateurs ne lui avaient probablement pas signalée, car, au commencement du XVIe siècle, Barbignat, démembrement possible de la grande terre des Allots — la situation des lieux permet cette supposition — était à Françoise de Bors, veuve d'Antoine des Allots, tutrice de ses deux enfants mineurs, Pierre et Marguerite. Nous ne savons à quelle époque Barbignat ne fut plus aux Allots.

La terre est sur la lisière des taillis de Giverzat, en haut d'un coteau, à gauche en allant à Voussac, près du ruisseau de Gratteloup ; il y eut une maison, château ou logis qui a disparu, et à sa place ou à proximité a été construite l'habitation de M. Baratier, maire de Monestier. C'était, en 1702, le seul endroit de la paroisse où il y eût un vignoble.

(1) Archives nationales, P. 475^{1}, n° 925.

En 1694 (1), Barbignat était à un Jacquinet, seigneur également de la Forêt, qui avait épousé Suzanne Chartier, fille du sieur de Mallignat, gendre de Pierre des Allots, le possesseur des Allots, en 1686.

Barbignat était, en 1724, à Antoine de Lapelin, époux d'Elisabeth de Chambon; il était mort le 11 janvier 1724, et fut inhumé dans l'église de Monestier. Les deux époux avaient: 1° Jean-Nicolas qui se maria avec Gilberte du Buisson, fille de défunt Alexandre, sieur de Chomardy, et de Marie-Monique de Bard; 2° Henri, qui remplaça son père à Barbignat, et avait épousé Marie-Madeleine de Sainsbut.

Le 16 janvier 1725, on baptisa, à Monestier, leur fille Elisabeth qui eut pour parrain Charles de Sainsbut, écuyer, sieur des Vignes et des Garennes, et pour marraine Elisabeth de Chambon, sa grand'mère, veuve d'Antoine de Lapelin.

Le 13 décembre 1727, on fit le baptême de Nicolas de Lapelin, fils des mêmes; parrain, Nicolas-Louis de Rollat, de Marsay, chevalier de Saint-Jean de Jérusalem; marraine, Anne Charlet, veuve de Depont des Fourneaux.

Le 25 juin 1734, fut baptisé Jean-Baptiste de Lapelin; le parrain était Antoine de Lapelin et la marraine Marie Jacquinet de la Forêt. C'était le fils de Jean-Nicolas et de Gilberte du Buysson; il épousa (2), le 8 février 1762, Claude-Marie Delaire, fille de Jacques, écuyer, chevalier de Saint-Louis, demeurant à Chaugy, possesseur de la terre de Salles (3).

La terre de Barbignat a appartenu, au XIXe siècle, à

(1) Reg. par. de Monestier; vieux actes Delaire (étude Jolly à Chantelle).

(2) Archives de l'Allier, B. 777.

(3) Voir Salles.

MM. Aupierre et Gardien ; ce dernier était le beau-père de M. Baratier, maire de Monestier, l'actuel possesseur.

La Courcelle

Ce nom vient de *cortilis*, diminutif de *curtis*, et veut dire petit enclos ; le lieu est très ancien. C'est une ferme existant à l'Ouest de Monestier et près du bourg.

En 1597, le domaine appartenait à Barbier, élu de Bourbonnais (1), un des bourgeois de Chantelle, probablement un frère du curé de Monestier, à cette époque.

Au commencement du XVIIe siècle, la Courcelle était à Gilbert Raynaud, qualifié sieur de la Courcelle, qui la vendit à François Hérisson, avocat au Parlement, comme en jouissait noble Symon Joly, le précédent propriétaire avant Raynaud ; Louis Hérisson, maître apothicaire à Taxat-sous-Fleuriel, vendit la Courcelle aux Jésuites de Moulins, vers 1674.

La ferme de la Courcelle fut incendiée en 1727 (2) ; elle fut vendue en 1792, resta longtemps aux Bidet et appartient à un allié de cette famille, M. Colas-Bidet, de Chantelle.

Tour de Vignère

Cette tour et les débris de murailles qui la touchent se trouvent sur la rive gauche du ruisseau de la Luzarde, à 350 mètres environ de son confluent avec la Bouble. D'après le plan cadastral, le lieu s'appelle Tour de Venière (3)

(1) Archives de l'Allier, D. 64.
(2) *Ibid.*, D. 73.
(3) Vignère ou Venière ont tous les deux le même sens ; le lieu avait des vignes.

et il appartient à Mme veuve de l'Estoile, née Dutour de Salvert.

Nous ne savons rien sur le passé de ces ruines; il a pu exister là quelque château commandant une route et un gué sur la rivière. Boudant (1), jamais embarrassé, a parlé des moines romains de la tour de Vignère, savants artistes et riches reclus, qui devaient, dit-on, justifier d'au moins 10.000 livres de rentes; mais il a oublié de dire où il a pris ces renseignements.

***

Monestier quitta la châtellenie de Chantelle, supprimée en 1790, pour être une commune du canton de Chantelle, district de Gannat, dont elle dépend toujours.

A la manière de d'Argouges, au XVIIe siècle, nous exposerons que, au XXe, Monestier est un excellent terroir à céréales et qu'on y élève de bon bétail. La commune a une station sur la ligne de Varennes à Montmaraud, mais cette gare est à plus de 1.500 mètres de l'agglomération.

Monestier et Chantelle-la-Vieille ont à peu près la même importance: la commune a 809 habitants.

Les 992 hectares de la forêt domaniale de Giverzat offrent d'agréables promenades, qui ramènent le touriste à Chantelle, par Deneuille. Ce nom de Giverzat a une forme presque gallo-romaine; sur la carte, un des cantons de la forêt porte ce nom suggestif: « la Pierre d'Argent »; mais personne n'a pu nous dire ce que cette dénomination curieuse signifie. Il y eut là, évidemment, une pierre, — rocher ou borne, — taillée, assez volumineuse pour être connue de tout le pays. C'était, avant les défrichements opérés, à peu près le centre de la forêt, et nous pensons

(1) P. 38.

que « la Pierre d'Argent » devait son nom à l'habitude prise par les officiers forestiers d'y fixer un rendez-vous aux marchands de bois, aux ouvriers charbonniers et sabotiers, pour régler avec eux le paiement des ventes ou de redevances. En 1710, ces ouvriers avaient, dans la forêt, soixante huttes abritant 140 personnes, un véritable village. Un jour, un agent forestier trouva que l'antique bloc de pierre gênait les plantations confiées à sa surveillance, et il en fit des mètres cubes de cailloux pour les chemins de Giverzat. En 1843, Bariau n'avait plus trouvé la Pierre d'Argent et n'avait pu savoir, des vieux paysans, ce qu'elle était devenue.

Une dernière remarque : un acte des registres paroissiaux constate l'existence de l'administration communale; en 1698, un Chartier en était le syndic, c'est-à-dire le chef.

CHAPITRE XI

SAINT-GERMAIN-DE-SALLES

Enveloppé au Nord et à l'Ouest par Etroussat, Ussel et Charroux, Saint-Germain-de-Salles va finir, au Sud et à l'Ouest, aux rives de la Sioule. Sur une grande partie du territoire de la commune existe une plaine fertile, assez monotone, dans laquelle on a laissé quelques arbres. Vers Ussel et Charroux, le pays devient pittoresque et de hautes collines forment un fond de paysage agréable. Au Sud et à l'Est coule, à l'ombre de longues lignes de peupliers et de saules, la Sioule, qui vient d'abandonner la trouée de Jenzat, aux sites sauvages très remarquables, et va jusqu'à Contigny se réunir à l'Allier, faisant tourner des moulins achalandés, constructions modernes qui ont remplacé les vieilles usines de Salles, d'Infernal ou Internat, de Flagne, des Peyrets et autres. Au-dessus des arbres pointe le clocher de l'église du Mayet-d'Ecole.

Le bourg de Saint-Germain-de-Salles est en terrain plat, où se croisent plusieurs routes. Sur un de ses côtés, il y a l'église, et, au-dessus de cet édifice, sur un mamelon, un château moderne ; le long des chemins et autour d'une place, sont placées des maisons, la mairie, la cure et les écoles ; sur la route de Jenzat, une agglomération importante s'étend jusqu'au château de Salles.

L'actuel Saint-Germain-de-Salles a englobé le sol des trois communes, autrefois vieilles paroisses, réunies en 1802 : Saint-Germain-de-Salles, Salles et Saint-Cyprien.

La première de ces localités paraît devoir son origine à l'établissement d'un prieuré dépendant de la célèbre abbaye bénédictine de Vézelay (Yonne).

D'après une tradition, qu'aucun texte ne confirme, ce prieuré aurait été d'abord une ferme, construite par les moines bénédictins envoyés de Vézelay sur des terrains que leur avait concédés Archambaud II, sire de Bourbon, et qu'ils défrichèrent. Ils y auraient construit une chapelle : cette installation remonterait, par conséquent, au premier tiers du XIe siècle. Le prieuré eut justice commune avec le duc de Bourbonnais.

En 1322, d'après les *Noms féodaux*, Guillaume de Murat, damoiseau, avait un fief en la paroisse de Saint-Germain-de-Salles, cens et rentes en celle de Senat ; quel était ce fief?

En 1513 (1), la duchesse fit procéder par Théaude de Laye, maître des requêtes de sa maison, assisté d'un procureur et d'un greffier, à la fixation des limites de la justice de la paroisse, commune entre le duc et le prieur commendataire.

Nicolay (2), en 1569, dit de Saint-Germain-de-Salles :

Chasteau et prieuré dans le dit chasteau, sur Sioule ; et a le prieur justice par moitié avec monseigneur le duc ; et contient la dite terre le nombre de 45 feux (3).

Le prieuré donnait, en ce temps, un revenu de 700 ou 500 livres ; Nicolay relate ces deux chiffres, présentant une différence sensible, l'un à l'article récapitulatif (4) des bénéfices de Chantelle, l'autre en parlant du prieuré. Le prieuré

(1) *Titres de la maison de Bourbon*, nos 7936, 7938.
(2) T. Ier, p. 147.
(3) Peut-être 200 habitants.
(4) T. II, p. 129.

nommait aux cures de Charroux, de Taxat et de Senat; la cure de Saint-Germain dépendait de la commanderie de la Marche (Charroux), et valait 50 livres.

En 1686, d'Argouges (1) n'ajoute rien de particulier aux indications de Nicolay; il évalue le chiffre du revenu du prieuré à 800 livres, que constatera aussi Le Vayer (2) douze ans plus tard; il y avait 30 feux (3). En 1698, le prieuré dépendait toujours de l'abbaye de Vézelay, réunie à la maison de Saint-Lazare.

De l'ancienne église, il ne paraît rester que la base d'un solide clocher roman et quelques parties de murs utilisées dans une serre du château voisin. Quant au prieuré, — le château, comme disait Nicolay, — il n'en subsiste pour ainsi dire rien. Quelques mouvements de terrain autour de l'église semblent indiquer la place de fossés; un gros colombier et une autre tour sont considérés comme d'anciennes tours d'angle. Nous nous faisons volontiers l'écho de cette tradition.

Par suite de circonstances qui nous sont inconnues, le prieuré de Saint-Germain aurait été aliéné, en 1720, et acquis par un sieur Doyen, bourgeois parisien, en même temps que le domaine voisin de Belair, dépendance du prieuré.

Au XVIIIe siècle (4), les deux propriétés étaient aux Bertrand de Fontviolant; leurs héritiers les vendirent à M. Aymard, fermier, qui les céda à M. Richard de l'Isle, en 1876. C'est à Belair qu'a été bâti le château de Mme Ri-

(1) P. 150.
(2) P. 67.
(3) Environ 150 âmes.
(4) Voir, au sujet de Saint-Germain-de-Salles, l'*Excursion de la Société d'émulation du Bourbonnais*, 1908, dans laquelle M. l'abbé Peynot donne de longs et intéressants détails sur Saint-Germain, Salles et Saint-Cyprien.

chard de l'Isle, belle habitation entourée d'un parc, dont nous avons déjà parlé.

Céron

Avant de nous éloigner de Saint-Germain-de-Salles, nous passerons à Saint-Cyprien, ancienne paroisse, sa voisine, qu'elle a absorbée. En 1569, Nicolay lui donnait 49 feux (1), y plaçait la maison-forte de Céron ou de Daune ; en 1686, d'Argouges parle du seigneur de Saint-Cyprien, le Roi, et du fief de Céron ; la paroisse avait 26 feux (2).

M. l'abbé Peynot a recherché les premiers seigneurs de Saint-Cyprien (3) ou de Saint-Cébran, famille d'Ussel. Arrivé à 1569, l'auteur est, comme nous, embarrassé pour dire à quelle famille appartenait ce nom de Daune écrit par Nicolay et que l'on ne retrouve pas dans les vieux papiers ; puis il arrive à Marie de Céron, qui épousa, dit-il, vers 1600, Michel Menudel, seigneur de Chassignet (Chareil). L'auteur a oublié de citer les père et mère de Marie, François de Céron et Anne de Pierrepont (4). Marie de Céron épousa, le 14 juin 1605, non Michel, mais Nicolas Menudel, écuyer, seigneur de Chassignet, demeurant à Saint-Pourçain, fils de feu Jean, écuyer, sieur de Bompré, et de Guillemette Feydeau. Au moment de ce mariage, Anne de Pierrepont, veuve de François de Céron, était remariée avec noble Charles Dubuisson, président en l'élection de Gannat (5). Nicolas Menudel fut gouverneur pour le roi

(1) 245 âmes.
(2) 130 âmes ; différence de 115 habitants en 117 ans.
(3) *Excursion*, 1908.
(4) Archives de l'Allier, B. 739.
(5) *Ibid.*

à Saint-Pourçain (1), et sa femme fit plusieurs fois, à des familles de cette ville, l'honneur d'être marraine de leurs enfants, en l'église Saint-Georges (2). Dans les actes des baptêmes auxquels elle prit part, nous constatons que, en 1620, Nicolas de Menudel et son épouse étaient sieur et dame de Céron et de Chassignet. M. l'abbé Peynot ajoute une Marie Menudel aux deux filles de Nicolas et de Marie de Céron que nous connaissions : Guillemette et Françoise.

Guillemette se maria deux fois : en premières noces, le 25 août 1624, avec Jean de la Roche, écuyer, sieur des Mousseaux ou Monceaux (Murat), fils de Gilbert et de Françoise Mareschal ; en deuxièmes noces, le 15 avril 1658 (3), avec Jean de Breschard. Le même jour, Claude de la Roche épousa Jeanne de Breschard, fille du mari de sa mère et de feu Jeanne de la Mousse.

Pour Françoise, M. l'abbé Peynot lui donne comme mari François de Saint-Julien :

> Ils se firent, le 14 février 1656, mutuelle donation de leurs biens, pourveu toutes fois qu'au jour du décéds du premier mourant il n'y ait aucuns enfants procréés de leur mariage (4).

Françoise était morte en 1684, et ses héritiers (5) étaient Gilbert de la Roche, écuyer, sieur de Laval, et Madeleine de Saint-Julien, sa femme, fille de la dite Françoise, « donataire et bien-tenante de feu Françoise Menudel, fille des défunts Nicolas Menudel et de Marie de Seroi ».

---

(1) Reg. par. de Saint-Pourçain-sur-Sioule.
(2) *Ibid.*
(3) Archives de l'Allier, B. 739.
(4) *Ibid.*, B. 742.
(5) *Ibid.*, B. 260.

Marie Menudel, celle signalée par l'abbé Peynot, épousa un de Viry, seigneur des Eschelettes (1) (Montoldre).

Claude de la Roche était mort en 1678. Le 19 février 1694 (2), sa veuve se remaria avec un voisin, François Odier ou Audier d'Arfeuilles, fils de feu Symphorien d'Arfeuilles et de Magdeleine Audier ; ce serait Jeanne de Breschard à qui d'Argouges a donné, en 1686, le fief de Céron, et qu'il appelle « la dame du Mousseau ».

Nous transcrivons la légende suivante conservée dans la famille à laquelle appartiennent les portraits dont nous allons parler ; voici ce qu'elle dit :

Un seigneur de Céron, compromis dans la conspiration de Cinq-Mars, aurait été condamné à mort et exécuté ; sa veuve, d'abord désolée, se serait retirée dans sa maison-forte de Céron, déclarant qu'elle renonçait pour toujours au monde. Ce fut dans ces tristes dispositions d'esprit qu'elle se serait fait peindre en Madeleine, les cheveux épars sur les épaules, les yeux pleins de larmes. Quelques années plus tard, la dame, consolée, se remaria. Pour constater ce changement, elle eut recours à un autre peintre, assez habile, qui, dans un deuxième portrait, la montra souriante, dans un riche et élégant costume de la première moitié du XVIIe siècle.

Nous avons aussi la photographie d'un portrait du seigneur de Céron (3) que la châtelaine pleura, à chaudes

(1) *Excursion*, 1908.

(2) Archives de l'Allier, B. 747.

(3) Ces toiles, non sans mérite, viennent de la succession de M. François-René Archon-Despeyrouses, président de chambre à la Cour de Riom. La Madeleine pleure dans le salon de M. Degeorges, au château de Chatet, près de Saint-Pourçain ; le guerrier et son épouse remariée restent séparés : l'un se trouve dans le salon de M. Delacodre, notaire à Aigueperse, et l'autre, dans la maison du docteur Degeorges, récemment décédé dans cette dernière ville.

larmes, en peinture, pendant quelques mois; c'était un vigoureux gentilhomme, digne de tous les regrets de son épouse. Il est représenté à mi-corps, portant cuirasse, brassards et cuissards de fer; cette armure semble bien du XVIe siècle. Le beau soldat a en sautoir une large écharpe blanche, qui avait dû être brodée par les blanches mains de sa dame, et au côté gauche une épée dont on aperçoit le pommeau; devant lui est posé, sur un meuble, un casque, visière baissée, orné d'un double panache de plumes; en haut de la toile, à droite, timbrés d'un casque, sont deux écussons accolés. D'après la photographie, l'un a un oiseau qui semble voler en tenant une couronne dans ses pattes, et en chef, trois étoiles; l'autre porte une croix à deux branches surmontée de trois merlettes. Ces armoiries, examinées par divers héraldistes, n'ont pu être déterminées; nous ne connaissons donc pas leurs propriétaires, et nous ne savons pas si la dame et le guerrier furent des possesseurs de Céron.

M. l'abbé Peynot ouvre les portes du château de Céron, vers 1694, à Gilbert-Simon Rousseau, écuyer, seigneur de Boussat (Bellenaves ou Target), conseiller du roy, ancien lieutenant général de la prévôté de Bourbonnais, décédé avant décembre 1695. Françoise Guillaumet ou Guillomet, décédée à Céron, le 20 juillet 1702, était sa mère, et son père fut Alexandre Rousseau, sieur de Verzun (Target). La femme de Gilbert-Simon Rousseau était Louise Le Tailleur du Thonyn. Quant à leurs enfants, la liste de l'abbé est, croyons-nous, incomplète; il n'en cite que quatre: 1° Nicolas, dont nous parlerons plus loin; 2° Claude, qui épousa Gilbert-François de la Boulaye; 3° Louise, femme de Nicolas Aschard. Ils eurent aussi, à Target (1): en 1686,

(1) Voir, à Target, le fief de Verzun.

Marie ; en 1690, Claude, peut-être celle nommée plus haut ; en 1692, Geneviève. Nicolas Rousseau, sieur de Céron, épousa, à Saint-Pourçain-sur-Sioule, le 19 mai 1722, Marie Delacodre, fille de Pierre, sieur de Montpansin et de Marie Desrolines. Au nombre des témoins étaient : Joseph Le Tailleur du Thonin, écuyer, seigneur de la Presle, oncle de l'époux ; Jean Le Tailleur, écuyer, seigneur de la Presle, son cousin (1). Les époux comptèrent au moins huit enfants, ce qui n'a rien de surprenant pour l'époque : Pierre, Jean-Baptiste, Louise, Marguerite, Nicolas, Pierre, Claude-Joseph et Marie-Marguerite.

Nicolas Rousseau mourut le 1er octobre 1753, et à son inhumation assistaient trois de ses fils : Pierre, garde du corps du roy ; Pierre, dit le Jeune, sous-diacre (2) ; Claude-Joseph ; Nicolas et Pierre de la Codre, ses neveux.

Marie de la Codre fut enterrée le 24 septembre 1772.

Les registres paroissiaux de Saint-Germain-de-Salles ont d'autres actes qui touchent les Rousseau de Céron : le 10 septembre 1771, décès de Pierre, ancien garde du corps, capitaine de cavalerie.

En 1772, Amable Rousseau de Céron était capitaine au régiment de Picardie ; il avait épousé, le 4 février 1760, à Saulcet (3), Marguerite Vernoy de Montjournal, fille de Jean-Baptiste-Ignace Vernoy de Montjournal, écuyer, seigneur de Beauvais (Saulcet), trésorier de France au bureau des finances de Moulins (4), et de Catherine-Gilberte Desboux de Beaufort. Parmi les témoins, il y avait deux frères de l'époux, Amable Roussaut de Céron et Pierre Roussaut de

(1) Reg. par. de Saint-Pourçain-sur-Sioule.

(2) Le futur curé de Saulcet.

(3) Reg. par. de Saint-Pourçain et de Saulcet.

(4) Installé le 13 septembre 1728, à la place de Baugy de Rochefort ; il était mineur et ne put délibérer qu'en 1731.

Céròn, curé de Saulcet (1) ; leurs cousins, Nicolas Le Tailleur de la Presle, Nicolas Delacodre de Montpansin, conseiller du roi, bailli, lieutenant général, civil et criminel et de police de la prévôté de Paluet et bailliage de Saint-Pourçain, subdélégué de Moulins au département de l'Allier. Des amis assistaient aussi au mariage : Rollat de Puyguillon, officier au régiment de Picardie ; Nicolas de Louan, ancien officier de ce régiment ; Jean Michel (de la Roche) du Mousseau, ancien officier de Royal-Infanterie ; Nicolas de Semyn, seigneur de Foulet et de Bransat ; Toussaint de Guillebon, seigneur des Fontaines.

En 1789, la terre de Céron était possédée par Amable Roussaut, frère de Joseph, le maire de 1760 ; il fut délégué de la paroisse de Saint-Cyprien pour les élections aux Etats généraux.

Le citoyen Roussaut passa dans son manoir la période révolutionnaire, avec sa sœur Marguerite (2), qui aurait épousé un de la Codre de Montpansin. Une de leurs filles se maria avec M. Degeorges, qui vendit, vers 1840-1842, la terre de Céron à un voisin, M. Desgranges, grand-père maternel de Mme Augustin Burelle, née Grangier, femme du propriétaire actuel.

Dans la plupart des documents, le nom des anciens possesseurs est écrit Rousseau ou Roussaut, et eux-mêmes signent des deux manières, ce qui n'a rien d'extraordinaire pour le temps.

Le château de Céron, réparé et agrandi, est devenu une

---

(1) Prêta serment le 6 février 1791, le rétracta en 1792 ; ses biens furent saisis et vendus ; mort à l'Ile Madame, le 14 septembre 1794.

(2) Archives de Saint-Germain-de-Salles. Les Roussaut de Céron se rattachent certainement à la famille Roussaut ou Rousseau, dont M. Tiersonnier a donné les généalogies, dans la *VIIIe Excursion de la Société d'émulation*, 1906.

grande maison de campagne, dans laquelle il est difficile, à première vue, de trouver quelques traces intéressantes du vieux manoir.

Salles

Pour nous, cette terre serait la plus ancienne de la région. Son nom, venant de *Sala*, signifiait primitivement domaine, maison, hôtel, palais; c'est maison ou hôtel qu'il faut prendre ici. Le nom du lieu apparaît, avant 1265, alors qu'il était à Renaud, comte de Forez, et fut acquis, à cette date (1), par Jean de Bourgogne, avec les terres de Brudior, Blanzat et Fourilles, et en général avec tout ce qui constitua probablement la dot de Mathilde, fille de Guy de Dampierre. Salles, dépendance de la seigneurie d'Ussel, fit partie de cette châtellenie; confisquée avec les autres biens du connétable, il aurait été acquis par un du Peschin, de François Ier ou de sa mère, Louise de Savoie.

En 1569, d'après Nicolay, il y avait à Salles un château consistant principalement en une tour appartenant à Jacques et à François du Peschin, frères et seigneurs de Barbaste (Murat) (2); la paroisse comptait alors 43 feux, environ 250 âmes.

Les du Peschin avaient encore Salles en 1630. Jeanne, fille d'Antoine du Peschin, seigneur de Barbaste, Salles et Jenzat en partie, et de Gilberte Esgrain, l'apporta, le 3 février 1630 (3), à son mari, Blain de Chauvigny de Blot, seigneur d'Urbize (La Pacaudière, Loire) et de

(1) Chazaud. *Chronologie*, p. 234.

(2) Egalement possessionnés, alors et après, à Beaune, Bord (Doyet), Le Coudrais (Chappes), Bannassat (Monestier), Montgeorges (Chavenon), Le Feuillaud (Chavenon). En 1522, Gilbert du Peschin était capitaine-châtelain de Murat.

(3) Archives de l'Allier, B. 738.

Beaudéduit en partie (Saint-Quentin, Puy-de-Dôme). Blain étant mort avant 1680, c'est un de ses fils, François, seigneur d'Urbize, que d'Argouges signale en 1686; la paroisse avait alors 30 feux ou 150 habitants. Blain de Chauvigny, seigneur de Salles en 1664, et ses héritiers, ont, dans un document de cette époque (1), une notice qui n'est pas élogieuse :

Bellot [pour Blain], seigneur de Durbize, a de la naissance et beaucoup de crédit parmi la noblesse et pourroit servir dans les temps difficiles. Il a 4.000 livres de rentes (2) et plusieurs enfants tous braves mais violents ; il y a des dettes dans cette maison ; un procès criminel l'a fort incommodé (3).

De 1630 à 1789, les de Chauvigny restèrent à Salles : il y eut Gilbert qui, en 1670, épousa Eléonore Le Long de Chenillat ; Gilbert-Michel (4), qualifié comte de Salles, époux de Marie Valette de Bosredon ; en 1746, Joseph, seigneur de Salles, des Dogues (5) et autres lieux, capitaine au régiment Lyonnais.

On était habitué depuis si longtemps à considérer les de Chauvigny comme seigneurs du pays, qu'un rôle des privilégiés, dressé en 1789 (6), comprend Joseph Chauvigny de Blot, vivant alors « comme seigneur de Salles », avec un revenu de 1.500 livres, bien que la terre de Salles ne lui appartînt plus, car le 19 juin 1672 (7), Joseph-Eléonore

(1) *Annales bourbonnaises*, 1889, p. 324 : R. de Quirielle, *une Statistique nobiliaire*.

(2) Peut-être 20.000 francs de notre monnaie.

(3) Voir *Excursion*, 1908, p. 348.

(4) Archives de l'Allier, B. 76.

(5) Etude Hedde, à Saint-Pourçain : vieux actes Viallet. Aujourd'hui les Docs qui avaient, en 1746, maison de maître, domaines, volière à pigeons.

(6) Archives de Charroux.

(7) Notes de M. le commandant du Broc.

de Chauvigny et son fils Sébastien l'avaient vendue à Jacques Delayre, écuyer, chevalier de Saint-Louis.

Le 7 décembre 1770 (1), la terre fut achetée de Jean ou Jean-Baptiste de Lapelin, Claude-Marie Delayre, sa femme, et Jacques Delayre, le père et beau-père, par Louis-Charles-Antoine Girard, écuyer, seigneur du Roset, de Douzon (Etroussat), de Charbonnières (Barberier) (2), de Leux (Ussel).

Une demoiselle Girard épousa M. Barbat du Clozel et lui apporta la terre de Salles, qui est toujours à leurs descendants.

Nous avons fait remarquer que nous ne nous expliquons pas la qualification donnée dans le document des archives de Charroux à un de Chauvigny, en 1789. En effet, ce gentilhomme n'était plus que le possesseur d'un domaine dit des Joyeux, que lui avait donné sa tante, Anne de Chauvigny de Blot, en 1740.

Ces Joyeux, dont le nom rappelle une communauté agricole, appartinrent aux Lucas, alliés aux Loizel de Douzon, aux de Rambourgt et aux Besseyres des Hors, que représente aujourd'hui Mme d'Hombre, née des Horts. Mme et M. d'Hombre, ancien officier de cavalerie, ont aux Joyeux un grand manoir moderne qui a la vue des gracieux paysages de la vallée de la Sioule et utilise le cours d'eau pour l'éclairage électrique de toutes ses dépendances.

Le château de Salles, entouré d'un vaste enclos, est une habitation importante, qui a conservé probablement dans ses grandes lignes la superficie de la forteresse des du Peschin. Les défenses extérieures, murs d'enceinte, tours, fossés ont disparu les uns après les autres pour faire place

(1) Voir Barberier.
(2) *Ibid.*

à des annexes que les successeurs des premiers châtelains leur ont substituées à la longue, pour s'installer plus confortablement et plus à l'aise.

Nous aurions pu intercaler plus tôt cette description de Salles, donnée par Vayssière (1), d'après les archives du Rhône :

La paroisse dépendait de la commanderie de la Marche et Mayet (d'Ecole) ; l'église mesurait dix cannes sur six ; elle était entièrement voûtée et était flanquée de deux chapelles formant la croix latine. Antoine du Peschin, sieur de Barbatte, avait fait construire devant le grand autel, pour lui et les siens, un sépulcre « relevé », avait fait peindre une litre funèbre à ses armes et avait fait mettre ses dites armes dans les vitres de l'église, au préjudice des droits du commandeur, qui en était seigneur spirituel et temporel, dîmier général et collateur. On voyait dans l'église un reliquaire de cuivre émaillé, « fait en forme de coffre », où il y avait des reliques de saint Roch, de saint Blaise et de plusieurs autres saints. Elle était desservie par un curé dont la pension consistait en six setiers de froment, trois poinçons de vin et sept livres, et qui était en outre logé et jouissait d'un champ de quatre séteries et d'une vigne située au terroir du Champ-Thomas.

De ce membre dépendait le moulin de Salles ou d'Hauterive, affermé, en 1615, cinquante setiers de grains et un pourceau (2).

La Motte

M. l'abbé Peynot (3) met un petit fief à la Motte,

(1) *Archives historiques du Bourbonnais*, 1890, p. 251-252 : *L'ordre de saint Jean de Jérusalem ou de Malte en Bourbonnais.*

(2) A la Révolution, la commanderie avait à Salles : un bâtiment, le moulin, un cuvage, etc., vendus à Claude Lucas, président du district, en fructidor an II, pour 10.050 livres ; 205 boisselées de terre vendues à Lucas, Paturet, Jumel et Baussel, pour plus de 21.000 livres.

(3) *Société d'émulation du Bourbonnais, Xe Excursion*, 1908, p. 104 du tirage à part.

dépendance de la terre de Saint-Cyprien, à partir de 1651, et indique les possesseurs successifs : Demeris, Bougarel, Fontviolant. Les Bertrand l'eurent ensuite et devinrent naturellement des Bertrand de Fontviolant. Nous croyons que cette famille Bertrand de Fontviolant a encore des descendants.

Fontviolant

Fief signalé par M. l'abbé Peynot (1), et qui a pu provenir d'un démembrement de la terre de Céron, au XVIIe siècle. Notre confrère signale, comme possesseurs, se succédant à cette époque, les de Constault, les de Fontviolant, les Guillebon, enfin les Bertrand de Fontviolant, déjà nommés.

***

Suivant notre programme habituel, nous achevons cette notice avec quelques renseignements généraux :

Les trois paroisses furent autrefois des terroirs à froment, seigle et vignes. Sans être un agriculteur accompli, nous remarquons leurs plaines fertiles donnant les récoltes les plus variées ; la vigne fournit de bons vins, aussi les terrains ont-ils une grande valeur.

En 1793, pour se conformer à la loi, les municipaux de Saint-Germain-de-Salles et de Saint-Cyprien débaptisèrent officiellement leurs communes, dont les noms « rappelaient la féodalité et la superstition ». Ils empruntèrent, à deux domaines de leur territoire, les nouvelles dénominations, qui vécurent quelques années : la première commune devint Belair et la seconde Chalut.

Les églises furent vendues : celle de Saint-Germain à

(1) Ouvrage déjà cité.

Salneuve et Challeton, pour 2.200 livres ; celle de Salles à Leblanc, pour 645 ; celle de Saint-Cyprien à Parton, pour 600. Challeton et Leblanc acquirent les presbytères de Saint-Germain et de Salles, pour 1.700 et 1.824 livres ; Salneuve et Gendret devinrent propriétaires des terres de la cure de Saint-Germain-de-Salles, pour 13.550 livres.

Notons enfin que quelques troubles eurent lieu, en 1792 et 1793, au sujet de la réquisition des grains.

CHAPITRE XII

TARGET

Avec celle de Voussac, la commune de Target termine, au Nord, l'arrondissement de Gannat ; à l'Est, elle voisine avec Monestier ; au Sud, avec Chirat-l'Eglise, même arrondissement ; à l'Ouest, avec Vernusse, Blomard et Saint-Marcel-en-Murat, arrondissement de Montluçon. Trois ruisseaux coulent sur son territoire : la Bouble et ses affluents, le Venant et Gratteloup ; la Bouble et le Venant passent, à l'Ouest et au Sud, au bas de profonds ravins, boisés et fort pittoresques.

Un plateau large et élevé porte le bourg de Target. Près de l'église, on aperçoit une vaste étendue du pays bourbonnais : au Sud et à l'Ouest, se distinguent les montagnes d'Echassières, la forêt des Colettes, les territoires de Bellenaves, de Saint-Bonnet-de-Rochefort, de Louroux-de-Bouble ; à l'Est, ceux de Monestier, de Chazelle, et à l'extrême limite de l'horizon, courent, en fond de tableau, les cimes bleuâtres et dentelées des montagnes du Forez, que connaissent tous les Bourbonnais.

Cette situation a fait dire à Nicolay, avec quelque exagération : « Target, paroisse sur une montagne. »

De même qu'à Voussac, à Taxat, à Senat, pour ne citer que ces localités rapprochées, une villa gallo-romaine a existé à Target, et a laissé l'ancien nom du propriétaire, *Targiacus*. Pour cette villa, on a quelques indices : le Musée de Moulins possède les fragments d'une mosaïque provenant du lieu, et, aux environs, on a relevé les vestiges d'une voie romaine.

Malgré ces débris d'une époque si reculée, le bourg, peu important, n'a que des maisons modernes; une seule, que nous signalerons plus loin, fait exception. Ces constructions se présentent le long des chemins d'accès ou autour de la vieille église; une agglomération naît, plus loin, à l'écart du bourg, près de l'édifice bâti pour la mairie et les écoles.

Nous croyons que, au XIVe ou XVe siècle, le village était contenu dans un emplacement de forme circulaire, à côté de l'église, que défendaient des murs et des fossés ; quelques traces de fossés sont encore visibles.

L'église, vieux sanctuaire dédié à saint Marien, a subi des réparations qui lui ont laissé peu d'intérêt; la façade, restaurée ou reconstruite, est entièrement cachée par de gros marronniers, plantés pour abriter une croix moderne; le portail est neuf, tout en étant orné de quelques fragments de sculpture qui paraissent anciennes. Intérieurement, l'édifice est composé, comme la plupart des nombreuses églises romanes, d'une longue et étroite nef et de deux collatéraux aussi étroits, le tout restauré et blanchi. Les voûtes reposent sur d'énormes piliers carrés couronnés de lourds entablements; au fond, se trouvent le maître-autel et, à droite et à gauche, deux petites chapelles: l'une, consacrée (1) à Notre-Dame, a appartenu, au XVIIIe siècle, aux de Jadou ou de Jadon, qui s'y faisaient inhumer ; l'autre, placée sous le vocable de saint Sébastien, était aux de Chambon. Sur le chœur pèse une massive tour carrée qui pourrait ne pas être le clocher primitif; elle a des fenêtres romanes, mais n'a-t-on pas utilisé leur encadrement dans une recon-

(1) Reg. par. de Target (1680-1792).

struction au XVIIe siècle? Cette tour, couverte d'un toit à quatre pentes, est surmontée d'une croix en fer qui, pendant les dernières années de la Révolution (1), a alimenté une correspondance active entre les administrateurs cantonaux et l'administration centrale. Celle-ci prescrivait, au nom de la loi, d'abattre l'emblème religieux ; les municipaux, très roublards, tiraient à « la longue », comme le disait Blanchard, curé de Montmaraud, en 1695, quand il discutait le paiement des droits réclamés par les agents du roi : ils répondaient toujours qu'ils attendaient d'avoir un ouvrier capable de faire, sans danger, l'ascension du clocher. Finalement, la croix resta en place. Ce fut une économie pour la municipalité, qui vit le rétablissement du culte.

En 1775 (2), l'église de Target était en mauvais état, négligée par le prieur Jean-Charles Aubin de la Font, également prieur de Saint-Nicolas de Chantelle; la statue de saint Marien était mutilée et la chapelle à droite, en entrant, dans un état indécent.

Le prieuré-cure de Target dépendait du prieuré de Chantelle et valait 60 livres au XVIe siècle; en 1398, frère Philippe de Biotière s'était emparé, sans aucun titre, de la cure de Target, au préjudice de frère Jean de Billac, le titulaire; en 1643, le prieur-curé était un membre d'une famille de Senat, Annet des Forges; en 1702, une cloche fut montée dans la tour de l'église, après avoir été bénite par Gilbert Perethon, prêtre-chanoine de Saint-Nicolas de Montluçon, vicaire de Mgr « d'Alet ». Elle avait eu pour parrain Jean Genin, prieur-curé de Monestier, archiprêtre

(1) Reg. de l'Administration centrale de Target ; archives de la mairie.
(2) Reg. par. de Chantelle : visite de l'archidiacre de Narzenne (Néris).

de Chantelle, et pour marraine, Gilberte Brung. Assistaient à la cérémonie: Louis Brung, curé-prieur de Target; Antoine de Lapelin, seigneur de Boussat (Boussac); Sébastien de Chambon, seigneur de la Chomette; Antoine Bouchet, sieur de Terjazet.

Des inhumations assez nombreuses se firent dans l'église, entre autres celle d'un Aumaitre, chevalier de Saint-Jean de Jérusalem; d'un de Rollat; du notaire Brung, frère du curé; d'Alexandre La Saulzaie.

Tels sont les renseignements réunis sur Target, en dehors de ceux qui concernent les terres seigneuriales.

Au nombre des vassaux de la châtellenie de Chantelle, Nicolay a mis le sieur de Target, sans découvrir autrement le personnage.

Il y a, en face de l'église, une grande et vieille habitation, l'unique, qui a conservé des fragments d'architecture du XVIe siècle. Ne serait-ce pas l'ancien logis de ce sieur de Target, le château de Target appartenant à un de Rollat, à la fin du XVIIIe siècle?

En 1686, l'intendant d'Argouges faisant savoir que le plus important personnage de la paroisse était le sieur de Lapelin, sieur de Boussac, nous donnons à ce fief la première place dans la liste des anciennes terres du pays.

Boussac

Nous n'affirmerons pas qu'il y eut, en ce lieu, un château avant celui de Lapelin, au XVIIe siècle, et voici pour quelle raison: En 1569, Nicolay ne parle que du village de Boussac quant il décrit la région qu'arrose le Venant:

Cette rivière passe, dit-il, entre les paroisses de Voussac et Saint-Marcel et divise les châtellenies de Chantelle et de

Murat, et à demi-lieue de Target, du costé de midy, *sur le village de Boussac,* il entre dans Bouble.

Est-ce une omission ou l'écrivain a-t-il écrit village pour village et château ? Nous ne le pensons pas.

Un château n'existait pas alors en cet endroit, et celui que l'on verra plus tard a dû être édifié par les Lapelin dont les registres paroissiaux donnent le nom à partir de 1680, date à laquelle commencent les documents conservés à la mairie de Target. Il est possible que les Lapelin aient eu la terre de Boussac avant 1680 ; c'est encore un point sur lequel nous ne sommes pas fixé. Nous trouvons des membres de cette famille dans d'autres endroits, par exemple à Cintrat (xve siècle), à Artanges, à la Motte, à Molles, au Vernay (Chareil) (xve-xvie siècles) (1). Nous ne voyons pas de Lapelin à Boussac avant ceux dont les noms vont suivre.

Boussac était, à l'époque qui nous occupe, l'une des plus grandes et plus importantes terres de Target. L'endroit où le possesseur éleva son habitation fut bien choisi, sur le haut de ce plateau qui domine au loin un pays où abondent les beaux paysages, et, ce qui n'était pas à dédaigner, les bonnes terres et les endroits giboyeux. Au point de vue défensif, le terrain ne présentait pas les ressources sérieuses que donnent une colline élevée et des abords difficiles ; à ce moment, il est vrai, on ne construisait plus de forteresses, et une maison paraissait forte et suffisante pourvu qu'elle eût quelques solides tours reliées par de bons murs d'enceinte, le tout protégé par des fossés assez larges.

Boussac était ainsi ; le château avait des murailles hautes

(1) *Bulletin de la Société d'Emulation, IXe Excursion,* 1907, p. 41 et suivantes.

et épaisses, défendues par des tours percées, aux bases, d'embrasures, permettant aux fauconneaux et aux arquebuses d'en balayer les abords ; le pont-levis relevé, les châtelains et leur personnel pouvaient être tranquilles.

On arrive au château par une avenue que coupe la ligne d'intérêt local de Chantelle à Montmaraud, près d'une halte, créée sur ce point. Cette voie d'accès, ombragée de chaque côté par une rangée de beaux arbres, mène jusqu'à une grille en fer, moderne, élégante et svelte, derrière laquelle commencent à se dessiner les premières pelouses d'un parc. L'ensemble des bâtiments actuels, qui est resté à peu de chose près celui de l'ancien château, comprend un grand carré de construction aux angles duquel se dressent de grosses tours rondes, aux toitures pointues ; une autre tour a pu se trouver autrefois entre celles existantes, autrement, la ligne assez étendue des murs d'enceinte eût été insuffisamment abritée. Le long des quatre faces de la clôture régnaient des fossés pleins d'eau dont une partie existe encore.

La principale porte d'entrée du château se trouve un peu plus loin que la grille de l'avenue, dans le bas d'une majestueuse tour carrée, coiffée d'un toit revêtu de bardeaux ; les quatre pentes de ce toit montent d'abord perpendiculairement, puis s'arrondissent en dômes, pour recevoir un lanterneau dont la petite couverture, réduction de celle de la tour, est surmontée de la girouette seigneuriale traditionnelle. Une tourelle carrée, accolée à cette porterie, est coiffée comme la tour principale et contient l'escalier desservant ses deux étages ; la porte est une large ouverture en cintre élégant, au sommet duquel les de Longueil ont placé leur écusson (1). Cette entrée a véritablement

(1) *D'azur à trois roses d'argent au chef d'or chargé de trois roses de gueules.*

grand air; chose bizare, elle ne divise pas la façade en deux parties absolument égales: celle de droite, en arrivant, est sensiblement plus large que l'autre. La voûte franchie, voûte fermée par une solide porte en bois à deux vantaux, à penture en fer de style, on débouche dans la cour du logis, qu'entourent, à droite et à gauche, diverses dépendances comprenant la chapelle, des chambres, la cuisine, les remises et écuries. Il n'y a pas de décorations en sculptures; sur les toits se dressent des lucarnes aux encadrements de la fin du XVIe ou du XVIIe siècle, dont plusieurs, modernes, ont été copiés sur les anciens détériorés. Au fond de cette cour se développe un grand rez-de-chaussée auquel on accède par un large perron en pierre; à la dernière marche est la porte de cette partie principale du manoir, où se trouvent des salons, la salle à manger et des chambres où les châtelains ont disposé avec beaucoup de goût leurs objets mobiliers remarquables: des portraits de famille, des toiles de valeur, des bronzes modernes, d'authentiques meubles Louis XIV et Louis XVI, aux bois précieux et aux bronzes artistiques, des bureaux, des commodes aux larges panses à poignées dorées, des fauteuils revêtus de leurs tapisseries de vieux Beauvais, de grands chenêts en bronze doré et beaucoup d'autres objets dont la description serait trop longue. Accrochée à la muraille, sur son socle, une majestueuse pendule Louis XIV montre sa porte ornée de bronzes et ses flancs gracieusement contournés et revêtus d'incrustations de cuivre dans l'écaille. Que d'heures joyeuses ou tristes ont dû passer sur son cadran d'émail!

Toute cette aile du château a vue sur la cour et sur une partie du parc, dans laquelle dort une pièce d'eau, par une rangée de fenêtres doubles, éclairage qui jette une brillante lumière dans les appartements. C'est un rez-de-chaussée refait au XVIIIe siècle ou plus tard, car, antérieurement, la façade ne devait avoir sur le dehors que les étroites ouvertures défensives habituelles.

Pour achever ce rapide croquis du château, disons qu'il a un encadrement exceptionnel; le grand parc étendant autour de lui des allées qui serpentent le long des pelouses, glissent dans les massifs boisés, au-dessus desquels apparaît un grandiose paysage s'étendant jusqu'aux montagnes d'Echassières, aux taillis de la forêt des Colettes, aux campagnes de Target, de Monestier, de Louroux-de-Bouble, de Coutansouze, de Chirat, de Bellenaves et autres communes. Au bas du parc, à l'Ouest, la nature a aussi participé largement à la décoration en creusant les ravins dans lesquels coulent le Venant et la Bouble. C'est encore un de ces innombrables coins bourbonnais inconnus de la plupart des touristes, qui le devraient visiter.

Au confluent des deux rivières existent les ruines d'un vieux château féodal qui a dû, primitivement, surveiller quelque gué productif; il s'appelait, à cause de sa situation dans la boucle des cours d'eau, le château *de duabus aquis*, traduit aujourd'hui par ces mots : les Deux-Aigues (1).

En quittant ce manoir, dont Mme et M. de Longueil ont bien voulu nous faire fort gracieusement les honneurs, nous songeons aux anciens possesseurs, et nous voyons que, en 1653 (2), Alexandre Rousseau, lieutenant général de la prévôté de Moulins, époux de Françoise Guillomier, était qualifié seigneur de Boussat. Boussat était près de Bellenaves; il s'appelait Boussat et non Boussac; il est

(1) Une famille de Duabus-Aquis possédait, au XIVe siècle, le château qui fut ensuite aux Saint-Aubin (XIVe siècle), puis aux de Chambon (XVIe-XVIIe siècles), et aux de Durat (XVIIIe siècle). Actuellement, il est à Mme Gardien de Verzun.

(2) *Bulletin de la Société d'émulation du Bourbonnais*, 1906 : M. Tiersonnier, *Généalogie des Roussaut de Thoury et du Pal.*

vrai que cette différence n'a pas grande importance, puisque dans cette région on prononce et on écrit facilement Boussat pour Boussac, comme Voussat pour Voussac, et que le Boussat, de Bellenaves, est devenu Boussac sur les cartes.

D'un autre côté, Alexandre Rousseau, de 1653, fut avant 1680, possesseur de Verzun, une terre voisine immense. Nous nous demandons si cette terre n'aurait pas compris celle qui s'appela Boussac, avant que ce lieu, retranché d'elle, fût devenu un fief constitué au profit de quelque fille Rousseau, ou fût aliéné par le chef de famille, et nous serions tenté de croire que le château de Boussac, ou la terre, fut aux Rousseau avant d'arriver aux Lapelin, de 1680 (1).

Il résulte d'une série de renseignements que nous aurons l'occasion de présenter, que le sieur de Boussac, Alexandre Rousseau, fut bien le lieutenant général de 1653 ; nous citons, à ce sujet, leur parenté avec les Le Tailleur.

Les Lapelin appartiendraient (2) à une ancienne famille fixée en Bourbonnais, dès le règne de Charles VI, puis répandue en Auvergne et en Berry. Nicolas Lapelin, grand sénéchal du Bourbonnais, vivait en 1645 ; leurs armoiries sont : *d'azur au chevron d'or accompagné de trois roses de gueules.*

Une branche de la famille serait venue en Bourbonnais, où elle donna son nom au village de La Pelin ou La Plain, paroisse de Coulandon (3). Un autre lieu de Lapelin existait en 1702, sur la paroisse de Fourilles, et appartenait alors aux Bougarel.

(1) Reg. par. de Target.

(2) Renseignements communiqués par M. Tiersonnier, d'après le *Bulletin de la Société héraldique de France*, 1888, colonne 14.

(3) Renseignements de M. des Gozis.

Nous ne sommes renseigné sûrement sur ces Lapelin bourbonnais qu'à partir des premières années du XVIIe siècle.

D'après une note que M. Tiersonnier a obligeamment extraite de ses archives, Henri, sieur de Lapelin et de la Presle (Coulandon), avait épousé en deuxièmes noces, par contrat du 6 septembre 1615, Catherine Feydeau, fille de Gilbert Feydeau, écuyer, sieur de Rochefort (Besson), conseiller du roi, châtelain de Moulins, et de Suzanne Feydeau. Ils eurent Nicolas-Jean de Lapelin, baptisé à Saint-Pierre des Ménestraux. Le 26 novembre 1618, il épousa, par contrat du 12 février 1640, Suzanne Guilloüet, fille de Rémy Guilloüet, écuyer, sieur du Goutet, conseiller du roy et son premier avocat général en la sénéchaussée et siège présidial de Moulins, et de Anne Barbe. Ils eurent au moins : 1° Marie qui, en 1685, épousa Paul Coiffier, sieur de Lavi[illegible] ; 2° Gilbert et 3° un autre fils, Antoine.

Dans certains actes des registres paroissiaux de Target, il y a comme parrain, avec le titre de seigneur de Boussac : Nicolas, en 1680 ; Antoine, de 1686 à 1698.

En 1687, le 5 février, Antoine, fils de Jean-Nicolas, écuyer, seigneur de Boussac, et de dame Suzanne Guilloüet, épousa, à Target (le contrat était du 16 juin 1686), Elisabeth de Chambon, fille de Annet, chevalier, seigneur de Chaumejean et de la Chomette, et de Eloyse de la Rivière (1). Comme la plupart de leurs contemporains, ils eurent une nombreuse famille : quatre filles et trois garçons ; six furent baptisés à Target.

1° Le 7 octobre 1688, Catherine : parrain, son grand-père, Jean-Nicolas de Lapelin, seigneur de Boussac ; marraine, Catherine de Lapelin, sa tante ;

(1) Pour les Chaumejean et les Chambon, voir *Bulletin de la Société d'émulation*, *Excursion*, 1907 : Artanges, p. 39 ; Chaumejean, p. 162.

2° Le 13 janvier 1693, Jean-Nicolas : parrain et marraine, les mêmes que pour Catherine ;

Dans les deux actes, le père est qualifié seigneur du Pontet (1) ;

3° Le 25 août 1694, Jeanne-Thérèse : parrain, messire Le Long de Chenillac, seigneur de Sauget (Saint-Marcel-en-Murat) ; marraine, Jeanne de Chambaut, femme de Sébastien de Chambon, seigneur de la Chomette (Target) ;

Dans cet acte, le père est seigneur du Pontet, du Plex et de Cordebœuf (2) ;

4° Le 18 mai 1696, Marguerite : parrain, Sébastien de Chambon et de la Chomette, oncle ; marraine, Marguerite Le Tailleur du Thonin, tante, femme de Gilbert du Chambon, seigneur du Pleix et de Cordebœuf, frère d'Antoine ; celui-ci est alors qualifié seigneur de Boussac et du Pontet. Leur père avait sans doute fait ses partages, car il vivait, et, le 23 juin 1700, était parrain à Target (3) ;

5° Le 2 juin 1697, Amable, une fille, eut pour parrain Gaspard de Biotières, seigneur de Chassincourt (Saint-Marcel-en-Murat), et pour marraine, Amable de Chauvigny de Blot ;

6° Le 3 juin 1698, un deuxième fils, Henry : parrain, Henry de Rollat, seigneur de Puyguillon (Vernusse) ; marraine, Catherine de Villelume, femme de Gaspard de Biotières ;

7° Le 29 juillet 1701 (4), un autre fils, Jean-Nicolas, né à Moulins, fut baptisé à Yzeure ; il était né la veille.

---

(1) Chouvigny ou Etroussat.

(2) Le Plex, sur Target, à côté du bourg ; ce Cordebœuf nous est inconnu à Target.

(3) En 1700, lui et sa femme font aveu pour la terre de Follet (Yzeure) ; *Noms féodaux*.

(4) Reg. par. d'Yzeure, E. suppl., p. 419.

Jean-Nicolas, fils aîné d'Antoine, épousa, par contrat du 21 janvier 1732, Gilberte du Buisson, fille de feu Alexandre du Buisson, sieur de Chomardy, et de Monique de Bart, demeurant à Bellenaves. Il habitait Saint-Pourçain avec Henri, son frère cadet (1). La famille avait-elle cessé d'habiter le château de Boussac qui était occupé, en 1707, par Duplaix, fermier « du château de Boussac » ?...

Jean-Nicolas de Lapelin eut quatre enfants : 1° Anne, née le 15 juin 1730, baptisée à Bellenaves le 16 ; 2° Henri, né le 16 janvier 1733, baptisé à Bellenaves le 18, qui devint chevau-léger de la garde du roi ; 3° Jean-Baptiste, né le 19 octobre 1734, baptisé à Bellenaves le 20 ; 4° René, né le 5 octobre 1736.

Revenant en arrière, au XVII° siècle, nous observons qu'Antoine n'habitait pas seul le château de Boussac ; Gilbert, son frère (2), était avec lui. Trois des enfants qu'il eut avec Marguerite Le Tailleur du Thonin furent baptisés à Target :

1° 2 août 1695, Antoine : parrain, Antoine de Lapelin ; marraine, Louise Le Tailleur du Thonin ;

2° 5 décembre 1696, Marie-Angélique : parrain, Jean Le Tailleur du Thonin, son cousin ; marraine, Marie-Angélique Rocher, femme de Joseph Le Tailleur du Thonin, seigneur de la Presle (Bellenaves) ;

3° 10 septembre 1699, Catherine : parrain, Joseph Le Tailleur du Thonin, seigneur de la Presle (Coulandon), son oncle ; marraine, Catherine de Lapelin du Pontet, sans doute celle née le 7 octobre 1688.

(1) Henri épousa, le 3 février 1723, Marie-Madeleine de Sainsbut ; il était seigneur de Barbignac (Barbignat). Voir Monestier.

(2) Gilbert de Chambon, qualifié seigneur de Chaumejean, épousa à Trevol, le 10 août 1694, Marguerite Le Tailleur, fille de feu Antoine, écuyer, sieur du Thonin, et de défunte Geneviève Noudard (Reg. par. de Trevol).

Restes du vieux Verzun

Château de Boussac

Château de Boussac

Château de Chirat-Guérin (Voussac)

Boussac aurait été vendu par les Lapelin, dans les premières années du XVIIIe siècle ; ce renseignement, donné sous toutes réserves, concorderait avec la résidence instable des membres de cette famille, à Saint-Pourçain et à Bellenaves, à la même époque. Ce que nous savons, c'est que Boussac était possédé, bien avant 1778 (1), par Pierre-Jacques-François Ferron, vicomte de la Ferronnaye, aide-major de la gendarmerie de France, qui avait aussi, dans le voisinage, les terres de Chastignoux (Chappes) et du Montais (Sazeret). M. de la Ferronnaye était mort au moment de la Révolution, à Moulins. En 1791, sa veuve se réfugia en Suisse ; mais, prévenue par Camus de Richemont, père, qu'elle allait être considérée comme émigrée si elle ne rentrait pas en France, elle revint se fixer à Moulins. Elle fut emprisonnée comme ex-noble et suspecte, mais elle conserva sa fortune. Sa fille épousa Louis-Girard de Champflour, d'une famille noble d'Auvergne, qui fut maire de Moulins en 1816. Ils eurent deux filles : l'une se maria avec M. de Comeau ; l'autre épousa, en 1856, Aymard-Alfred, marquis de Longueil, et lui apporta Boussac. C'est leur fils, le marquis Olivier-Marie de Longueil, époux de Mlle Yvonne de Montaignac-Chauvance, qui possède aujourd'hui la terre.

Verzun

Longtemps avant le XVIIe siècle, Verzun eut une habitation pour ses maîtres, château ou manoir. Il y reste quelques parties d'une construction, notamment une grande tour d'entrée, qui doit avoir appartenu au château des Roussaut ;

(1) Archives de Target.

une vieille cloche porte cette inscription : « Alexandre Roussaut, seigneur de Boussat, 1653 (1) ».

Le 30 décembre 1680 (2), Magdeleine Roussaut, fille d'Alexandre, sieur de Verzun, et de dame Françoise Guillomet, épousa Jean Deschers, fils de Gilbert et de Gabrielle Archambaud ; l'acte ne donne pas d'autres renseignements sur la famille de la mariée ; quant aux père et mère de l'époux, ils étaient certainement de Target, où il y avait alors des Deschers, bourgeois, et un Archambaud, chirurgien.

Les Roussaut étaient encore à Verzun à la fin du XVIIe siècle. Les registres paroissiaux de Target nous disent, sans les domicilier, il est vrai, à Verzun, que, le 18 février 1680, damoiselle Antoinette Roussaut était marraine ; que le 4 septembre 1686, eut lieu le baptême de Marie Roussaut, fille de noble Gilbert-Symon Roussaut, et de Louise Le Tailleur du Thonin ; que le 23 octobre 1690, on baptisa Claude Roussaut, fille de Symon et de Louise Le Tailleur : parrain, Jean Bouchet, sieur de Terjazet ; marraine, Claudine Billard ; que le 30 juillet 1692, on baptisa Geneviève Roussaut, fille de Symon Roussaut, seigneur de Céron (Saint-Germain-de-Salles) (3), et de Louise Le Tailleur.

Mais des actes des 11 février 1684 et 6 septembre 1695 (4) indiquent que des parties de la terre furent aliénées à cette époque.

En 1698, 1718 et 1740, Verzun était à Gilbert Chambon, fils de Paul (5), époux de Louise Piarron ou Parron. Ce Chambon n'appartenait pas à la famille « de Chambon »,

(1) Renseignements donnés par M. Massénat, de Verzun.
(2) Reg. par. de Target.
(3) Voir Saint-Germain-de-Salles.
(4) Etude Hedde : fonds Delaire.
(5) *Noms féodaux* ; reg. par. de Target.

mais à une famille « Chambon », des environs de Bellenaves. Louise Parron était veuve en 1740 ; Verzun fut aliéné, le 5 octobre 1774 (1), par des héritiers de cette dame, et l'acte complète les renseignements des registres paroissiaux pour le véritable nom de famille de l'épouse de Gilbert Chambon. Un contrat est au nom de dame Dechaux de Parron, veuve de messire Dominique de Parron, chevalier, brigadier des armées du roy, et de leur fils, messire Dominique-Etienne de Parron, capitaine au régiment d'Alby, domicilié à Perpignan.

La veuve Parron épousa, en deuxièmes noces, le 10 juillet 1740, Pierre de Vauchaussade, sieur du Chez, lieutenant de dragons au régiment de la Suze.

L'acquisition de Verzun fut faite aux Parron par Claude Gardien, notaire royal à Target, d'une vieille famille bourgeoise du pays. La terre appartient encore à ses descendants, et leur dernier représentant, décédé il y a quelques années, abandonnant le vieux logis de Verzun, fit construire le château actuel, dans une situation bien choisie, au-dessus des rives de la Bouble, qui font à son parc une dépendance des plus pittoresques. Il y a là des coins merveilleux.

La Chaumette ou la Chomette

D'après Cocheris, la Chaume et son diminutif, la Chaumette, viendraient de *calmæ*, signifiant bruyères ; cette appellation indique ce qu'était encore, au point de vue agricole, le lieu quand il fut habité. Depuis longtemps,

(1) Notes de M. Masséaat, de Verzun.

Chaume veut dire, dans le langage campagnard, un champ qui, après avoir été cultivé, reste en friche. La Chaumette, la petite Chaume, actuellement divisée en plusieurs métairies, se trouve à droite de la route allant de Target à Saint-Marcel-en-Murat, près de Boussac.

Les anciens du pays racontent qu'il y eut, à la Chaumette, un manoir qui fut démoli à la fin du XVIIIe siècle; cette habitation pouvait dater du milieu du XVIIe, alors que la terre était à un Annet de Chambon (1), écuyer, également possesseur de Chaumejean. Il vivait dans cette terre et avait épousé Eloyse de la Rivière.

Le 11 octobre 1660, le curé de Target (2) baptisa leur fille, Elisabeth, née le 1er juin 1659; elle épousa, à Target (3), le 5 février 1687, Antoine de Lapelin, fils du voisin Jean-Nicolas de Lapelin, seigneur de Boussac.

En 1690, la Chaumette appartenait à Annet de Chambon et à son fils, Sébastien, époux de Jeanne de Chambaut. Le 9 juin 1689 (4), on baptisa leur fils, Pierre, qui eut pour parrain Martin de Chambaut, et pour marraine Eloyse de la Rivière, sa grand'mère. Le 9 décembre 1690 (5), une fille, Anne, fut baptisée; le parrain fut son oncle, Gilbert de Chambon, et la marraine, Anne de Sarrazin, sa grand'-mère. Le 17 décembre 1696 (6), baptême d'Antoine: parrain, Antoine de Lapelin, seigneur de Boussac; marraine, Claudine Billard, de Terjazet.

En 1720, la Chaumette était encore à un Sébastien de Chambon. Ce serait à la fin du XVIIIe siècle que la terre fut vendue

(1) Voir Monestier.
(2) Reg. par. de Target.
(3) *Ibid.*
(4) *Ibid.*
(5) *Ibid.*
(6) *Ibid.*

en plusieurs parties, et cette division expliquerait la disparition du manoir qu'aucun des nouveaux possesseurs n'aurait voulu conserver.

La Coût

La Coût (1) est un petit hameau de Target que l'on trouve à quinze cents mètres environ du bourg, sur les côtés de la route de Chantelle, entre Verzun et Boussac. Il y a une auberge et des maisons d'agriculteurs.

La maison forte, dont parle Nicolay, était à gauche du chemin, sur une motte aménagée par la main de l'homme et entourée de fossés assez larges et pleins d'eau. Il ne reste qu'une haute tour découronnée, sans intérêt, et quelques pans de murs dont le propriétaire a fait des bâtiments ruraux ; une mare, dans laquelle barbottent des canards et des oies, est un vestige des fossés. La construction pouvait remonter au xve siècle.

La maison de la Coût a déplu, un jour, à ses possesseurs, qui abandonnèrent la forteresse et ses sombres appartements pour édifier, en face, un manoir, petit édifice rectangulaire, du style de la fin du xvie siècle, dans le genre de ceux que l'on rencontre, plus ou moins conservés, dans bien des coins du Bourbonnais, et toujours bâtis sur le même plan. Il a un premier étage et la façade est coupée par une tour d'escalier carrée et massive ; cette gentilhommière sert actuellement de logement à des fermiers.

Nicolay a parlé, dans la liste des vassaux de la châtellenie de Chantelle, du sieur de la Coût. Nous ne devinons pas le nom de ce personnage, nos renseignements sur le lieu ne remontant qu'à 1637.

(1) Que nous avons trouvé écrit la Couts, la Coutz, Lacout, la Coust.

Dans un accord (1) fait cette année-là, François de Rollat laissa à son frère aîné, Jacques, le château de la Coust. Les de Rollat avaient, par conséquent, la terre avant 1637, et cette indication nous rapproche un peu du possesseur de 1569.

En 1664, Rollat était sieur de la Coux :

> Brave de sa personne, a servi en qualité de lieutenant dans un régiment de cavalerie, a de l'acquis et 2.000 livres de rentes (2).

En 1683 (3), Michel de Rollat, seigneur de la Coust, était parrain à Target, et cette famille, dont les domaines augmenteront considérablement dans la suite des ans, continua à avoir la Coust.

En 1686 (4), Martin de Rollat, chevalier, seigneur de Marsay, Varennes, Lacout, faisait foi et hommage pour le fief de Marsay, paroisse de Chappes (5). Jean-Louis, son fils, fit aveu pour la Coust, en 1716 ; une Suzanne de Rollat, qualifiée dame de la Coust, était marraine à Target, en 1718.

Au siècle dernier, la Coust appartenait à M. Thévenin, dont la veuve a épousé M. le Dr Viple. Pour l'étendue de leurs terres, ces propriétaires n'ont rien à envier aux de Rollat et aux plus grands propriétaires de jadis.

Les feuillets des registres paroissiaux donnent des renseignements sur d'autres logis de la paroisse, et mentionnent les noms de gens habitant de petits domaines :

A Terjazet résidaient des Bouchet, famille notable de la région ; l'un d'eux, Antoine, avait épousé, en 1694, une

(1) *Bulletin de la Société d'émulation*, 1899 : Commandant du Broc, *Noblesse nobiliaire sous Louis XIV*, p. 370.

(2) *Annales bourbonnaises*, 1893 : de Quirielle, *Statistique nobiliaire*, p. 334.

(3) Reg. par. de Target.

(4) *Noms féodaux*.

(5) Pour les de Rollat, voir *Histoire du canton de Montmaraud*.

Billard. Un autre Bouchet, Gilbert, était sieur de Villefranche-sur-Tarjet et de la Boule (Taxat-Senat); sa femme était Jeanne-Charlotte Jadou ou Jadon de la Garde-Barbesange, fille d'Adrien, seigneur de la Garde, et de Françoise Renaud-Chaudian.

Comme nos notes pourront peut-être inéresser nos confrères en monographie, nous ajouterons qu'après la mort de son mari, Jeanne-Charlotte se remaria, le 19 février 1699, avec Antoine de Chazeron, fils d'Annet de Chazeron, seigneur de Viscomtat et de la Tiercerie, et d'Isabelle de Bussac (?), habitants de la paroisse de Celle en Auvergne. A leur mariage assistaient: Jean Astier des Torrents, écuyer, seigneur de Beauregard (Barberier); Jean de Chazeron, écuyer, seigneur du Vernet; Charles-Christophe de Jadon, seigneur du Foncet.

Antoine de Chazeron mourut le 30 mars 1700 et fut inhumé en l'église de Target, proche la chapelle de saint Sébastien. Le 18 juin suivant, sa veuve mit au monde Françoise de Chazeron.

Les documents paroissiaux contiennent des noms de familles à signaler: les Decluyes ou Decluis; Mioche, chirurgien ou bourgeois, dès 1680; de Biotières de Bosrond; du Buysson de Mons (Taxat-Senat).

Au 13 janvier 1718, parrainage de Jean Aumaistre, conseiller d'honneur au présidial de Moulins (1), seigneur de Chirat. Au 13 août 1724, était marraine dame Amable de Blot de Chauvigny, dame de Chirat (2).

*
* *

A la Révolution, Target, simple paroisse sous l'ancien

(1) De 1699 à 1715.
(2) Marie-Amable de Chauvigny de Blot.

régime, monta un échelon de la nouvelle division administrative et judiciaire, grâce à l'influence des Gardien, dont un fut juge au tribunal de Montmaraud et un autre juge de paix. Il devint le chef-lieu d'un canton composé de cinq communes : Target, 575 habitants ; Chirat-l'Eglise, 314 ; Louroux-de-Bouble, 522 ; Vernusse, 500 ; Voussac, 1.210 ; soit un total de 3.121 habitants.

A Target, comme dans beaucoup de communes, on dit que les documents de la période révolutionnaire se sont égarés, et on ne peut savoir s'il se passa dans la localité quelque chose de sensationnel. Un registre, resté à la mairie, parle surtout de l'assiette et du recouvrement des impôts, ce qui ne peut compromettre personne. Quand on réorganisa judicieusement les divisions du département, le canton de Target fut supprimé et ses communes firent partie du canton de Chantelle, arrondissement de Gannat.

Quelques notes relatives à la situation agricole et à la population peuvent s'ajouter à celles qui précèdent. Nicolay note qu'en 1569 la paroisse avait 120 feux (au maximum, 600 âmes) et, en 1686, d'Argouges ne donne que 70 feux (350 habitants) ; la diminution est telle qu'on peut penser que l'un des écrivains a été induit en erreur par les agents qui le renseignaient. Nicolay parle de quelques bois ; d'Argouges donne la paroisse comme terroir à seigle, et dit aussi : « il y a quelques bois ». Les défrichements avaient éclairci les débris des anciennes forêts et le poste de gardes des forêts du roi, installé à Target, ne devait être qu'une sinécure.

Aujourd'hui, le terroir de Target est fertile, et il ne semble pas que ses champs, entourés de haies très boisées, ce qui donne au pays un caractère agreste, que ses domaines aient quelque chose d'inférieur aux régions voisines ; la commune a même un petit chemin de fer, qui traverse une partie de son territoire, avec une station qui aurait pu être plus rapprochée du bourg.

CHAPITRE XIII

TAXAT-SENAT

Cette commune, située loin des voies de communication fréquentées, est peu connue ; elle est, en grande partie, formée d'une plaine bossuée par de faibles mouvements de terrain, et on lui trouve quelque ressemblance avec certains coins de la Limagne d'Auvergne, entrevus en allant de Riom à Clermont. Le sol, moins riche, est gras et fertile ; les chemins sont étroits et rocailleux, difficiles quand il a plu ; les bâtiments du village et des fermes ont des toitures surbaissées, couvertes en tuiles creuses, et rappellent les constructions auvergnates. Comme chez nos voisins, les abords et dépendances des métairies sont encombrés de dépôts et de fumiers.

Il y a deux agglomérations principales, où existèrent les anciennes paroisses de Taxat et de Senat. Taxat, appelée Taxat-sous-Charroux, pour le distinguer de Taxat-sous-Fleuriel, un hameau de Fleuriel, est, dans les documents et dans les parlers anciens, souvent dénommé « Tassat », qui correspond mieux que Taxat au nom gallo-romain « Taciacus » ; celui de Senat a une origine semblable et vient de « Senacus ».

Aux premiers siècles de notre ère, deux propriétaires gallo-romains mirent en culture les terrains de cette région et créèrent de grandes exploitations auxquelles leurs noms restèrent attachés. Malgré les fouilles souvent profondes faites pour les travaux agricoles, les drainages et les plantations de vignes, les archéologues n'ont mis au jour aucun vestiges des *villæ* des premiers colons des champs de Taxat et de Senat.

Au XIIIe siècle existait à Taxat — nous adoptons l'orthographe administrative — une tour qui a été la première construction fortifiée du pays, peut-être le château-fort des de Chars (1), seigneurs de l'époque; Robert de Chars l'échangeait alors, avec d'autres immeubles, au prieur de Chantelle. Différentes acquisitions du prieur donnent, à la même époque, des noms à recueillir, car ils pourraient bien être ceux des descendants d'anciens colons, agriculteurs enrichis, devenus les bourgeois de Taxat, qui s'appelaient Bonnet Aalin, Agnès, sa femme; Odin de Taxat, Etienne de Taxat. Leurs domaines auraient eu une grande superficie, puisqu'ils s'étendaient de la Doulouvre à la Bouble.

En 1421, le seigneur de Senat était Jehannot de Bessolles, écuyer. L'excursion de notre Société d'Emulation en 1902 nous l'a fait connaître en nous donnant l'occasion de lire l'inscription peinte sur le deuxième pilier de la nef de l'église d'Ebreuil, à droite, en entrant par la porte principale. Ce document, bien conservé et fort curieux, rappelle que, à l'époque indiquée plus haut, le personnage avait fait des dons au couvent, à charge de services religieux à célébrer notamment en l'autel « de la chapelle nouvellement édifiée par le dit Bessolles ».

Le village de Senat a été plus important que celui de Taxat, si on en juge d'après ce fait que les habitants purent acheter une franchise à prix débattu entre les parties. En 1314 (2), Louis, fils aîné de Robert, comte de Clermont, et

(1) Les de Chars ou de Chers, vieille famille originaire de Chars ou Chers, près des sources du Cher. Des de Chers avaient, avant le XVe siècle, la terre d'Ancinay (Doyet).

(2) *Archives historiques du Bourbonnais*, 1890, p. 238 : Chazaud, *les Villes franches du Bourbonnais*.

de Béatrix, dame de Bourbon, déclara vouloir que tous les hommes et femmes résidant en la ville (1) de Senat, située dans la châtellenie de Chantelle, fussent francs et quittes de tous charrois, manœuvres, banvin, etc., moyennant une cense annuelle de six livres (2), payable à la Saint-Denis, à Chantelle, et une somme de cent livres tournois, une fois payée (3).

Certains habitants des deux paroisses prirent ou on leur donna le nom du pays quand ils arrivèrent à une situation en vue. C'étaient : en 1270, Bernard de Senat, queux, c'est-à-dire cuisinier ou maître d'hôtel de la duchesse de Bourbon ; en 1430, Pierre de Taxat, qui fut prieur-curé de Fleuriel ; en 1503, Jean de Senat, propriétaire d'une maison dans le château de Chantelle.

D'autres notables de l'endroit peuvent être cités pour les XIVe et XVe siècles, car nous n'aurons pas l'occasion de les loger dans les fiefs ayant existé sur Taxat et Senat. Il s'agit : en 1322 (4), d'Himbaud de la Souche, chevalier, possédant à Senat cens, rentes et tailles ; en 1352 (5), de Jean Gastevin, qui a, au village de Senat, cens et rentes ; en 1443 (6), d'Othon ou Athon Jehan, damoiseau, qui semble avoir à Senat hôtel fort. Péronnelle de Beaucaire (7), damoiselle, veuve de Dinet de Sazeret, écuyer, eut cens, rentes et tailles, paroisse de Taxat ; le curé de Senat, en 1486, était Jean Belinghan.

Après avoir profité de ces renseignements, nous interrogeons Nicolay, qui nous dit :

---

(1) La villa.
(2) Peut-être 168 francs de notre monnaie.
(3) Peut-être 2.800 francs de notre monnaie.
(4) *Noms féodaux.*
(5) *Ibid.*
(6) *Ibid.*
(7) *Ibid.*

Taxat-sous-Charroux (1), paroisse en la vallée contenant 58 feux.

La cure de Tassat-sous-Charroux (2), dépendant du prieuré de Saint-Germain-de-Salles, possédée par Me Jean Mignon, vaut 30 livres.

Senat (3), prieuré et paroisse entre Chantelle et Charroux, 58 feux.

Le prieuré de Senat (4), dépendant de l'abbaye de Menat, diocèse de Bourges, titulaire Me François Doyet, vaut 50 livres.

Parmi les vassaux de la châtellenie de Chantelle, Nicolay inscrit pour Taxat et Senat le sieur de Chenières.

Au XVIIe siècle, d'après d'Argouges, il y avait à Taxat (5) les fiefs des Granges et des Monts ; c'était un bon pays de froment, noix et vignes ; 45 feux. A Senat, le seigneur était Mme de Clérambault (6) ; le terroir était à seigle ; 40 feux ; le bois de Beaubron au roi contenait 253 arpents.

En 1623, une de ces innombrables études de notaires créées partout existait à Senat, et Pierre Déternes, d'une famille du pays, en était le titulaire.

Aux fiefs des Granges, des Monts et à celui dit de Senat, il faut ajouter ceux de Buchepot et de la Boulle ; celui de Chenières ne concerne pas Taxat. Nous reviendrons plus loin, du reste, sur ce sujet.

Comme ailleurs, les églises des deux paroisses sont, à leurs anciens chefs-lieux, les monuments uniques qui ont

(1) Nicolay, t. Ier, p. 153.
(2) *Ibid.*, t. II, p. 134.
(3) *Ibid.*, t. Ier, p. 155.
(4) *Ibid.*, t. II, p. 133.
(5) P. 143.
(6) P. 148. Les *Noms féodaux* nous fixent sur cette dame : un article de 1717 concerne Marie de Bellenaves, veuve de René de Gillier (vivant en 1681), chevalier, marquis de Clérambault.

survécu. Celle de Senat, ayant saint Martin pour patron, est dans une triste situation ; sur l'arc triomphal se dressent les restes d'un clocher intéressant, appartenant à l'architecture romane de la fin du XIIe siècle ; cette tour élégante a deux étages percés de jolies baies cintrées, qui étaient coupées par des colonnettes ; plusieurs de ces ornements ont disparu. La flèche a été démolie, raconte-t-on, en 1793, et a été remplacée par une affreuse petite toiture qui n'a pas dû coûter cher ; les voûtes, fortement lézardées, sont soutenues par un plancher qui s'appuie sur de gros piliers carrés en pierre, déformés par des réparations. A l'entrée du sanctuaire sont posés les fonts baptismaux et un bénitier, gros bloc de calcaire fort rustique, dans le genre de ceux que nous avons trouvés dans quelques églises du canton de Montmaraud.

Il y a cinquante ou soixante ans, l'église possédait une pierre tombale portant les armes de la famille de Villelume, *d'azur à dix besans d'argent posés quatre, trois, deux et un.* Cette dalle couvrait la sépulture d'Antoine de Villelume, baron de Barmontet ou Barmontel (Auvergne), gouverneur de Chantelle (1) en 1632 ; elle a disparu et on ne sait dans quelles conditions. Retournée, elle bouche peut-être un vide du dallage.

L'église et un petit groupe de maisons basses qui l'entourent ou qui sont éparses le long des sentiers constituèrent,

---

(1) Abbé Boudant, *Histoire de Chantelle*, p. 30 ; notes de M. le conseiller Bonneton. Les de Villelume, famille originaire de la Marche, furent possessionnés en Auvergne et en Bourbonnais : à Fontenille (Bellenaves) et à la Roche-Othon (Châteloi, près d'Hérisson). Dans ce dernier château, situé dans un des plus charmants sites de la vallée de l'Œil, nous avons relevé sur une tour et des cheminées l'écu des Villelume, à dix besans (V. *Une excursion dans la vallée de l'Aumance*). Antoine de Villelume devait avoir des terres sur Senat, puisqu'il y eut sa sépulture dans l'église.

pendant des siècles, tout le village; l'aspect de ces pauvres habitations rurales, de ce clocher mutilé, de ces ruelles étroites et tortueuses est curieux : c'est le hameau tel qu'il était il y a plus de cent ans. Le bourg commence à éprouver le besoin de s'agrandir près de la mairie et des écoles, où l'espace ne manque pas.

Depuis la réunion des deux communes, Taxat n'est plus qu'un hameau ; il est assis pittoresquement sur une colline dont le haut est occupé par l'ancienne église paroissiale et quelques habitations. Cet antique édifice, dédié à saint André, est du XIIe siècle; il a encore, au sommet de sa façade, un campanile à deux ouvertures, veuf de ses cloches. Depuis la Révolution, il sert de grange, et une large porte charretière a été ouverte dans un de ses murs latéraux ; tout le chevet de l'église est enfoui derrière une maisonnette neuve. Il y a quarante ans (1) environ, on remarquait intérieurement les traces d'une décoration murale, et, dans une chapelle appartenant aux seigneurs de Mons, reposait sous une pierre Philibert du Buysson, chevalier, seigneur de Mons, Douzon, Leux, la Cave, Crotte, décédé au château de Mons, le 13 février 1729, à l'âge de soixante-treize ans ; ce monument a disparu, comme la tombe de Villelume, à Senat. Les seigneurs de Buchepot eurent aussi un caveau dans la chapelle de Notre-Dame.

Deux registres paroissiaux seulement (1737-1791) constituent le fond des archives de la mairie de Senat, et un autre (1695-1792) est conservé pour Taxat. Décidément, on n'a guère eu de respect pour les souvenirs du passé de cette commune ! Sauf un petit nombre d'actes dans lesquels interviennent les possesseurs de Mons, des Granges, de Buche-

(1) Boudant ; renseignements de M. le conseiller Bonneton. Les peintures devaient être une litre funéraire.

pot, de la Croix, de Péchenin, que nous dépouillerons bientôt, la plupart des documents paroissiaux concernent les familles des fermiers, vignerons et cultivateurs qui ont vécu dans ce coin de notre province ou nous donnent les noms de gens étrangers au pays, témoins d'un jour à des mariages, baptêmes ou enterrements de membres de leurs familles ou d'amis.

Nous dirigeant maintenant vers les vieux logis du terroir, nous faisons notre première halte à celui de Buchepot.

Buchepot

Ce manoir a été construit au Nord-Est de Senat, tout près de la route de Chantelle à Gannat, sur le flanc de la petite colline dont le ruisseau le Boublon contourne les pieds ; il est entouré d'un grand enclos. Le principal bâtiment consiste en un vaste rez-de-chaussée, de forme rectangulaire, flanqué à l'un de ses angles d'une grosse tour ronde qui aurait servi jadis de chapelle ; la porte d'entrée a, de chaque côté, une tour ronde. Au Nord, l'habitation, si nous nous orientons bien, regarde Chantelle ; de l'autre façade, elle aperçoit Ussel, Charroux, Taxat-Senat, Saint-Bonnet-de-Rochefort, Bellenaves et les petites montagnes qui ferment l'horizon.

Peigue et Boudant ont dit que le château date du XVe siècle : il est loin d'avoir une origine aussi ancienne et il remonte à peine à la fin du XVIe siècle ; mais il a, selon toute probabilité, remplacé une gentilhommière beaucoup plus vieille.

D'après l'auteur de l'*Histoire de Chantelle*, le nom primitif du fief serait inconnu, et celui de Buchepot ou Bichepot, qu'il a, lui aurait été donné par Gilbert de Buchepot ou Bichepot, quand il devint possesseur de la terre, par son mariage, en 1440, avec Dauphine Chabotelle. Boudant fait grand cas de la situation que ce noble personnage eut à la cour des ducs de Bourbon ; il aurait été un des officiers supérieurs qui habitaient la forteresse. Il mourut à Orléans sans descendance masculine, mais le nom serait encore porté par les représentants d'une branche cadette (1). L'époux de Dauphine Chabotelle est donc le seul de sa famille qui nous intéresse.

Nous ne sommes pas documentés sur les hautes fonctions qu'aurait exercées Gilbert Buchepot, et nous soupçonnons une de ces exagérations auxquelles Boudant nous a habitués, quand il parle de Chantelle, des longs et fréquents séjours des ducs dans cette ville et des personnages qu'il a cru y rencontrer.

Gilbert de Buchepot eut certainement le fief de la paroisse de Senat. Il était écuyer, c'est-à-dire noble, avant 1443 ; sa femme avait une sœur, Marguerite, possessionnée aussi à

---

(1) Dans l'aveu le concernant, Gilbert est appelé de Buchepot, et tous les aveux relatifs à cette famille portent Buchepot et non Bichepot. Beaucoup de Buchepot furent possessionnés, avant 1350, en Bourbonnais : à Couleuvre, ils avaient la terre seigneuriale de Bois-Buchepot, *alias* Bos-Buchepot (aujourd'hui Buchepot, Couleuvre), qu'un de leurs descendants possédait encore en 1450 ; en 1499, un autre Buchepot avait Villechereux en la châtellenie de La Bruyère (Cérilly) ; ce fut probablement un membre de cette famille qui vint s'établir près de Chantelle. Nous avons trouvé parrain à Bressolles (Reg. par.), en 1663, Jean de Buchepot, chevalier, marquis de Fougerolles, Puis-Bouillard, gentilhomme ordinaire du roi, maréchal de ses camps et armées ; le même, parrain à Vallon, en 1673.

Une petite gravure, que nous possédons, représente les armes des Buchepot : *d'azur à un pot d'argent, une fasce de gueules brochant sur le pot ; en chef, trois étoiles d'or ;* l'écu est supporté par deux lions, timbré d'une couronne de marquis et surmonté d'un casque richement ciselé, que surmonte une sirène ; en haut, cette devise : « Buchepot ». Cette image provient des papiers Boudant, et nous pensons qu'elle fut dessinée sur son avis.

Senat; toutes deux firent aveu, en 1443 (1), pour trois champs, deux dîmes, des cens et rentes dans ce village; c'étaient des acquisitions arrondissant leur patrimoine.

Boudant donne aux Buchepot, comme successeurs dans cette terre, en 1506, Jean de Beaucaire, devenu le possesseur par son mariage avec Anne de Chinières, et il dit qu'une de Beaucaire apporta Buchepot en dot à Jacques de Rollat, seigneur de Rollat, Bellenaves, Sauget, etc.; que Charles Le Long, seigneur de Chenillat, eut le fief de sa femme, Gilberte de Rollat; que Buchepot fut vendu par un Le Long à Antoine Guillomet, sieur de Rozier (2), moyennant 6.500 livres tournois; l'acte aurait été passé, le 13 mai 1646, au château de Chenillat, par le notaire Claude Secrétain; Antoine Guillomet aurait vendu, le 28 octobre 1749, la terre à Jean-Baptiste Artaud, procureur en Parlement, époux d'une Marguerite Guillomet.

Nos renseignements s'écartent, sur plusieurs points, de ceux qui précèdent; pour d'autres, ils les complètent:

En 1455, comme nous l'avons dit plus haut, damoiselle de Beaucaire, veuve de Dinet de Sazeret (3), avait seulement cens, rentes et tailles ès paroisses de Taxat. En 1544 (4), c'était encore un André de Beaucaire qui était à Buchepot, mais les Le Long ne la possédaient pas en 1630. En 1675 (5), la terre était à Alexandre de Rollat, seigneur de Chinières et de Buchepot, qui transigeait alors avec le prieur de Chantelle pour divers droits; les Le Long ne pourraient venir qu'après lui, et pour peu de temps. En

(1) *Noms féodaux.*

(2) La famille Guillomet, fort ancienne dans le pays, fut possessionnée à Chantelle et au loin, dans la châtellenie; elle fut alliée aux plus vieilles familles bourgeoises.

(3) Archives de l'Allier, D. 72.

(4) *Ibid.*

(5) *Ibid.*, D. 60-72.

1686 (1), Antoine Guillaumet, *alias* Guillomet, procureur du roi en la châtellenie de Chantelle, avouait pour sa femme, Françoise la Rogues ou de la Rocque, le fief seigneurial de Buchepot, paroisse de Taxat-sous-Charroux (Chantelle); avant 1686, le fief serait donc passé aux La Roque. En 1689, un autre aveu (2) fut fait par Françoise de la Rocque, femme d'Antoine Guillomet; les deux époux étaient séparés de biens en 1688.

En 1710, Jean Mignot est qualifié sieur de Buchepot (3); nous croyons qu'il en fut seulement le fermier. En 1717-1722, c'était Simon Guillomet, fils d'Antoine et de Françoise de la Rocque, qui avouait le fief. En 1730 (4), Simon Guillomet, époux de Louise Delesvaux, était seigneur de Buchepot, et il faisait inhumer sa fille, Claude, dans la sépulture des seigneurs du fief. Six ans plus tard, en 1736 (5), Antoine Guillomet le Jeune avait le titre de seigneur de Buchepot.

En 1789 (6), la seigneurie était divisée: dans un acte des registres paroissiaux, est nommé le propriétaire d'une partie seulement du fief, Claude-François-Marguerite Artaud de la Terreau, avocat au Parlement de Paris, qui le tenait de sa femme, Adélaïde-Marie-Antoinette Guillomet; l'autre portion aurait, en acceptant les indications de Boudant que nous n'avons pas pu contrôler, appartenu à Jean-Baptiste Artaud, procureur en Parlement, époux de Marguerite Guillomet. Nous craignons une erreur de date et de faits, et nous supposons qu'il n'y eut pas d'acquisition en

(1) *Noms féodaux.*
(2) *Ibid.*
(3) Reg. par. de Taxat.
(4) *Ibid.*
(5) *Ibid.*
(6) *Ibid.*

1749, par J.-B. Artaud, et que celui-ci et sa femme héritèrent, de leurs père et mère, d'une moitié de Buchepot, comme F.-M. Artaud et sa femme avaient eu l'autre partie.

Buchepot est aujourd'hui à M. Bès de Berc, ancien préfet et ancien trésorier-payeur général, qui y habite une partie de l'année.

Dans le mobilier du château se trouve, dans un ancien et beau cadre, un tableau, copie d'une toile remarquable du Poussin, *le Testament d'Eumanidas* ; cette copie aurait été faite dans les ateliers du célèbre peintre, par un de ses élèves, et aurait été retouchée et corrigée par le maître (1).

Le Mons

Le nom est souvent écrit « les Mons » ; le Mons nous paraît la véritable dénomination.

Un vieux manoir exista certainement en ce lieu, baptisé ainsi, avec quelque exagération, par son constructeur, à raison de sa situation sur une colline qui s'élève au-dessus de la plaine et du ruisseau du Boublon.

Comme anciens possesseurs, au xve siècle, apparaissent les Rochedragon ou Rochedagoult ; un fils d'une dame Péronnelle de Rochedragon s'appelait Maurice de Mons (2), et il y eut, à la même époque, Jean de Mons. Depuis 1534, les du Buysson furent au Mons (3) ; occupés ailleurs par

(1) Avis donné par M. Charles Blanc, de l'Institut, à M. Bès de Berc (Note de M. le conseiller J. Bonnelon). A ce sujet, nous ferons remarquer que nous avons entendu dire par un écrivain d'art distingué que la toile du Poussin a disparu, et que l'on n'en connaît qu'une grande esquisse.

(2) Archives de l'Allier, D. 91, 94.

(3) Notes des Gozis.

les charges importantes dont ils furent investis, ils résidèrent peu dans cette ville, et nous n'avons découvert aucune trace d'un séjour permanent, même au XVIIe siècle; au XVIIIe, les registres paroissiaux ne les donnent pas non plus comme témoins aux mariages, baptêmes et enterrements, complaisances auxquelles ils se seraient prêtés, s'ils eussent habité le château. En 1723, Audiat dit en 1729, Philibert du Buysson vint mourir à Mons, et fut, comme nous l'avons dit, inhumé dans l'église de Senat; il était qualifié seigneur de la Cave, de Mons, de Salonne, de Douzon, lieutenant en la sénéchaussée; il avait épousé, en 1695, Marguerite-Jeanne-Marie Audier d'Arfeuilles (1). De leur mariage naquit un fils, François-Sennectaire, qui fut le père de Louis-Michel-Philibert du Buysson, comte de Douzon, un des trente-deux Bourbonnais condamnés à mort par la Commission temporaire de Lyon (2). Il fut exécuté à Lyon, le 31 décembre 1793, avec André Dumont ou Dumon, conseiller au présidial de Moulins.

Les publications sur la Révolution (3) et une note, émanant de la famille du Buysson elle-même, disent qu'André Dumon était le fils naturel du comte du Buysson et d'une servante; Dumon fut taxé révolutionnairement à 1.000 livres, sous le nom de « André Dumont fils ». Les documents de l'époque écrivent son nom « Dumon (4) »; on a dit aussi que le comte du Buysson avait donné à son fils naturel, André, le Mons et d'autres terres.

André Dumon ne fut pas un enfant naturel; il était né,

(1) Voir Etroussat.

(2) Audiat, *la Terreur en Bourbonnais*, t. II, p. 91 et suivantes.

(3) *Ibid.*, p. 120.

(4) Député du Tiers, en 1788; membre de la Société de la Constitution à Moulins, 1787; avait donné 500 livres à la souscription patriotique, en 1789; époux de Marie Gibon dont il eut une fille, Anne.

le 29 décembre 1760, au château de Mons, et l'acte de baptême constate qu'il était fils légitime de M. Jean Dumon, fermier dudit château et dépendances, et de demoiselle Procule Pitat, mariés; étaient absents son parrain et sa marraine, André Pitat, chanoine régulier, prieur de Saint-Ambroise de Bourges, et demoiselle Claudine Pitat, épouse de François Dumontet, bourgeois d'Aigueperse.

En 1775 (1), Jean Dumon, le fermier de 1760, était devenu, par donation peut-être, seigneur de Mons, de Bannassat et de la Cave; avec André, il eut, de Procule Pitat, au moins deux filles (2), Marie et Marguerite, qui se marièrent à Taxat; la première épousa (3), le 20 novembre 1775, Claude-Joseph Rabusson de Vaure, conseiller du roy, châtelain, lieutenant criminel et de justice de Gannat, fils d'Antoine-Joseph Rabusson, sieur de Vaure, conseiller du roy, lieutenant général de police et subdélégué de l'intendant, et de Procule Viart; la seconde avait épousé, le 11 février 1770 (4), Jean-Baptiste Gressat de Beauregard, conseiller du roy, avocat en la sénéchaussée et siège présidial de la Marche. Procule Pitat mourut à Mons, le 27 octobre 1783, et fut inhumée dans l'église de Senat, chapelle des seigneurs de Mons (5).

Nous n'avons aucun document relatif à la vente des immeubles du condamné André Dumon, probablement pour cette bonne raison qu'il n'avait pas de terres; son père jouissait du domaine de Mons, en 1793. Anne, la fille du condamné et de Marie Gibon, apporta le Mons à son mari, Pierre-Alexandre Cluzel, de Sauget; leur fille

(1) Reg. par. de Taxat et de Senat.
(2) *Ibid.*
(3) *Ibid.*
(4) *Ibid.*
(5) *Ibid.*

épousa François Rabusson de Vaure et ils vendirent le Mons, vers 1843, aux Le Brun. Une demoiselle Le Brun s'est mariée à M. Pradon et lui a donné la terre ; ce sont les possesseurs actuels.

Le vaste château de Mons paraît avoir conservé une notable partie de l'ancien manoir des du Buysson, mais la vieille habitation seigneuriale a été notablement agrandie ; les abords ont été transformés en jardins, en charmilles, en pelouses. Mons est un des jolis châteaux des environs de Chantelle.

Les Granges

En allant de Senat à Mons, on laisse, à droite, près du ruisseau du Boublon, cette grande maison, aux larges façades percées de nombreuses fenêtres ; l'habitation fait l'effet d'avoir la partie principale d'un château du XVIe ou XVIIe siècle, transformé postérieurement. Des tours rondes, qui élèvent à plusieurs endroits leurs toits pointus, ne paraissent pas antérieures au XVIIe siècle ; le logis s'amplifie d'importantes dépendances, et les Granges paraissent être redevenues le centre d'un fort domaine rural, ce qu'elles furent avant qu'un possesseur fortuné y fixât sa résidence.

Les anciens possesseurs nous sont imparfaitement connus :

En 1574, d'après M. l'abbé Peynot (1), la terre des Granges appartenait à Gabriel d'Aubigny, capitaine-châtelain de Chantelle, qui la tenait de Jaquette des Chapettes (Chappes), qu'il avait épousée vers 1550-1560 ; les Granges n'appartenaient pas, avant, aux de Beaucaire. Avec une sérieuse lacune, nous arrivons à 1670 : la terre était aux

(1) *Excursion*, 1907 : Seigneurie de Château-Vieux.

Bonnelat (1) et une demoiselle Bonnelat, mariée à un Intrand, les laissa, vers 1703 (2), à son fils, Antoine Intrand, sieur du Chillat ou Chillot (Saulcet ou Verneuil), président en l'élection de Gannat. Vers 1760 (3), les deux domaines vinrent, par un mariage, aux Barrin. En 1716 (4), François Barrin, écuyer, fils de Pierre, sieur des Rulliers (Saint-Bonnet-de-Rochefort), eut les Granges et les Forges; vingt ans après, son fils, Vincent Barrin, marquis de la Galissonnière, seigneur de ce lieu, était aussi seigneur des Rulliers, des Granges et des Forges (5).

En 1735 (6), Vincent Barrin est encore qualifié seigneur des Rulliers et des Granges. En 1767, cette dernière terre était à un Bourgougnon, Antoine, époux de Antoinette Delesvaux. Ces Bourgougnon avaient cumulé habilement les professions de fermiers généraux et de régisseurs de grandes terres; ils s'étaient enrichis et ils n'eurent pas que les Granges; on les trouve propriétaires de Sainte-Marie (Etroussat), du Vergier, de Chinières, de Peuchenyn; tous devinrent sieurs de quelque endroit. Antoine et sa femme marièrent, le 17 février 1767 (7), leur fille, Louise, avec François-Alexandre-Claude Raynaud, sieur des Averollats (plutôt les Arnoullats, Chezelles), qui devint, la même année, seigneur des Granges (8). C'est une qualification que prirent beau-père et gendres, car, en 1772 (9), Jean-

(1) Famille bourgeoise qui eut de ses membres pourvus d'office, à Charroux, Gannat, Chantelle.

(2) *Noms féodaux.*

(3) *Ibid.*

(4) *Ibid.*

(5) Voir Etroussat (Douzon).

(6) Reg. par. de Senat et de Taxat.

(7) *Ibid.*

(8) *Ibid.*

(9) *Ibid.*

Baptiste Thonier, bourgeois, époux de Gabrielle, une autre fille d'Antoine Bourgougnon, s'appela aussi seigneur des Granges.

Le domaine fut aux Le Brun, propriétaires de Mons, qui avaient ainsi, à peu de chose près, l'ancienne terre des du Buysson. Les Granges appartiennent actuellement à M. Allier.

Les Forges

C'est une appellation que l'on trouve très souvent dans les localités où exista quelque ancienne forge ; ici, l'usine a dû se servir, comme force motrice, des eaux du Bou-blon ; plus bas, en suivant le ruisseau, on trouve le Pied-de-la-Forge.

Au xvᵉ siècle, les Forges furent à honorable homme Jean Blonde, secrétaire du duc de Bourbon ; à la même époque, 1448, une famille porta le nom des Forges : c'était celle de noble homme Gilbert des Forges, écuyer. Puis vint Gabriel des Forges, à qui nous semblent avoir succédé, au xviᵉ siècle, époque de leur prospérité, les Rouer ou Rouher qui l'avaient encore en 1635. Après eux, la terre fut aux Intrand, aux Barrin, aux Bourgougnon, aux Le Brun, avec la terre des Granges.

La Boule

Le nom de ce domaine vient d'un vieux mot latin, *Boella*, signifiant bois et taillis.

Nous avons vu que, en 1598, les Jolly étaient sieurs de la Boule ; le domaine aurait appartenu ensuite à Gilbert Bouchet, époux de Charlotte Jadon de la Garde-Barbesange, qui firent baptiser à Target leur fils Alphonse. La Boule était, à la fin du XVIIe siècle, aux Chambon. En 1698, Marguerite Bordes, veuve de François Chambon, et non Champlon, comme le portent les *Noms féodaux*, avouait le fief pour ses enfants ; en 1699, il était à Ribaud de la Chapelle ; en 1722, Jean Garreau, procureur à Moulins, et Claude Guillemet ou Guillemot, procureur en la châtellenie de Chantelle, à cause de leurs femmes, Gabrielle et Marguerite Chambon, avouèrent (1) le fief seigneurial de la Boule, paroisse de Senat (Chantelle).

Le domaine de la Boule fait partie des terres généreusement données à l'hôpital de Chantelle par la dernière propriétaire, Mme de Rambourg.

La Croix

Un petit chemin partant de Senat, près de l'école, conduit, à environ quinze cents mètres, à la ferme de la Croix, ainsi appelée parce que devant elle se dressait une de ces croix qui marquaient souvent la limite d'une paroisse. Les bâtiments sont ceux d'une maison construite au XVIIe siècle. Il y a un vaste rez-de-chaussée presque en ruines, ayant conservé dans une de ses pièces quelques vestiges du temps où ses possesseurs y habitaient. On remarque une porte extérieure, d'une menuiserie soignée, ayant un curieux marteau en fer ; un buffet aux boiseries élégantes, encastré dans la muraille ; deux dessus de porte, de quelque peintre local ou de passage, représentant des natures mortes sans valeur artistique : dans l'une s'étalent, sur une table, des fruits, deux bouteilles en verre, un pot à l'eau en faïence

(1) *Noms féodaux.*

blanche et bleue, et, dans un plat, un morceau de viande vers lequel un tout petit chat tend une patte menaçante; l'autre panneau réunit un pot en faïence, une corbeille de fruits, des raisins et un melon. Le peintre a évidemment copié ce qui se trouvait un jour sur le buffet des maîtres de céans. Dans la cour, sur un des côtés, existe une haute et large tour carrée servant de pigeonnier, dont le toit est orné d'un petit clocheton délabré; près d'elle, les murs des écuries et des granges ont encore des restes de vieilles ouvertures du XVIe siècle, ce qui indiquerait l'existence d'un logis de cette époque, démoli pour faire place à la maison actuelle.

On pénètre dans la cour de la ferme par un portail dont le cintre est à moitié tombé; à droite de cette entrée, s'ouvre une petite porte à piétons, pourvue d'un marteau en fer forgé qui serait à conserver.

Nous arrivons à des vestiges du passé, plus intéressants. Au-dessus de cette porte ont été encastrés dans la muraille quatre fragments de pierres sculptées: en haut, au milieu, un écusson, surmonté d'un casque de chevalier, porte un aigle éployé, ayant dans les serres une croix de Malte; à droite et à gauche, se dressent deux lions debout sur leurs pattes de derrière, retenus par une grosse chaîne rivée à un large collier passé au cou de chaque animal; sous l'écusson s'étend un fragment d'inscription où nous relevons ces mots incomplets: NOM... DE GENE... NOVAM DE LA GARDE GENDARME DE LA COMPAGNIE DU ROI, et cette date: 1680.

Au-dessous de ces trois morceaux de pierre se trouve la partie supérieure d'une dalle funéraire portant une inscription latine que nous n'avons su déchiffrer, et que nous signalons à plus habile. Au centre de ce fragment est sculpté un oiseau, qui nous semble être un hibou; l'ornement a été très martelé.

Nous n'avons que bien peu de renseignements sur les

possesseurs de la Croix. En 1688 (1), Claude Cluzel avoua le fief, indivis entre lui et les enfants de feu son frère, Antoine, aussi sieur de Molles (Chareil) et de Vernay (Nérignet, aujourd'hui de Bayet). En 1710 et 1737 (2), la Croix était à Antoine Cluzel ; en 1740, elle appartenait aux Delesvaux, Gilbert Delesvaux ayant épousé, le 27 juillet de cette année, Anne Cluzel, fille d'Antoine. Le domaine est aujourd'hui à Mme veuve Grandpré.

Dans un champ voisin de la Croix, les cultivateurs ont découvert plusieurs cercueils en pierre contenant des ossements ; les pierres sculptées de la porte viennent peut-être de ces sépultures, ou de l'ancien cimetière de Senat.

Chinières

Nicolay ayant cité pour Senat le fief de Chinières, cette note rectifie ce dire, et nous ferons remarquer qu'il n'y a pas eu de Chinières ou Chenières sur le territoire de Senat et Taxat ; le personnage que le géographe du XVIe siècle visait était un de Beaucaire et plutôt un Rollat, seigneur de Buchepot, Chinières, etc. Cette dernière terre fut le siège d'un fief important de Saulcet, près de Saint-Pourçain-sur-Sioule ; le lieu existe toujours, mais la plupart des cartes modernes ne le portent pas.

Echiat

Nous signalons ce hameau de Taxat, situé près de Buchepot et du Boublon, parce qu'il remonte à une date

(1) *Noms féodaux.*
(2) Reg. par. de Taxat-Senat.

aussi ancienne que le chef-lieu de la paroisse, dont il dépendait ; on trouve son nom orthographié : « Eschiat, Leschat, Leschiat ». Un noble personnage y demeura, Mathieu de Saint-Didier, damoiseau, qui y avait, en 1230, hôtel, garenne, bois, pêche et vignes, tout un domaine important. En 1352, une famille porta le nom du lieu : Philibert de Leschat, époux d'Excelline, avouait maison, domaine et rentes au village d'Echiat, paroisse de Tassat (Chantelle). A une époque moins lointaine, la terre d'Echiat fit partie de celle de Peuchenyn, Péchenin, sa voisine.

Peuchenyn, Péchenin

Dans le vieux parler du pays, nous a-t-on dit, *peu chenin* voudrait dire peu mauvais. Le lieu de Peuchenyn est très ancien et a eu jadis un logis qui est en ruines ; ce fut, dit-on, une dépendance de la terre de Buchepot. Au XVIIe siècle, la terre fut aux Bourgougnon ; en 1675, Gilbert Bourgougnon, sieur de Sainte-Marie (Etroussat), avait Peuchenyn et Eschiat.

M. Joseph Bonneton, conseiller honoraire à la Cour de Riom, a, à Peuchenyn, une maison de campagne ; artiste et archéologue, l'ancien magistrat y passe la belle saison, la plume ou le pinceau à la main, au milieu des quelques objets curieux distraits des importantes collections réunies par lui depuis de longues années, et qui ornent son habitation hivernale de Clermont.

*
* *

Le 19 mars 1737, était né à Senat Jean-Baptiste-Joseph Lucas. Devenu procureur du roi au grenier à sel de Gannat, il fut élu suppléant à l'Assemblée constituante ;

puis député de l'Allier au Corps législatif, le 4 pluviôse an VIII. Il mourut à Paris, le 25 décembre 1800.

*
* *

Quittons Taxat-Senat en disant que, à la Révolution, le clocher de Senat vit sa flèche rasée, et, comme le campanile de Taxat, fut dépouillé de ses sonneuses. L'église de Senat fut acquise, pour 27.000 livres en assignats, par Brunet et Desboudard; le presbytère par Artaud, pour 3.600 livres; l'église de Taxat fut aliénée, ainsi que le presbytère, au profit de Gombert. L'église de Senat revint au culte lors de son rétablissement.

De 1790 à l'an VIII, les paroisses devinrent deux des communes du canton de Charroux; cette division supprimée, elles furent annexées au canton de Chantelle, et, en 1831, époque du remaniement du cadre départemental, Taxat et Senat constituèrent la seule commune de Taxat-Senat, limitée: au Nord, par Chantelle; à l'Ouest, par Chezelles; au Sud-Ouest, par Saint-Bonnet-de-Rochefort, Charroux et Naves; à l'Est, par Ussel. Ses 1.362 hectares sont peu divisés, la terre est fertile et donne de fructueuses récoltes; les vignobles, assez nombreux, fournissent un vin qui ne peut lutter avec les clos de Chantelle; on élève peu de bétail et il n'y a aucune industrie. La commune compte environ 600 habitants.

CHAPITRE XIV

VOUSSAC

A L'EXTRÉMITÉ Nord du canton de Chantelle, le Theil, arrondissement de Moulins, Saint-Priest-en-Murat, arrondissement de Montluçon, Target et Fleuriel, arrondissement de Gannat, environnent Voussac. Le territoire de cette commune, assez accidenté, est arrosé par deux petits ruisseaux : Gratteloup, aussi dit de l'Etang, et la Vauvre; un autre cours d'eau plus important, le Venant, coule à l'Ouest, entre Voussac et Saint-Marcel-en-Murat, dans le ravin si pittoresque, aux versants boisés, que nous avons signalé en parlant de cette dernière commune (1), et autour duquel la ligne départementale de Varennes à Marcillat promène agréablement les voyageurs.

Les 420 hectares de la belle forêt domaniale de Vacheresse ombragent une importante partie du sol de Voussac, et c'est à petite distance de la lisière de ses taillis de chênes, de hêtres et de charmes que le bourg est construit.

Contrairement aux habitudes des populations antiques, les premiers habitants négligèrent le sommet d'un plateau assez élevé, dominant la forêt et les pays environnants, et se placèrent à mi-côte où ils avaient probablement trouvé des sources.

A l'heure actuelle, les Voussacois reviennent au plateau; ils y ont placé les écoles et la mairie, et, autour de ces

---

(1) *Histoire du canton de Montmaraud*, p. 163.

édifices, commence une agglomération qui s'étendra certainement.

Au bas de l'ancien bourg il y a l'église, à laquelle conduit la rue principale encadrée de maisons ; elle a devant elle une grande place dont une partie est le terrain de l'ancien cimetière. Autour de cette place sont de nombreuses habitations, et, près de là, un ancien manoir qui porte le nom de « la Motte-Verger ».

Sauf l'église et ce château, le bourg n'a plus rien d'ancien. Cependant, il est antique et on croit que Voussac (1) serait le Vosagus dont a parlé (2) un récit fait par Grégoire de Tours. L'évêque raconte que, en 548, deux personnages vivaient à la cour du roi Childebert : Sichaire et Chramnisinde ; Sichaire avait tué les parents de Chramnisinde, mais celui-ci était néanmoins devenu son ami. Un jour, à la fin d'un copieux repas, Sichaire en plaisantant félicita Chramnisinde de son crime, et lui dit que sans lui il serait encore pauvre, et n'aurait pas l'immense fortune de ses parents. Chramnisinde, furieux, se précipita sur Sichaire et lui trancha la tête. La victime étant le favori de la reine Brunehaut, le meurtrier menacé s'enfuit dans le Berry, à Vosagus.

Ce Vosagus doit-il être placé à Voussac ? Chazaud et M. Guérard (3) l'identifient avec ce lieu, frontière du Berry

(1) Vosagus, VIe siècle ; Vociacus, XIIIe, XVe ; Voussat, XIVe, XVIe, XVIIe. Beaucoup de gens du pays disent encore Voussat, et dans les registres paroissiaux et les délibérations du conseil municipal, au commencement du XIXe siècle, le nom est Voussat. Dans des papiers de l'abbé Boudant, nous avons trouvé une note qui dit que Voussac vient de *Volusiiacus*, domaine de Volusius, dont on aurait fait Volusiacus, Volsiacus et finalement Volsiac et Voussac. Ce nom de Volusius était, paraît-il, très commun dans les Gaules.

(2) *Revue bourbonnaise*, 1885, p. 311 : *Voussac*, par Grassoreille.

(3) *Géographie de la Gaule.*

et dépendance du diocèse de Bourges jusqu'à la fin du XVIIIe siècle. M. Longnon (1) place Vosagus dans l'Indre, à Bouges. L'abbé Moret (2) a apporté un argument sérieux à l'appui de la détermination de Chazaud, en citant un passage de la vie de saint Priest, évêque de Clermont, qui, se rendant à Paris, auprès du roi, s'arrêta en route, à Vosagus.

La voie romaine de Clermont à Bourges et à Paris, celle que dut prendre l'évêque, passait à ou près de Voussac, tandis que Bouges (Indre) en est extrêmement éloigné. Voussac peut justement avoir la prétention d'être le Vosagus où se réfugia Chramnisinde et où passa saint Priest.

L'époque gallo-romaine a laissé des vestiges. Il y a vingt-cinq ans, on a découvert à la Gouzolle (3), en défonçant un terrain, des parties de fondations d'une habitation gallo-romaine réellement importante, puisqu'elle comprenait peut-être dix appartements; les fouilles ont donné des tuiles à rebords, des carreaux, des fragments de mosaïques faites en schiste de Buxières, une clé, deux éperons de fer, une pièce de monnaie en argent, des morceaux de poteries engobées de blanc. Un puits était près de cette villa. Parmi ces débris, on a remarqué des fragments de terre cuite formant des courbes que M. Bertrand regarde comme ayant dû appartenir à une ornementation de la couverture de l'édifice, un genre d'antéfixe que le vieil archéologue moulinois ne connaissait pas.

Cette villa gallo-romaine se trouvant sur un point élevé, près de la grande voie qui traversait le pays, nous sommes tenté de la considérer comme l'établissement primitif, la

(1) *Géographie de la Gaule.*
(2) *Notice sur le Montet*, dans l'*Annuaire de l'Allier*, année 1887.
(3) Communication de M. Bertrand : *Revue bourbonnaise*, 1885, p. 311.

villa près de laquelle se constitua la paroisse. Des publications relatives au Bourbonnais nous apportent d'autres renseignements.

Au XIVe siècle (1), Archambaud de Mercœur, le second fils de Beraud IX, était seigneur de Voussac et de Beauvoir; à cette époque, Voussac eut peut-être une charte de franchise. L'étude de Chazaud n'en parle pas; mais en 1688 (2), de Louan, seigneur de la Motte-Verger (Voussac), exhuma de son chartrier cette franchise pour obtenir que ses gens fussent exemptés de la corvée, et il disait qu'elle avait été accordée par Louis, duc de Bourbon, en août 1348.

En 1442 (3), le pays était ravagé par les Anglais; le décimateur déclarait qu'il n'avait pas reçu, cette année, les dîmes dans la grange du prieuré, « dans la crainte que les gens d'armes qui souvent conversent au pays de Voussat ne les enlèvent trop facilement ».

Pour le XVIe siècle, Nicolay (4) nous dira que Voussat appartenait en partie (115 feux) à la châtellenie de Chantelle; 26 feux dépendaient de Murat, siège de Montmaraud. Ces 141 feux faisaient à peu près 700 âmes. Le prieuré-cure était possédé par Jacques Vuel, à qui il valait 150 livres.

En 1686 (5), Voussac, châtellenie de Chantelle, avait dans cette circonscription 53 feux, et 34 feux sur Murat, soit 385 âmes; il renfermait les 929 arpents de la forêt royale de Vacheresse. Les 77 feux accusent une diminution de 320 habitants en 117 ans. Quelles furent les maladies et les misères agricoles qui décimèrent ainsi la population? Il y a peut-être une grosse erreur dans les chiffres de l'in-

(1) La Mure, t. Ier, p. 369.
(2) *Monographie de Voussac*, par M. Mallet, instituteur.
(3) *Revue bourbonnaise*, 1885, p. 318.
(4) *Description générale du Bourbonnais.*
(5) *Procès-verbal* de d'Argouges.

tendant, ou il se produisit quelque exode de travailleurs des forêts, résultant du manque d'ouvrage, ou amené par les mesures prises par le Gouvernement pour mettre fin au faux saunage, ou aux dégâts que causaient aux forêts les villages construits par les bûcherons et sabotiers.

L'Eglise

L'église de Voussac n'offre pas un grand intérêt; elle est placée sous le vocable de saint Martin et date de l'époque romane; sur ses bas-côtés, très étroits, la voûte en demi-berceau continue celle de la nef, qui a quatre travées refaites à différentes époques, sans régularité; le chœur se compose d'une travée donnant sur le transept et d'une abside en cul-de-four. Les étroites fenêtres de l'abside et des absidioles donnent peu de jour; extérieurement, on remarque, dans le mur, le cintre d'une grande ouverture qui a été bouchée et qui indique peut-être la place d'une chapelle ou celle de la porte d'entrée primitive.

Le clocher, tour carrée massive à laquelle est accolée une tourelle d'escalier, est placé sur le bras droit du transept; il a été restauré récemment, comme le surplus de l'église, à laquelle on a ajouté une nef; le portail est moderne. En enlevant le vieux crépissage, on a mis à découvert, à gauche en entrant, une fresque qui est gravement endommagée.

Suivant l'antique usage, le cimetière entourait l'église et occupait autour d'elle un terrain approprié. Il y a une cinquantaine d'années, lors des travaux de réparation et de nivellement exécutés aux abords de l'église, on a découvert plusieurs cercueils de pierre.

Nicolay et d'Argouges ont signalé les trois terres seigneuriales de Chirat, des Magnoux et de Marzat; nous y ajoutons la Motte-Verger.

A une époque antérieure au XIIe ou XIIIe siècle, un domaine d'une étendue considérable, appartenant aux maîtres de Chirat, englobait la majeure partie du territoire actuel de Voussac, et débordait même sur les paroisses voisines, notamment de Target et de Chirat-l'Eglise ; dans la suite, il se divisa entre les membres de la famille des possesseurs ; mais de grandes terres restèrent réunies pour donner au fief de Chirat une situation à peu près équivalente à celle qu'ont aujourd'hui les domaines du château.

Chirat-Guérin

A peu de distance de ce lieu, au delà de la Bouble, se trouve la paroisse de Chirat-l'Eglise, et ce fut certainement pour distinguer de cette voisine sa terre, s'appelant aussi Chirat, que le constructeur du château de Chirat, un Guérin, accola son nom à celui de son fief.

La Chirat-Guérin, nom qu'elle a encore aujourd'hui, est bâtie au Sud-Est de Voussac, à environ trois kilomètres du bourg, sur la lisière de la forêt de Vacheresse, dont les taillis s'étendent sur tout un côté du château ; c'est par la route forestière, sous leurs ombrages, que l'on arrive au hameau de Chirat et ensuite à l'avenue qui conduit au manoir.

Depuis une époque plus ancienne que celle révélée par les renseignements que nous avons, une famille eut à Chirat un château qui était à la fois le centre (1) d'un vaste

(1) Chirat avait encore, à la fin du XVIIIe siècle, justice haute et basse ; le châtelain, officier du seigneur, et son greffier siégeaient à Montmaraud, dans un local spécial. Les archives du greffe furent brûlées dans cette ville, sur la route de Moulins, le 6 octobre 1793, en même temps que tous les titres dits féodaux qui se trouvaient à Montmaraud.

domaine et la forteresse bien défendue, bien située offrant à ses maîtres une demeure sûre, les ressources d'un sol fertile et aussi le plaisir et « déduit de la chasse, dans les grands bois et foretz pleines de sauvagine fauve et noire ».

Une forêt offrait alors à ses voisins des avantages de toute sorte que ne négligèrent pas les seigneurs de Chirat, qui obtinrent sur Vacheresse des droits d'usage fort étendus : ils pouvaient faire pacager leurs bestiaux et prendre le bois pour leur chauffage et leurs constructions. En 1405, 1413, 1429, ces concessions, contestées en tout ou en partie par un officier forestier cherchant à réprimer des abus, furent confirmées par les ducs de Bourbon (1). Les contestations continuèrent, et, au XVIe siècle, Nicolay fit connaître que le sieur de Bellenaves prétendait non plus à des droits d'usage, mais à la propriété de la huitième partie du fond de la forêt, et à l'usage sur les sept autres ; depuis de longues années, ce Bellenaves était en procès avec le duc de Bourbonnais.

Le nom de la forêt : « Vacheresse, bois des vaches », montre que le bétail y avait toujours pacagé en grand nombre ; chasse, pacage, chauffage et bois de construction sont les concessions dont jouissaient presque tous les seigneurs féodaux, voisins des grandes forêts royales.

Au XIIIe siècle, les d'Avenières, de la famille chevaleresque dont nous avons parlé longuement pour le Pleix, de Fleuriel, possédaient Chirat. Guillaume d'Avenières, alors seigneur de Chirat, était écuyer d'Agnès de Bourbon (2) ; au XIVe siècle (3), le fief était à Guillaume d'Avenières

(1) Archives du château de Chirat ; un classement donnerait bien des renseignements pour l'histoire du Bourbonnais.

(2) *Titres de la maison de Bourbon*, n° 649.

(3) *Noms féodaux*. Il y a à Voussac un village des Avenères, dont le nom se rapproche sensiblement de celui des Avenières ; sur Theneuille,

(*d'Aveneriis*), Avenières, Avenères, chevalier; en 1322, à Philippe d'Avenières; en 1350-1374 (1), à ce Philippe ou à un de ses enfants ayant le même prénom. L'aveu qu'il fit montre l'importance de la terre; il déclarait « hôtel, terre seigneuriale de Chirat-Guérin, dîmes, cens, rentes, serfs, arrière-fiefs, droits d'usage dans la forêt de Vacheresse ». Cet important domaine s'étendait sur Voussat, Fleuriel, Sanciat.

En 1352 (2), les d'Avenières avaient le Plex, sur Fleuriel, et ce fut, à notre avis, le moment de leur puissante fortune. En 1443 (3), Chirat était à Jean d'Avenières, dont la fille ou la sœur épousa Guillaume Blanc, écuyer, seigneur de Sauzet; ce serait d'une Blanc de Sauzet que Chirat serait passé aux Bellenaves, à la fin du XVe siècle. Au XVIe (4), Chirat était, on le sait, à Jehan de Bellenaves, appartenant à cette famille noble, extrêmement riche, dont les possessions allaient au loin, dans tout le Sud-Ouest du Bourbonnais.

Avant 1592 (5), Chirat était aux Vignacourt; en 1596 (6), après des difficultés soulevées de nouveau par les officiers forestiers, des « lettres royaulx » maintinrent en possession de droits d'usage dans la forêt de Vacheresse, Marguerite de Bellenaves, veuve de Guillaume de Vignacourt, sieur d'Arrigny ou d'Avrigny, dame de Chirat.

---

se trouvent les Avenières, et c'est là où il faudrait probablement chercher le berceau de la famille. Avenières dérive du mot latin *avena*, qui veut dire avoine (d'Arbois de Jubainville, p. 606); cette étymologie explique la partie principale des armes des d'Avenières: ils avaient *de gueules à trois gerbes d'avoine d'or* (voir Chareil: château de la Rivière).

(1) *Noms féodaux.*

(2) *Ibid.*

(3) *Ibid.*

(4) Nicolay.

(5) Archives du château de Chirat.

(6) *Ibid.*

Le fief fut ensuite aux Bonneval (1), dont une fille, Aymée, épousa Paul de Langlade, baron de l'Espinasse (ou des Esparvières), et lui donna la seigneurie. En 1660 (2):

Langlade (3), baron des Esparvières, homme de naissance, qui a peu de mérite et d'amis. Il possède la terre de Chiran [Chirat], maison bien bâtie, noble, et qui a de beaux droits seigneuriaux, a même justice et 2 à 3.000 livres de rentes.

Peu d'années après, les Aumaistre arrivèrent à Chirat, avec l'époux d'Odette Rapine, Pierre Aumaistre (4). Pierre était décédé avant 1676, et sa veuve se remaria vers 1677 avec Hugues Semyn, sieur des Fontaines. Les enfants mineurs de cette dame et de son premier mari avaient comme curateur leur beau-père, alors seigneur des Fontaines et de Vallambourg.

Les 26 et 28 mai 1685 (5), Semyn et le notaire Delaire parcouraient la terre de Chirat pour constater les dommages, causés par une grêle extraordinaire, aux récoltes du fermier général, le sieur de la Chaussée; les 8 et 11 février 1687, ils visitèrent encore le domaine, pour voir dans quel état il se trouvait. L'acte dressé par le tabellion fournit les trop courts renseignements suivants : château en assez bon état, deux domaines à la Ville, les domaines de Gratteloup, de la Vilatte, de Chirat, un autre domaine de Chirat, les locateries de Gratteloup, de Chirat, la tuilerie des Chezaud, les étangs de Gratteloup, de la Ville, de la Coursière.

(1) Reg. par. de Voussac.

(2) *Ibid.*

(3) *Annales bourbonnaises*, 1889, : R. de Quirielle, *Une statistique nobiliaire en 1664*, p. 323.

(4) Il y eut au moins trois familles Aumaistre distinctes: celles de Sarre (Blomard), de Chirat, des Ferneaux (Bransat).

(5) Archives de l'étude Hedde, à Saint-Pourçain, fonds Delaire.

D'après une note existant dans nos papiers Boudant, le château de Chirat avait été réparé vers 1660, par conséquent par de Langlade.

Jean Aumaistre, officier chez le roi, mari de Jeanne Brisson, était sieur de Chirat en 1698; puis vint autre Jean Aumaistre, grand maître des eaux et forêts, qui épousa Marie-Amable de Chauvigny de Blot. En 1743, Jean-François Aumaistre, sieur de Chirat, donna cette terre à son petit-fils, Jean-François de Bonnefoy, fils de Jacques et de Marie Aumaistre, dame d'Arizolles; il fut capitaine-châtelain de Montluçon et épousa, vers 1746, Françoise-Espérance Marpon, fille de Pierre, seigneur de Chazeau, officier de la maison du roi, et de Marie-Anne Le Blanc (1).

D'après un partage des biens de la famille Bonnefoy, en novembre 1754 (2), Jean-François de Bonnefoy avait deux sœurs: Amable-Thérèze, épouse de Jacques Jadon, seigneur de Saint-Cirgues, et Gilberte-Françoise. Ce partage intéresse les terres de Chirat, de la Vauvre et de Chenillat; il comprenait: 1° le château de Chirat et ses domaines de Voussac, Monestier et Fleuriel; 2° la Vauvre (Fleuriel) où il n'y aurait pas eu de château; 3° le château et partie de la seigneurie de Chenillat (Cesset-Fleuriel) (3).

Après Jean-François de Bonnefoy, Chirat appartint à son fils Pierre-Jean (4), officier au régiment du Roi-Cavalerie, qui mourut à Montluçon, le 31 août 1826; il avait épousé, le 21 septembre 1771, Geneviève-Madeleine Baudeau de la Faye (5).

---

(1) Il fut aussi trésorier des finances au bureau de Moulins.

(2) Archives de Chirat.

(3) Acquise par Brisson (de Moulins) des Le Long.

(4) Remplaça son père au bureau des finances.

(5) Dans *le Bureau des finances de Riom*, par Everat, p. 377, il est parlé du baron Gilbert de Bonnefoy de Chirat, chef d'escadron d'ar-

La descendance des Bonnefoy s'est éteinte dans les mâles, le 22 mai 1896, et la terre de Chirat fut donnée par le dernier du nom à son neveu, le vicomte Jehan de Saint-Genys, possesseur actuel.

Après avoir fait défiler tous ces maîtres de Chirat, nous visiterons le château qui a remplacé, au même endroit, celui des premiers possesseurs, en utilisant la plus grande partie de ses murailles.

Un plan, qui nous paraît avoir été dessiné à la fin du XVIIIe siècle (1), indique au trait la configuration générale du château à cette époque. Les travaux exécutés dans la première moitié du XIXe siècle par les Bonnefoy, ont dû se servir de tous les vieux murs. Comme forme, le manoir actuel a conservé celle de l'ancien ; les abords ont été modifiés, les larges fossés pleins d'eau furent comblés, et, pour aplanir les environs, deux ponts sur lesquels on passait pour entrer ont disparu ; une tour, à l'Ouest, a été supprimée ; la cour est restée, comme dispositions, ce qu'elle était ; toutefois, les ailes du château ont été refaites et transformées en appartements. Deux pièces d'eau, coupées par un pont en pierre, ont été créées récemment à la limite de la cour, et, près d'elles, un puits moderne se donne un air antique, grâce à des ornements de fer forgé dans le style du XVe siècle. La façade principale du château, qui porte à son fronton le double écusson des Bonnefoy et des Montanier, se présente au Nord, en face de l'avenue, entre les deux ailes qui s'avancent sur la cour. D'après le vieux plan consulté, l'espace entre ces deux corps de bâtiments, occupé

tillerie en retraite, qui avait épousé, le 10 ventôse an VII, Pierrette-Jeanne, fille de Pierre Chardon, chevalier, seigneur des Roys, de Rochedagoux, Groslières et Charinzat, trésorier des finances au bureau de Riom.

(1) Vieux papiers de Chirat-Guérin.

aujourd'hui en partie par un large escalier formant perron, représente la superficie de la cour de l'ancien logis seigneurial.

L'autre façade, tournée au Midi, s'appuie sur deux grosses tours aux toits pointus, qui existaient déjà au XVIIIe siècle, et sur une autre certainement plus ancienne. La première fut, paraît-il, remontée en entier pendant les derniers travaux. Sur le côté Est, à quelques mètres du château, s'élève une étroite tourelle, assez haute, dont la place est marquée sur le plan, et qui ne se rattache guère aux anciennes défenses ; elle a pu être construite à une époque peu éloignée, pour y placer l'horloge.

La distribution intérieure a dû être remaniée complètement ; elle est remarquablement comprise et atteste le bon goût des propriétaires. Une longue galerie, bien éclairée, règne à chaque étage, au Nord. M. de Saint-Genys a disposé dans ces deux pièces de vieux meubles, des tableaux, des statuettes, des faïences et une quantité d'autres objets intéressants ; c'est déjà un premier musée. Aux salons a été réservée « la fleur » des collections, et nous regrettons de ne pouvoir étendre notre travail, en passant en revue détaillée, avec l'indiscrétion que doit avoir tout monographiste, les toiles et meubles débordant de ces salons et envahissant les chambres. Dans l'une d'elles, on a réuni des bibelots et des gravures concernant les ballons ; cette collection, spécialement curieuse, avait sa place tout indiquée dans la maison de l'arrière-petite-fille des Montgolfier.

Des fenêtres de la façade Sud de Chirat, on jouit d'une bien belle vue sur un parc artistement dessiné et vallonné, dans lequel sont enclavées de grandes prairies encadrées de quelques-uns de ces chênes centenaires, ayant survécu aux défrichements qui ont séparé les forêts de Giversat et de Vacheresse ; au delà, s'étend un admirable panorama comprenant des lieues de vallons et de plaines, allant des montagnes du Bourbonnais aux pays d'Auvergne, des côtes de Saint-Bonnet-de-Rochefort aux collines d'Echassières et aux environs de Commentry.

Près du château, en dehors de ce que contenait l'ancienne enceinte, est enfouie mystérieusement, sous les arbres, une très vieille chapelle qui a dû servir aux seigneurs et à leurs nombreux fermiers. M. de Saint-Genys lui a conservé son affectation, en en faisant un musée d'objets religieux, boiseries, tableaux et statuettes.

On voit, d'après ces brèves notes d'un carnet de route, quel intérêt offre une halte au manoir de Chirat-Guérin, et il ne nous reste plus qu'à remercier le propriétaire d'avoir bien voulu nous faire si aimablement les honneurs de son habitation, de ses archives et de ses collections.

Les Magnoux

Depuis le XIVe siècle, au moins, cette terre a appartenu à une famille qui en portait le nom ou lui avait donné le sien ; après elle, elle fut aux Siret. En 1485-1488 (1), Hugues Siret avoua les fief, domaine, seigneurie des Magnoux, paroisse de Voussac (Murat) ; un autre aveu fut fait, en 1505 (2), par Jean Siret, fils probable de Hugues En 1569, Nicolay signale le sieur des Magnoux, qui pourrait avoir été un descendant des premiers possesseurs : c'était Jean des Magnoux, seigneur de ce lieu et des Manteaux (Deux-Chaises). Ensuite vint François des Magnoux, époux de Marie de Montassiégé, 1580 ; puis Jean des Magnoux qui eut encore la terre, en 1618 et en 1631 ; il avait

(1) *Noms féodaux.*
(2) *Ibid.*

épousé Marguerite de la Valette. On retrouve, en 1731, à Saint-Plaisir, une Marie-Anne des Magnoux, qui se maria, le 2 juillet, avec Antoine de la Souche.

Au commencement du XVIIe siècle, Isabeau des Magnoux épousa Antoine de Lapelin, sieur de Molles (Chareil); vers la première moitié du XVIIIe siècle, les Magnoux étaient aux de Biotières: 1711 (1), Pierre de Biotières; 1725, ses filles, Suzanne et Jeanne. Le 22 mai 1742 (2), ces demoiselles se firent donation mutuelle du fief, domaine des Magnoux et dépendances, estimés 3.000 livres; c'était une terre que des aliénations avaient pu diminuer. Suzanne ayant épousé Sébastien de Rollat, en 1742, la terre vint à cette famille de Rollat, qui l'aurait vendue, quelques années plus tard, aux Barathon du Mousseau.

Etienne Barathon (3), sieur du Mousseau (Murat) et des Magnoux (Voussac), époux de Anne-Agnès Esmelin, habitait encore le lieu en janvier 1818.

Il ne reste, aux Magnoux, aucune trace de la vieille maison; il y a une importante habitation moderne appartenant à M. Xavier de Mareschal. Ce propriétaire nous a signalé verbalement l'existence d'une motte assez importante aux environs de son manoir. Serait-ce celle qu'occupa la villa, lieu dit aujourd'hui la Ville?

Marzat

On dira certainement que nous abusons des origines gallo-romaines, en trouvant des *villæ* sur notre route.

(1) *Noms féodaux.*
(2) Archives de l'Allier, B. 758.
(3) Député du Tiers-Etat, en 1789, à la réunion pour la nomination des députés; d'une famille de fermiers, riche dès le commencement du XVIIIe siècle.

Encore une fois, nous placerons à Marzat, qui s'appela aussi Marsac, une habitation de cette époque. On n'a signalé, dans ce lieu, aucune découverte, mais les renseignements concernant les possesseurs remontent à une date fort respectable.

En 1350-1357 (1), le fief de Marsac, existant depuis longtemps, appartenait à une famille qui en portait le nom. Jean de Marsac, *alias* de Marsat, damoiseau, et Alice de Beaucaire, sa femme, avaient la terre de Marsac (châtellenie de Murat), moitié du fief de Beaucaire, dîmes, étang, garenne, moulin.

En 1443 (2), Marzac était à un d'Avenières, un enfant de cette noble famille qui, dès le commencement du XIVe siècle, possédait un si vaste domaine sur Voussac et Fleuriel (châtellenie de Chantelle), sur Saint-Aubin et Verfeul (Bourbon) ; il s'appelait Jean d'Avenières, dit Vaurin.

En 1505 (3), Marzat était à un de Rollat (4), Giraud de Rollat. Il fut ensuite à Martin de Rollat, époux de Françoise de Bayard, veuve de François de Beaucaire. Martin de Rollat servait, en octobre 1558, au camp sous Amiens, dans l'armée du duc François de Guise, et ce serait lui que Nicolay met comme sieur de Marzat. Son fils, Louis, eut la terre ; il avait épousé, en premières noces, Louise d'Alègre, et en deuxièmes, Anne de Chauvigny de Blot ; il vivait encore en 1637.

Un de ses fils, François, dit le Chevalier, était seigneur de Marzat, dans le milieu du XVIIe siècle ; il commandait le régiment de cavalerie de Saint-Géran au siège de la Condamine (1650), et fut cité, au siège d'Hérisson (1651),

(1) *Noms féodaux.*
(2) *Ibid.*
(3) *Ibid.*
(4) *Histoire de Montmaraud*, p. 63, 170.

parmi les principaux officiers du canton de Saint-Géran. Il devait posséder encore la terre après 1664, et la notice suivante le concerne (1) :

Il a servi toute sa vie le Roi, dans ses armées ; homme de mérite qui entend bien le métier de la guerre et un des gentilshommes de la province qui a le plus de crédit parmi la noblesse. Il a 2.000 livres de rente ou plus.

En 1687 (2), la seigneurie de Marzat était venue à la branche des Rollat de Brughat (Gannat) représentée alors par François de Rollat, seigneur de Brughat, Châtelus et autres lieux, époux de Claude Gaulmyn, veuve Beraud.

Le 5 septembre 1715, Pierre Chanié, fermier de la terre, résiliait, moyennant une indemnité de 446 livres, un bail passé le 2 avril 1712. Le contrat a, comme intérêt, de nous montrer la composition du domaine qui avait : un château, le grand domaine de Marzat, le domaine de Reuillat, les moulin, étang et domaine de la Gissière ou Gisière.

En 1716, 1738 et 1753 (3), Marzat appartenait à Sébastien de Rollat, ancien capitaine de cavalerie au régiment d'Andelot-Cavalerie ; il avait épousé, le 8 novembre 1740, Suzanne de Biotières, qui lui apporta les Magnoux.

Sébastien et Suzanne eurent au moins un fils, François, baptisé à Voussac, le 12 mars 1745 (4).

Les Biotières, comme les Chauvigny, eurent leurs mauvais jours. Ils vendirent Marzat, en 1770, à Antoine-Georges

(1) *Annales bourbonnaises*, 1889, p. 323 : R. de Quirielle, *Une statistique nobiliaire en 1664*.

(2) Etude Jolly, à Chantelle (fonds de Perret, notaire) : aveu du 22 juin 1703 ; reg. par. de Saint-Sornin.

(3) *Noms féodaux* ; reg. par. de Deux-Chaises et du Theil ; Archives de l'Allier, B. 756.

(4) Reg. par. de Voussac.

Boucaumont, contrôleur des actes au bureau de Montmaraud (1), et les descendants de cet acquéreur le possèdent encore.

Quelques parties de l'ancien château subsistent et consistent en un bâtiment rectangulaire appuyé d'une tour carrée et en une ancienne chapelle; un pont en pierre a remplacé le pont-levis qui s'abattait sur les fossés encore aujourd'hui visibles. Dans ce vieux manoir logent des fermiers.

Bost-Rond

D'après le regretté M. des Gozis, cette terre, située à l'Ouest de Voussac, fut acquise, au plus tard au XIVe siècle, par un Dacbert de Bosredon, appartenant à une ancienne famille d'Auvergne, qui lui donna le nom de sa terre patronymique, « Bosredon ». Par abréviation, ce nom devint Bosredon, ensuite Bostrond et se transforma en Boisrond. Les auteurs des cartes modernes, peu habitués à rechercher les anciens noms de lieux, ont mis Beauron.

Les Dacbert de Bosredon ou de Boisrond existèrent jusqu'à la fin du XVe siècle. Ils possédèrent aussi Chaumont (Saint-Priest-en-Murat) (2).

En 1322 (3), à Bosrond, un Guillaume de Changlais, damoiseau, fit aveu pour des cens et rentes, mais ce n'était pas un possesseur du fief; la terre était restée à ses anciens maîtres, car, au siècle suivant, la famille Bosrond, dont le

(1) Frère de Gilbert-Joseph Boucaumont des Varennes, sieur de Fontariol, conseiller du roi et son lieutenant en la maîtrise des eaux et forêts de Montmaraud, et de Gilbert-Bon Boucaumont, élu en l'élection de Montluçon; beau-frère de Gilbert Michelon, procureur du roi en la châtellenie de Murat.

(2) *Histoire du canton de Montmaraud*, p. 226.

(3) *Noms féodaux ;* Archives de l'Allier, D. 88, 96.

nom a suivi aussi les modifications de celui du domaine, a ce fief : 1423-1489 (1), Jean de Bosrond (Voussac), hôtel de Bosrond.

En 1620-1629-1633 (2), la maison-forte de Bosrond (Voussac) était à Gilbert de Basmaison, fils d'une de Bosrond.

En 1650, le fief était à un de Biotières, Jean (3) ; avant 1701, à Louis de Biotières, écuyer, qui avait épousé, au Theil, le 6 février 1680, Jeanne Jamet ; tous deux vivaient encore dans leur château de Bostrond, en 1740 (4). Mais, en 1737 (5), François de Biotières et Jeanne de Malzat, sa femme, vendirent le grand domaine de Bostrond à Louis Méténier, curé du Theil, pour 4.500 livres ; le 3 mai 1740, le seigneur du reste de Bostron était Jean-Joseph de Biotières, qui épousa Reine Barathon. En 1767 (6), la terre appartenait à Gilbert de Genestoux.

Les Guy, ces vieux bourgeois que nous avons cités à Fleuriel, devinrent plus tard, par alliance, propriétaires de Bostrond, qui arriva aussi, par alliance, à M. Fradier, l'actuel possesseur.

Comme quelques-uns de ses voisins, le château de Bostrond, appelé Beauron, a disparu, et à sa place s'élève l'habitation moderne de M. Fradier.

La Motte-Verger

En voyant la première partie du nom de cette vieille

(1) *Noms féodaux;* Archives de l'Allier, D. 88, 96.
(2) *Ibid.*
(3) Reg. par. de Saint-Pourçain-sur-Sioule ; Archives de l'Allier, D. 102.
(4) Etude Jolly, à Chantelle, (bail, fonds Déchier).
(5) Archives de l'Allier, B. 753-756.
(6) Reg. par. de Deux-Chaises.

demeure, nous avons pensé que, dans les temps anciens, un château-fort a existé sur une « moutte » élevée pour lui.

Les *Noms féodaux* nous donnent probablement les noms du constructeur, Regnard de la Mote, damoiseau, dont le fils, Guibert de la Mote, aussi damoiseau, seigneur de ce lieu, avouait, en 1411, cens et rentes en la paroisse de Voussat (Chantelle).

Après la destruction de la forteresse, la « moutte » qu'elle occupait fut transformée en jardin, en un verger, et devint la Motte-Verger, dont prit le nom le château actuel, bâti en dehors de la Motte, au XVIIe siècle. C'est un assez grand logis rectangulaire, sans caractère, encadré de deux tours rondes, coiffées moitié en tuiles et moitié en ardoises, ce qui leur donne un aspect assez original.

Pour la Motte-Verger, nous avions cru tout d'abord que ce manoir était, vers 1655, aux de Bigues ou de Bigüe, dont nous trouvions le nom dans les registres paroissiaux de Voussac; mais nous avons vu notre erreur, en constatant que ces de Bigüe (1) n'étaient que des parents logés chez le châtelain, Gilbert de Louan, seigneur de la Motte-Vergier déjà en 1620; il avait épousé (2) Jeanne de Bigüe, veuve de Gaspard de Valzergue, sieur du Guay.

Aux de Louan succéda Jean Bertin (3), chevalier, seigneur de Saint-Gerand-de-Vaux, conseiller au Parlement de Bordeaux, qui, vers 1710, passa la terre à un bourgeois

---

(1) Marc Dénier, *l'Ancien canton de Souvigny*, p. 15. Les de Bigüe ou de Bigues étaient les possesseurs de la terre de Chéri, près Souvigny; et nous en parlons longuement dans les deux notices dont la Société d'émulation nous a confié la rédaction, pour l'*Excursion* de 1909 : Fiefs de Chéri et de la Materée.

(2) *Noms féodaux.*

(3) *Ibid.*

de Paris, répondant au nom bien compliqué de « François de Dieu, le fils de Beaûlieu » (1).

Dans la première moitié du XVIIIe siècle (1745), nous retrouvons (2) un de Louan à la Motte-Verger; mais, en 1750 (3), la terre avait été acquise par les Gardien. Le château appartient aujourd'hui à Mme veuve Besson (4).

Doulouvre

Nous marquons au passage ce petit hameau qui se trouve le long de la route de Montmaraud, à l'entrée de la forêt de Vacheresse, à cause d'un fait intéressant qui le concerne. Chazaud avait lu, dans un titre de partage fait par les sires de Bourbon, que la limite de leurs possessions de Chantelle était marquée près de Doulouvre (Voussac) par une grande pierre. Notre doyen Bertrand se mit en campagne et rechercha en vain cette borne; à son avis, elle a dû être enterrée. Bariau nous avait montré un dessin reproduisant des vases antiques, en terre rouge, décorés de feuillages, trouvés aux environs de Doulouvre, à la Volière, vers 1845.

Au début du XVIIIe siècle, les Roux, sieurs de la Volière (Le Theil), demeuraient à Doulouvre.

En 1745 (5), Doulouvre était réuni à la terre de Chirat-

(1) *Noms féodaux.*

(2) Reg. par. de Voussac.

(3) *Ibid.*; archives de Me Hedde, notaire à Saint-Pourçain.

(4) M. Marc Dénier nous a dit que la famille Besson était originaire de Souvigny, où il l'a rencontrée dès 1560 (reg. par.). Gilbert-Alexandre Besson, dont la veuve possède aujourd'hui la Motte-Verger, était fils de Claude et de Rose Gardien; il naquit le 16 août 1817 et mourut le 13 février 1896. Au coup d'Etat, il fut interné à Moulins (janvier 1852).

(5) Etude Jolly, notaire à Chantelle (fonds Deschiers, baux de 1739, 1745).

Guérin ; ce domaine aurait été acquis des héritiers d'un Claude Aumaistre, seigneur de la Roche-Ferneaux (Bransat), Doulouvre (1) et autres terres (Voussac), qui n'est pas de la même famille que celle de Chirat.

*
* *

Notre excursion à Voussac sera finie quand nous aurons ajouté : 1° une liste des curés de 1569 à 1792 : Jacques Vuel, nommé par Nicolay, 1569 ; 1641-1668, Michel Beraud ; 1668-1710, Jean de la Chaussée ; 1710-1752, Michel Martel ; 1752-1760, J.-F. Morendet ; 1763, Aubin de la Forest ; 1792, Béchel ; 1792, Guillaud.

2° Une note relative à l'hiver de 1709 qui fit partout tant de victimes : A Voussac, du 1er novembre 1709 au 30 avril 1710, en cinq mois, cinquante-sept personnes moururent, — quatre fois le chiffre moyen des décès, — deux mendiants furent trouvés morts de froid et de faim dans les champs.

Quant aux événements survenus pendant la Révolution, ils n'eurent rien de saillant : le culte supprimé, l'église fut vendue à Pannetier, pour 2.500 livres ; le presbytère à Montenat, pour 1.037. Le curé Béchet, ayant refusé de prêter serment, fut remplacé par Guillaud, ex-chanoine de Verneuil, qui fut membre du Conseil général de Voussac. Au rétablissement du culte, Béchet rentra en possession de l'église.

Aucun des propriétaires de Voussac n'émigra ou ne fut condamné, ce qui dut vexer les acquéreurs de biens nationaux, qui ne purent profiter du démembrement des domaines. Fait curieux : les grandes terres sont restées à

(1) *Le canton de Verneuil pendant la Révolution* (en préparation).

peu de chose près ce qu'elles étaient à la fin du XVIIIe siècle; sur 3.446 hectares, il y a (1) une terre de 400 hectares, une de 300, deux de 200, deux de 100, sept de 50, vingt et une de 10 à 50, trente et une de 5 à 10.

Le sol de Voussac (2) est surtout argilo-calcaire, mais donne, grâce aux fumures, les récoltes les plus variées; quelques vignes ont été plantées, mais auront de la peine à réussir, à cause de l'altitude du pays qui rend les hivers et les printemps assez rigoureux. La commune a des tuileries en activité.

Le chiffre de la population était: en 1569, de 700 âmes; en 1686, de 385; de 1.210 en 1790, de 1.600 en 1800, de 1.302 en 1901. La décroissance est sensible.

(1) Renseignements donnés obligeamment par M. Mallet, instituteur à Voussac.

(2) *Ibid.*

CHAPITRE XV

USSEL

De la gare de Chantelle on aperçoit le village d'Ussel, assis aux pieds des hautes collines qui montent de Saint-Germain-de-Salles et gagnent, coteau par coteau, Lafeline, Bransat et Saint-Pourçain, après s'être abaissées à Fourilles, pour laisser passer la Bouble.

Les maisons sont édifiées sur une longue et double ligne, courant du hameau de la Paille, au Sud, à celui de la Croizette, au Nord. A peu près au centre, la partie principale d'Ussel s'arrondit autour de l'église, et il s'en détache des ruelles grimpant vers le sommet de la petite montagne appelée la butte Balandreau. Plus bas que cette agglomération primitive d'Ussel ont été bâties, il y a quelques années, l'école et la mairie.

Du haut de la butte, on découvre nettement, par un temps clair : au Nord et Nord-Ouest, le Theil, Lafeline, Fleuriel, Fourilles, Chareil, Louchy, Saint-Pourçain, les vallées de la Sioule et de la Bouble ; à l'Est, Etroussat, Barberier ; au Sud, Saint-Germain-de-Salles, Jenzat, Charroux, Saulzet, Mazerier, Bègues, Gannat, Saint-Bonnet-de-Rochefort.

Bien loin on aperçoit la vallée de l'Allier, et, dans les brumes bleuâtres de l'horizon, les cimes découpées des montagnes du Forez. Sur les autres points du Sud et de l'Ouest, apparaissent les campagnes de quelques communes de l'Auvergne, le cône majestueux du puy de Dôme et les pics ses voisins, le canton d'Ebreuil, la forêt des Colettes, Saint-Eloy, Lapeyrouse, et une partie de l'arrondissement de Montluçon, sur laquelle planent les nuages de fumée vomis par les cheminées de Montvicq, Doyet, Bézenet, Commentry.

Ce paysage, réellement grandiose, est la seule attraction à signaler aux touristes passant à Ussel. La commune a conservé des temps anciens, auxquels elle remonte, une curieuse dalle funéraire, dont nous donnons la description et le dessin, et une pierre placée au-dessus d'une porte de jardin, près de l'église, qui ne montre plus que la couronne royale et un écusson mutilés. On aurait pu s'attendre à trouver d'autres vieux débris dans une localité qui, en des siècles très reculés, s'est appelée *Uxellodunum*, ce qui voudrait dire forteresse d'Uxellus, et qui a tenu une place en vue, quoique secondaire, dans l'histoire du Bourbonnais, ayant été pendant des centaines d'années le siège d'une châtellenie du duché. De plus, à une époque antique, un groupe d'habitations a existé sur son sol, dont quelques vestiges auraient été découverts autrefois, dans les environs, à Versannes, Chapadame, Lapraie, la Paille, où on trouva (1) quantité d'objets antiques : tuiles, vases, armes, poteries, médailles romaines, que recueillit une personne de Charroux, M. Paul Moulin, architecte.

Nous ignorions cette découverte avant d'avoir lu la brochure de l'abbé Boudant ; nous connaissions uniquement une trouvaille faite, en 1899, lors de la rectification d'un chemin communal. Les ouvriers mirent alors au jour plusieurs vases en terre noire, que l'un d'eux emporta et vendit à Vichy. Il n'y avait pas d'objets en bronze, comme l'indique

(1) Abbé Boudant, *Souvenirs de la châtellenie d'Ussel*. Moulins, Desrosiers, 1858.

à tórt M. F. Pérot dans un de ses inventaires archéologiques (1).

D'après les renseignements que nous avons recueillis sur les lieux et auprès de l'entrepreneur des travaux, on n'a trouvé que des vases : et l'un d'eux, en forme d'urne, était remarquable; il est regrettable que tous ces objets aient pu quitter le pays sans être examinés.

A partir du XIIIe siècle, on recueille divers faits intéressant le passé d'Ussel : le lieu avait un prieuré-cure qu'il conserva jusqu'à la Révolution; le 13 juin 1283 (2), Geoffroi, prieur de Chantelle, déclare que le comte d'Artois et la comtesse, sa femme, dame de Bourbon, ayant donné à Hugues, prieur d'Ussel, le droit viager de chauffage dans le bois de Culhat (3) et de pacage pour six porcs dans le bois de Tronceon, ni ses successeurs au prieuré de Chantelle, ni ceux de Hugues, au prieuré d'Ussel, ne pourraient réclamer pour eux-mêmes l'exercice de ce droit.

Le comte et la comtesse d'Artois (4) administraient alors le Bourbonnais, dont ils n'avaient que l'usufruit, la nue propriété étant réservée à Béatrix de Bourbon et à Robert, comte de Clermont, son époux. Ussel ne faisait pas partie du Bourbonnais, car, depuis 1250, la terre était aux Mercœur. Beraud IX, de Mercœur, gendre d'Archembaud VII, avait abandonné (5) à Eudes de Bourgogne, époux de Mathilde de Bourbon, fille aînée de cet Archembaud, tous les droits qu'il pouvait avoir sur le Bourbonnais, du chef de sa femme, moyennant la cession à lui consentie par

(1) *Bulletin de la Société d'émulation*, 1900, p. 64.

(2) *Titres de la maison de Bourbon*, n° 729.

(3) Bois qui ont existé sur Etroussat (à Cueillat) et sur Fleuriel ; il y a encore, dans cette commune, près des bois dits aujourd'hui des Mozières, un lieu appelé la Tronchaie.

(4) Chazaud, *Chronologie des sires de Bourbon*, p. 228.

(5) *Ibid.*, p. 239.

Eudes, des châtellenies ou seigneuries d'Ussel et de Cressanges.

Les Mercœur avaient, à Ussel, un prévôt, officier chargé de leurs intérêts. En 1340-1342 (1), ce prévôt, Jean de Cullat ou de Cuyllat, damoiseau, faisait aveu pour maisons de Cullat (2) et d'Ussel, motte, fossés, terres, cens et autres profits, à cause de ses baillies et prévôtés d'Ussel et d'Estroci (*Estrociacus*, Etroussat). D'après ce texte, le prévôt jouissait, à raison de son office, d'une ou de deux maisons fortifiées (motte et fossés sont significatifs), à Ussel et à Cuillat ; celle de ce dernier lieu a disparu, et la maison forte d'Ussel également, si elle n'était le château qui fut agrandi et devint la forteresse dont nous aurons à parler.

En 1326 (3), le château d'Ussel, en Bourbonnais, avec ses appartenances, revenait à Isabeau de Forez, femme de Beraud X, de Mercœur, pour en jouir après le trépas de son mari ; mais le 20 mai 1323 (4), Isabeau étant veuve, Ussel avait été pris par Jean, comte de Joigny, héritier de Béraud ; prince et princesse se disputèrent l'héritage, et Jean dut abandonner Ussel à Isabeau pour mettre fin à ses réclamations.

Pendant le procès (5), en 1322, le garde de la châtellenie de Chantelle avait commis Collot de Viry pour tenir le château en la main du sire de Bourbon, dans le but de conserver les droits en la possession de la dame de Mercœur :

(1) *Noms féodaux.*

(2) Aujourd'hui Cueilhat, village sur Etroussat.

(3) La Mure, *Histoire des ducs de Bourbon*, t. Ier, p. 300, 304, 418 ; t. II, p. 147-148.

(4) *Ibid.*; *Titres de la maison de Bourbon*, nos 1651, 1655, 1679, 2318.

(5) *Ibid.*

... Et nos te commandons que tu metes un penecel (1) apparessant et les armes mon segnhor audit chatel, en signe d'etre mis le dit chatel en la mayn dou dit mon seghnor.

Isabeau donna, en 1331, le château d'Ussel à son neveu, Guy VIII de Forez, qui, le 10 septembre 1342, en rendait hommage à son beau-frère Pierre, duc de Bourbonnais.

Ussel fut compris dans la dot de la fille de Guy VII, Jeanne, quand elle épousa Beraud, comte de Clermont, dauphin d'Auvergne, sire de Mercœur. Leur fille, Anne Dauphine, apporta la terre à son mari, Pierre II, duc de Bourbon, et elle dépendit du Bourbonnais jusqu'en 1433, date à laquelle elle fut comprise (2), avec 1.000 livres de rente, dans la dot que Charles Ier, duc de Bourbon, constitua à Marguerite de Bourbon, bâtarde de son père Jean Ier, quand elle épousa Rodrigo de Villandrado, comte de Ribadeo (3). Après le bannissement et la mort de cet aventurier, Ussel revint au duc de Bourbon. La duchesse Anne Dauphine, qui fit un grand nombre de fondations religieuses, en avait doté plusieurs sur les revenus de la terre d'Ussel (4).

Au XVIe siècle, Nicolay (5), en parlant de la châtellenie d'Ussel, rappelle encore qu'elle fut « de la terre du compte-Dauphin ». Pour cette raison, cette division administrative

(1) Un panonceau.

(2) *Titres de la maison de Bourbon*, n° 5435.

(3) Rodrigue de Villandrado, gentilhomme espagnol, chef de bandes de routiers pendant la guerre de Cent ans, épousa une fille naturelle du duc de Bourbon, Jean Ier; reçut en dot la seigneurie d'Ussel en Bourbonnais, où il avait déjà des terres importantes : châteaux de Montgilbert, Rochefort, Ecole, etc. Malgré son mariage et sa grande fortune, Villandrado reprit sa vie d'aventures et pilla certaines parties de la France. Il fut banni et sa tête fut mise à prix. Mort vers 1457 ou 1458.

(4) *Titres de la maison de Bourbon*, nos 5052 et suivants.

(5) *Générale description du Bourbonnais.*

et judiciaire fut respectée et maintenue, bien qu'elle n'eût pas sa raison d'être avec six paroisses qui pouvaient, sans inconvénient, être rattachées à la châtellenie de Chantelle : Ussel, 104 feux ; Etroussat, 129 ; Salles, 43 ; Saint-Germain-de-Salles, 45 ; Saint-Cyprien ou Saint-Ciram, 49 ; Fourilles, 47 ; soit 417 feux, environ 2.000 âmes.

Au XVIIe siècle, d'Argouges (1) mentionne l'existence de la châtellenie, tout en plaçant ses paroisses dans celle de Chantelle ; la châtellenie d'Ussel existait cependant en fait, car ses offices avaient été maintenus. Cet intendant fait ressortir l'importance de Leux, gros village dépendant d'Ussel, qui n'a plus que 90 feux au lieu des 104 de 1569.

En 1698, l'intendant Le Vayer note aussi l'existence de la châtellenie d'Ussel. Avant la Révolution, elle était réunie à celle de Chantelle ; néanmoins, les offices de châtelain, procureur et greffier, avaient, en 1780 et après, des titulaires qui remplissaient leurs fonctions ; on trouve leur visa en tête des registres paroissiaux. On les avait maintenus pour éviter le remboursement du prix des charges.

Une famille, qui porta le nom d'Ussel, a eu, sans doute, ce lieu pour berceau : en 1287 (2), Marguerite d'Ussel était la femme de Hugues de Lormes, damoiseau, qui vendit à Godefroid, prieur de Chantelle, la moitié de la dîme de Saint-Parsonnyena, dépendant de Leu ; au XIVe siècle (3), sont possessionnés dans le lieu ou aux environs, d'autres gens dits d'Ussel : Ebrard d'Ussel, Morel d'Ussel, Geoffroy d'Ussel ; en 1313, Agnès de la Brosse, veuve de Dalmas d'Ussel, et son fils Jean de Saint-Gervais, reconnaissaient tenir en fief des Mercœur, maison, domaine, cens à Ussel.

(1) *Mémoire de la généralité de Moulins*, p. 84, 112.
(2) *Noms féodaux ; Excursion*, 1908 ; *Armorial du Bourbonnais*.
(3) *Ibid.*

Ce fut à la fin du xve siècle que la famille d'Ussel se serait éteinte dans les seigneurs de Bellenaves, auxquels aurait alors appartenu la plus grande partie de ce coin du Bourbonnais, de Bellenaves à Monestier, Chezelle, Taxat, Senat, Target. L'abbé Boudant aurait pris ce renseignement dans les archives du château de Bellenaves; nous le croyons exact.

Nous connaissons aussi, ayant des terres à Ussel: en 1300, Guillaume de Mannisse; en 1301-1322, les Machebœuf; en 1322 (1), Guillaume de Chandenay, damoiseau, avouait un hôtel à Ussel, des dimes, cens et rentes; en 1352, les Aymerie. Nous ne rattachons pas, comme certains l'ont fait, à Ussel (Bourbonnais), la famille d'Ussel, originaire de la Marche, qui posséda, à la fin du xviiie siècle, Blanzat et la Rivière (2).

Le Château

Ces renseignements malheureusement trop vite épuisés, nous arrivons à la forteresse qui, depuis le xive siècle, au moins, défendit Ussel et fut aussi quelquefois la résidence passagère des seigneurs visitant leur petit royaume; elle servit surtout à loger leurs représentants (3).

D'après la configuration des lieux, on se rend encore compte du vaste emplacement sur lequel s'élevaient tous les bâtiments du château et qu'entouraient les murs d'enceinte et les fossés; il comprenait les terrains sur lesquels existent l'église, ses abords, la cure, son jardin, la maison de M. le commandant Gerbaud et ses dépendances. Sur la plus

(1) *Noms féodaux; Excursion*, 1903; *Armorial du Bourbonnais.*
(2) Voir Chareil-Cintrat.
(3) Voir plus haut: prévôt d'Ussel.

grande partie de ce plateau, des chemins passent au-dessus des anciens fossés; des murs de clôture ont été élevés sur les fondations des murailles, et sans doute avec les pierres en provenant.

Le château d'Ussel n'a jamais été une forteresse ou une résidence seigneuriale importante. Quand, en 1433, Charles Ier la donna à sa sœur bâtarde, mariée à Villandrado, il observait « que le lieu d'Ussel est mal bâti », et il mettait à la disposition des époux « le chastel de Chateldon ».

Il ne reste aucune vue du château ou de ses ruines, et l'abbé Boudant (1) a dit à tort que Guillaume Revel, le héraut d'armes de Charles VII, avait dessiné cette forteresse sur le précieux album (2) qu'il a laissé, et dans lequel tous ceux qui écrivent ou dessinent sur le Bourbonnais puisent des renseignements.

Pour savoir ce que fut ce château, on a, ce qui est heureux, la description donnée par Nicolay, en 1569 (3), alors que Jean de Marconnay, seigneur de Charbonnières et du Rosay (Barberier), en était le capitaine :

Le chatel est d'assez grand circuit, enclos de murailles et grands fossés sans eau, édifié sur une motte, en bel aspect ; et consiste en une haute tour carrée, servant de donjon, accompagnée de plusieurs chambres, salles, cuisines, caves, greniers et autres offices, et dans icelui se tient le siège de la ditte chatellenie, de quinze en quinze jours, pour l'exercice duquel il y a un capitaine-bailli, chatelain, procureur et concierge.

(1) Brochure sur Ussel.

(2) Bibliothèque nationale, collection Gaignière, n° 2896 ; pour le Bourbonnais, il n'y a que les vues suivantes, bien connues des archéologues et publiées dans l'*Ancien Bourbonnais* : ville de Saint-Pourçain, ville et chasteau de Molins, et l'esquisse du prieuré d'Estivaleilhes (Estivareilles, près Montluçon).

(3) T. Ier, p. 146.

Dans le dit chatel est située l'église paroissiale qui est prieuré et cure dépendant du prieuré de Chantelle.

Lorsque le château n'eut plus de capitaine, ne fut plus appelé à recevoir le seigneur, on en négligea l'entretien, et, d'année en année, la vieille demeure féodale tomba en ruines. Bien avant la Révolution, les services de la châtellenie avaient évacué les locaux dont ils se servaient, et les officiers habitaient les maisons qu'ils possédaient dans le lieu. Il ne serait resté que la chapelle qui servit d'église paroissiale, jusqu'à la construction de l'édifice actuel, élevé en 1861, et placé, comme l'ancien, sous lè vocable de saint Isidore, le laboureur. C'est en faisant les fondations du clocher que les terrassiers ont découvert la large dalle funéraire qui porte l'image en relief du chevalier Aubert (1). Ce monument, remarquable surtout à cause de son ancienneté, du nom et des armoiries du défunt, car la sculpture est fort ordinaire, représente le guerrier, en costume du XIVe ou XVe siècle, le bras droit serrant son épée sur la poitrine ; au côté gauche, il a son bouclier chargé d'une bande accompagnée de six étoiles à six raies mises en orbe. Après avoir été déposée pendant longtemps dans le jardin de la cure, la tombe vient d'être fixée, par les soins de M. René Moreau, architecte, inspecteur des monuments historiques de l'Allier, à un des murs intérieurs de l'église, à droite en entrant.

(1) Cet Aubert était peut-être l'écuyer, possesseur de Fourilles en 1443. Le nom de Aubert était porté par quantité de personnes à Ussel, Charroux, Monestier, Gannat. MM. Aubert de la Faige et R. de la Boutresse rattachent les Aubert d'Ussel à ceux du Chassin : « Entre leurs armoiries, l'analogie est frappante ; tandis que les uns, en effet, portent d'*azur à une bande d'or accompagnée de deux étoiles de même, à la bordure de vair*, les autres ont d'*azur à la bande d'argent à six étoiles de gueules mises en orbe.* » (*Les fiefs du Bourbonnais, Lapalisse*, p. 141.)

D'après une tradition locale recueillie par Boudant, l'église d'Ussel était primitivement fixée à la Croizette ; à côté se trouvait le cimetière. Lorsque l'église tomba en ruines, le culte fut célébré dans la chapelle du château, que Nicolay signale alors comme église paroissiale. Il y a, en effet, à la Croizette, un assez grand bâtiment transformé en grange, qui a pu servir d'église ; nous avait dit qu'il y restait des vestiges de peintures murales, mais nous n'y avons vu que les traces d'un enduit assez soigné.

Les registres paroissiaux de 1630 parlent de la chapelle de la Croizette, sans lui donner le titre paroissial, à propos notamment de la bénédiction d'une cloche, dont furent parrain et marraine Jehan Duclos, prieur d'Ussel, docteur en droit, aumônier de Mgr le prince, et dame Marie Hérisson, femme de Me Gilbert de la Chaussée, praticien.

Il est question également, dans les mêmes registres : en 1680, de vingt écus dépensés par le prieur-curé Febvrier, pour réparations à l'église ; en 1686, de travaux au clocher, 90 livres, payées moitié par les Pères Jésuites de Chantelle, gros décimateurs, et le reste par les prieurs de Saint-Germain-de-Salles et d'Ussel ; de l'interdiction de l'église ruinée, en 1749 ; de l'achat à la même date, pour 12 livres, d'un tableau représentant le baptême de Jésus. Mais ces notes ne contiennent pas d'indication tranchant cette question. S'agissait-il d'une église paroissiale ou de la chapelle du château ?

Pendant que nous lisons les anciens registres de la paroisse, prenons, dans leurs feuillets jaunis par les siècles, les souvenirs laissés par le prieur-curé Febvrier, qui a vécu, à Ussel, de très longues années ; ils concernent certains faits, plus ou moins dignes de remarque, survenus dans la paroisse, aux environs ou dans la province :

1628. — Le pont de Moulins a été enlevé par une crue (1).

1634. — Fin du jubilé prescrit par le pape à cause des grandes guerres d'Allemagne (2).

1656. — Longue formule de prières contre « les tempestes de l'air ».

1709 (3). — Ravages causés par quatre gelées successives ; maladies de pourpre, sueurs chaudes, tierces ; orge vendu 20 francs le septier, mesure d'Ebreuil. A la fin de cette année, plusieurs pauvres meurent de faim ; « plusieurs riches aussy que les morts, morts de maladies pourpreuses et populaires ».

1710. — Pluies excessives ; trois moulins de Chantelle emportés par les eaux ; gens noyés ; maisons détruites ; de mémoire d'homme, on n'avait vu semblable chose.

1713. — Grêle, pluies ; les grains valent : froment, 20 livres le septier ; orge, 17 et 18 ; seigle, 18 ; quantité de pauvres ; plusieurs domaines abandonnés par les cultivateurs sans ressources.

1714. — Gelée qui a détruit vignes et seigle ; éclipse de soleil à neuf heures du matin, le 11 juin.

Que de tristes événements étaient survenus pendant cinq années ! Febvrier est le seul curé d'Ussel qui ait eu l'heureuse idée de conserver dans ses registres le souvenir de ce qu'il avait vu.

Château de la Croizette

Il est bâti à environ trois cents mètres du centre du bourg d'Ussel, au Nord, près de la chapelle utilisée pour le culte

(1) Probablement le petit pont Ginguet.
(2) La guerre de Trente ans (1618-1648).
(3) Année terrible dans toute la France.

paroissial. La Croizette est un de ces manoirs du XVIe siècle, fort nombreux en Bourbonnais et ayant presque tous les mêmes dispositions ; il est posé sur le haut d'une colline, entouré de jardins et de bâtiments d'exploitation rurale. Il se compose d'un bâtiment principal carré, dont la façade intérieure est coupée par une tour d'escalier. Il a eu certainement une enceinte, des fossés, des tours, comblés ou démolis lorsque fut construite la route qui passe à ses pieds. Le château est éclairé par de larges fenêtres à meneaux. Les appartements sont vastes et jouissent, à l'Ouest, d'une vue agréable sur les fertiles plaines de Chezelle, Taxat-Senat, Chantelle, et, au loin, sur les centres houillers de Doyet, Montvicq, Bézenet et Montluçon.

Ce vieux logis, placé pour être pendant la belle saison une agréable résidence, appartient, depuis 1826, aux Boudant, famille de l'ancien curé de Chantelle et du docteur Boudant, médecin distingué de Clermont, ancien conseiller général de l'Allier sous l'Empire. La propriétaire actuelle est Mme de Benac, fille du docteur. Comme nous, cette dame s'intéresse aux « antiquailles », et nous avons aperçu dans son manoir quelques meubles anciens, des faïences et un gracieux trumeau Louis XVI.

D'après quelques actes anciens, la Croizette a pu être bâtie par la famille Peyret, dont un ancêtre fut greffier de la châtellenie d'Ussel au XVIIe siècle ; c'était un descendant des Peyret, de Chantelle (1), possessionnés en ce pays en 1357, et un Annet Perret fut capitaine-châtelain d'Ussel en 1618 ; le greffier s'enrichit, avança en grade et devint procureur du roi en 1629. En 1698, un Jean Peyret, sieur de la Croizette, était gendarme de la garde du roy (2). Il

(1) *Noms féodaux:* Guiot Peyret, damoiseau.

(2) Reg. par. de Barberier.

n'avait plus que le nom de la terre, car, en 1675, la Croizette était à Jean Durand ; elle fut ensuite aux Chartier, dont un, Gilbert, fut châtelain d'Ussel en 1682, le prédécesseur de Gilbert-François Mioche, en exercice en 1741. Les Chartier devinrent Chartier de Jadou ou de Jadon (1), et même de Jadou tout court, et une Chartier épousant François Dupéroux, écuyer, lui apporta la Croizette. François, devenu veuf, se remaria avec Denize Delavigne, d'une famille bourgeoise de Billy ; il habitait toujours Ussel.

Leux

Depuis le XVe siècle, au moins, le hameau de Leux ou Leu a toujours été presque aussi important qu'Ussel ; il compte aujourd'hui quarante-neuf maisons et cent quarante-huit habitants. A une date très reculée, le prieuré de Chantelle y percevait des dîmes considérables.

En 1322 (2), Leux était à une famille qui en portait le nom. Archambaud de Jaligny, époux de Jaquette de Leux, avait, par sa femme, à Ussel, à Bransat et à Escole (Chantelle), domaine, bois, garenne, cens et tailles ; leur fille, épouse de Lasseur Johannet, posséda aussi Leux. En 1453, il y avait une motte et une maison forte appartenant à Jacques de Bussière, écuyer, seigneur de Costure, et à Philiberte Murat, sa femme.

En 1454, Péronnelle de Chaumejean, veuve de Jean Seguin, bourgeois de Souvigny, avait, à Leux (3), cens, rentes et autres devoirs.

(1) Vieux actes du notaire Morand (étude de Me Hedde, à Saint-Pourçain).

(2) *Noms féodaux.*

(3) *Ibid.*

Nous ne connaissons plus les possesseurs qu'aux XVIIe et XVIIIe siècles (1) : en 1698, Leux était à Gilbert Barton ou Berton, écuyer, sieur de Massenon, et à Léonard Barton, son frère, écuyer, sieur de la Chasotte, héritiers de leur mère, Aymée Audier (*alias* Odier), femme d'Audier d'Arfeuilles, seigneur de Douzon.

Bien avant 1698, les d'Arfeuilles étaient à Leux. En 1633, Symphorien d'Arfeuilles, écuyer, seigneur de Douzon (2), Echalar (3), la Chazotte, Leux, accompagnait en l'église d'Ussel, comme parrain, la marraine, damoiselle Claude de Roussillon, femme de Mgr de Fouranges.

En 1704 (4), Leux était à Philibert du Buysson, seigneur de Mons (Senat) ; après lui, il fut aux la Chaussin, riche famille d'Ussel et de Chantelle ; il est, de nos jours, à M. le docteur Viple, de Puyguillon.

Autour de la maison, dite le Logis ou Lafons, se voient encore des traces de fossés, vestiges des défenses de l'habitation des anciens possesseurs.

Le terrain de Leux a toujours été excellent, et il est encore une des parties les plus fertiles de la commune.

* * *

A la Révolution, la châtellenie d'Ussel ayant disparu définitivement, Ussel fit partie, en 1790, du canton créé à Charroux, district de Gannat, qui fut supprimé en l'an VIII ; la commune entra alors dans le canton de Chantelle, dont elle dépend encore.

---

(1) *Noms féodaux :* Massenon (Bézenet ?), Chasotte (Colombier ?).
(2) Voir Etroussat.
(3) Les Echaloux, commune de Bayet.
(4) *Noms féodaux.*

L'église fut acquise par Secrétain, pour 36.000 livres, et Verd (1), son gendre, acheta le presbytère pour 1.305 livres.

Les renseignements donnés par Nicolay et d'Argouges (XVIe et XVIIe siècles) mettent en bonne place, dans leurs statistiques, le terroir d'Ussel, bon, gras, fertile en blé, foin, pacages, huiles et fruits ; c'était un bon pays. Ils mettent en relief les vins renommés des Garennes d'Ussel, qui ne sont peut-être pas tout à fait de cette commune (2).

Au XXe siècle, la situation agricole est bien plus importante, à cause des routes ouvertes ou réparées, des progrès de l'agriculture et de la mise en valeur de vastes terrains marécageux où séjournaient, dans les temps anciens, les eaux des ruisseaux, et qui servaient de mauvais pacages aux bestiaux. De ces marais, il ne reste que les noms : Grand Marais, Marais de la Fond, Marais de la Flotte (3) ; partout se voient des céréales et des fourrages abondants,

(1) En voyant ce nom, nous ne sommes pas éloigné de croire que nous retrouvons, réfugié à Ussel, le fameux Barthélemy Verd, ancien visiteur des rôles à Cusset, qui se lança dans le mouvement révolutionnaire. Il fut membre de la Société populaire de Moulins, procureur général de la Commission temporaire de Lyon, où il contribua à faire exécuter trente-deux Bourbonnais ; secrétaire général, président de l'administration centrale. Orateur des fêtes populaires, il prêcha la vertu et l'intégrité ; il fut conseiller général et acquéreur de biens nationaux. Le Verd que nous trouvons à Ussel a bien le prénom de Barthélemy, et était né le 4 février 1769 (liste des électeurs de l'arrondissement de Gannat, en 1833). A la Révolution, Verd avait plus de trente ans ; il faudrait donc lire 1759 et non 1769, erreur possible de l'imprimeur. Le Verd, d'Ussel, avait épousé Jeanne-Marie Secrétain, d'une riche et ancienne famille bourgeoise ; il mourut à Ussel, le 20 mai 1843, à l'âge de quatre-vingt-quatre ans. Il avait été adjoint, puis maire de cette commune, et fut, comme d'autres sans-culottes distingués, très protégé par les hauts fonctionnaires royalistes.

(2) Au XIVe siècle, 1322, il y avait aux Garennes d'Ussel un fief ayant hôtel, terres, moulin ; il appartenait à Huguonin Thibaut. *(Noms féodaux.)*

(3) Les Colin, de Chantelle, y eurent une terre au XVIIe siècle.

des arbres fruitiers et des vignes productives, malgré la lente invasion du phylloxéra. Autre progrès : l'embranchement de la ligne départementale de Chantelle à Ebreuil a, à Ussel, une station où souffle la petite locomotive avant de s'attaquer aux rampes de la commanderie de la Marche. Mais Ussel n'a aucune industrie ; aussi sa population, restée stationnaire, n'a que trente habitants de plus qu'en 1569 et 1790.

INDEX

DES NOMS DE PERSONNES ET DES NOMS DE LIEUX

Les noms de personnes sont en caractères romains; les noms de lieux sont en *italiques*.

A

B

C

D

E

F

G

H

I

J

L

M

N

P

R

S

T

U

V

ADDENDA

Page 9, note 2, lire : P. 2. Cette statuette a été fort admirée à l'exposition de Moulins en 1885, et non en 1879.

Page 37, ligne 28, lire : feu M. Largé, et non M. Large.

Page 38, ligne 1. — La Bouble ne donne pas à Chantelle l'éclairage électrique ; c'est une erreur.

Page 64. — L'église de Chantelle possède un Crucifix-reliquaire dont nous donnons page 251 deux photographies. C'est une croix en cuivre doré, autrefois portée en main par les membres du clergé, et servant d'instrument de bénédiction. L'adjonction, à une époque relativement récente, d'une petite custode en argent doré, renfermant un minuscule fragment de la vraie croix, en fait aujourd'hui une croix reliquaire. Sa forme est celle d'une croix latine, plate, aux extrémités trilobées, chargées, au centre, d'une rose. Le champ est décoré de rinceaux ciselés ; sur la face est attaché, par trois clous, le corps du Christ couronné d'épines ; au revers, un agneau occupe le centre des croisillons. Cette croix est plantée sur un demi-cylindre entouré d'une couronne fleuronnée qui rappelle la royauté du divin crucifié, c'est une œuvre correcte du xve siècle qui a un grand air de ressemblance avec la croix d'Orval près de Saint-Amand. Le pied, à six faces émaillées, pourrait être du siècle précédent. (Communication de M. l'abbé Clément.)

Page 150, ligne 10, lire : villa de Blandius, et non ville de Blandius.

Page 191, ligne 16, lire : le château de Naves, et non celui de Nades.

Page 207, ligne 3, lire : 1.167 habitants, et non 1.304.

Page 243, ligne 9, lire : les taillis de la forêt domaniale de Giverzat, et non le taillis.

Page 265, à la fin de la page, lire : Marie de Céron, et non Marie de Seroi.

Page 268, ligne 26, lire : Catherine-Gilberte Desbouys de Beaufort, et non Catherine-Gilberte Desboux de Beaufort.

TABLE DES MATIÈRES

TABLE DES PLANCHES

Achevé d'imprimer

le vingt-deux janvier mil neuf cent dix

PAR

CRÉPIN-LEBLOND

A MOULINS

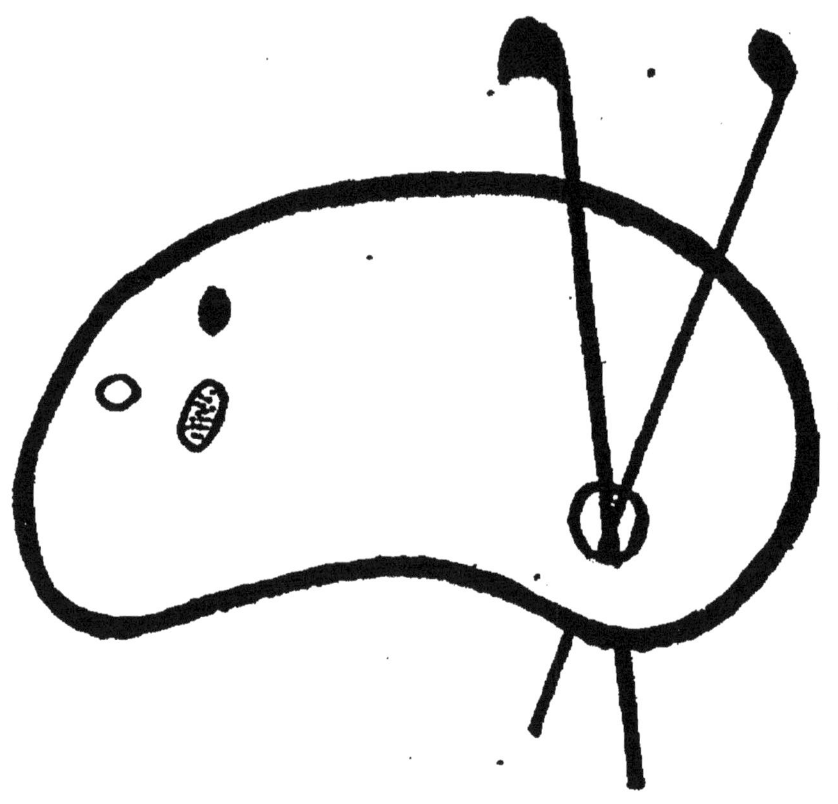

www.ingramcontent.com/pod-product-compliance
Ingram Content Group UK Ltd.
Pitfield, Milton Keynes, MK11 3LW, UK
UKHW012005240726
13965UKWH00001B/158